高等学校一流专业建设规划教材·法学类

证据实务

EVIDENCE
PRACTICE

李明辉 ◎ 主编
李会勋 张倩 刘广林 曾睿 ◎ 副主编

西南大学出版社
国家一级出版社 全国百佳图书出版单位

图书在版编目(CIP)数据

证据实务 / 李明辉主编. -- 重庆：西南大学出版社, 2021.10
ISBN 978-7-5697-1067-0

Ⅰ.①证… Ⅱ.①李… Ⅲ.①证据－法学－中国－高等学校－教材 Ⅳ.①D925.113.1

中国版本图书馆CIP数据核字(2021)第173215号

证据实务
ZHENGJU SHIWU

主　　编：李明辉
副 主 编：李会勋　张　倩　刘广林　曾　睿

责任编辑：任志林
责任校对：黄丽玉
装帧设计：闻江文化
排　　版：杨建华
出版发行：西南大学出版社(原西南师范大学出版社)
　　　　　地址：重庆市北碚区天生路2号　400715
　　　　　市场营销部电话：023-68868624　68254350(传真)
　　　　　http://xdcbs.com
印　　刷：重庆五洲海斯特印务有限公司
幅面尺寸：185mm×260mm
印　　张：16.75
字　　数：317千字
版　　次：2021年10月第1版
印　　次：2021年10月第1次印刷
书　　号：ISBN 978-7-5697-1067-0
定　　价：48.00元

前 言
PREFACE

　　证据是我们日常生活中出现频率比较高的一个词汇，它广泛地应用于各个领域，包括诉讼领域。这是因为当我们在表达一个意思或一种观点时，要想获得别人的相信或支持，必须有能够令人相信的客观材料或真实有效的信息支持你的观点，而客观的材料或真实有效的信息所附着的载体即是我们所说的证据。例如在对一个墓葬进行考古时，发现了一坛子储存完好的酒，后经专业人员鉴定发现是两千年以前酿造的，由此我们得出结论，在中国两千年以前就已经有了酿酒的技术和饮酒的历史。在本例中，我们提出的观点是"中国两千年以前就已经有了酿酒的技术和饮酒的历史"，别人之所以能够相信这种观点，正是因为我们在墓葬中发现了两千年前的"一坛子酒"这个客观的证据。

　　同理，在司法诉讼中，我们要让法官相信当事人或检察院所提出的观点或主张是确实存在的，一定要拿出客观存在或真实有效的证据来支撑自己所提出的观点以及主张。只有这样，当事人的诉讼请求或检察院定罪判刑的要求才能获得法院的支持。反之，如果没有客观存在或真实有效的证据来支撑自己的观点或主张，诉讼请求或定罪判刑的要求就会被法院驳回。从这个角度来讲，证据不管是在我们的日常生活中，还是在司法实务中，都起着至关重要的作用。如果没有证据，我们在现实生活当中很多事情将无法进行，各种案件也无法办理，司法诉讼将会失去存在的前提和基础。

　　特别是近几年，随着一些重大冤假错案的曝光，人们发现错案的发生往往都存在着各种证据的问题。例如，由于刑讯逼供，致使侦查人员得到的犯罪嫌疑人、被告人的供述是虚假的，最终导致认定的案件事实存在错误，从而酿成了冤假错案；由于鉴定的方法不正确，结果将同类认定作为同一认定使用，最终导致犯罪嫌疑人、被告人的认定出现错误；更有甚者，由于证人故意出具虚假的证言，从而导致法官在认定案件事实时出现错误，最终导致被告人蒙冤入狱十几年，导致他们失去了宝贵的青春和生命。以上种种，都是因为在证据的收集、审查和判断等环节出现了问题，从而导致事实认定出现了错误，最终造成了冤假错案的发生。一旦发生冤假错案，不但侵犯了犯罪嫌疑人、被告人的人权，而且使得真正的犯罪分子逍遥法外。被害人的权利没有得到维护，社会正义未能伸张，社会秩序仍然处于受到破坏的严重危险之中，刑事诉讼的两个目的都没有实现。

综上所述，从理论上来说，科学、合理的证据收集、审查和判断对于确保证据的真实性、关联性和合法性具有重要的价值和意义。《孟子·离娄章句上》有言："徒善不足以为政，徒法不能以自行。"即使理论再科学、再合理，实践能力跟不上，最后的结果也往往难以尽如人意，从上面的例子就可见一斑。因此，全面地提高侦查司法人员的收集、审查和判断证据的实务水平，增强他们的实务技巧和能力，在司法实践中就显得特别的重要。

为了实现上述目的，我们必须从学生时代起就加强证据收集、审查和判断能力的教育和培养，因为现在的法学专业学生就是未来的侦查司法工作人员。而要实现对于学生的有效教育，必须有一本系统、科学的教材。本教材的撰写和出版，就是为此应运而生的。另外，西南大学一向重视教材的编写工作，教务处每年都要开展校级规划教材建设项目，本教材的编写就得到了该项目的大力支持，在此深致谢忱。另外，西南大学出版社诸位同仁为本教材的出版付出了大量的辛苦工作，在此一并致谢！

本教材共有16章，编写分工如下：李明辉（西南大学法学院副教授）撰写第一、二、三、四、五章，李会勋（山东科技大学文法学院副教授）撰写第六、七章，张倩（重庆人文科技学院政治与法律学院副教授）撰写第八、九章，刘广林（河南农业大学文法学院副教授）撰写第十、十五章，曾睿（福建农林大学公共管理学院副教授）撰写第十一、十六章，黄茜（西南大学法学院2018级硕士研究生）撰写第十二章，左智鸣（南开大学法学院2021级博士研究生）撰写第十三章，赵卓（西南大学法学院2018级硕士研究生）撰写第十四章。

本教材最后由李明辉统稿并审稿、定稿，由于受编者的理论水平和实务经验所限，其中疏漏不当之处在所难免，敬请各位专家、同仁不吝赐教和指正。

编者谨识

2021年7月

目录

第一章 证据概述 ···001
第一节 证据的概念和特征 ···002
第二节 证据种类 ···013
第三节 证据分类 ···039

第二章 证 明 ···054
第一节 证明概述 ···055
第二节 证明对象 ···061
第三节 证明责任 ···066
第四节 证明标准 ···074

第三章 证据规则 ···081
第一节 证据规则的概念和功能 ···082
第二节 我国主要的证据规则 ···085

第四章 证据的收集和保全 ···096
第一节 证据的收集 ···097
第二节 证据的保全 ···105

第五章 证据的审查判断 ···109
第一节 证据审查判断的概念和意义 ···110
第二节 证据审查判断的内容和步骤 ···112
第三节 证据审查判断的方法 ···114

第六章 物证的收集与审查判断 ··················119
第一节 物证的收集 ··················120
第二节 物证的审查判断 ··················125

第七章 书证的收集与审查判断 ··················129
第一节 书证的收集 ··················130
第二节 书证的审查判断 ··················134

第八章 证人证言的收集和审查判断 ··················137
第一节 证人证言的收集 ··················138
第二节 证人证言的审查判断 ··················144

第九章 被害人陈述的收集与审查判断 ··················151
第一节 被害人陈述的收集 ··················152
第二节 被害人陈述的审查判断 ··················155

第十章 犯罪嫌疑人、被告人供述与辩解的收集与审查判断 ··················160
第一节 犯罪嫌疑人、被告人供述与辩解的收集 ··················161
第二节 犯罪嫌疑人、被告人供述与辩解的审查判断 ··················164

第十一章 鉴定意见的收集与审查判断 ··················174
第一节 鉴定意见的收集 ··················175
第二节 鉴定意见的审查判断 ··················182

第十二章 笔录类证据的收集与审查判断 ··················190
第一节 笔录的制作 ··················191
第二节 笔录的审查判断 ··················196

第十三章 视听资料的收集与审查判断 ··················204
第一节 视听资料的收集 ··················205
第二节 视听资料的审查判断 ··················209

第十四章 电子数据的收集与审查判断 ··················215
第一节 电子数据的收集 ··················216

第二节　电子数据的审查判断 ………………………………………… 220

第十五章　推定和司法认知 ……………………………………………… 227
　　第一节　推定 …………………………………………………………… 228
　　第二节　司法认知 ……………………………………………………… 234

第十六章　证据的质证与认证 …………………………………………… 238
　　第一节　证据的质证 …………………………………………………… 239
　　第二节　证据的认证 …………………………………………………… 245

参考文献 …………………………………………………………………… 251

第一章
证据概述

本章导读

证据在诉讼中具有无可替代的地位,对于认定案件事实和做出正确裁判都发挥着非常重要的作用。因此,司法实务中经常听到这样一句话,即:"打官司就是打证据。"由此可知证据在诉讼中的地位和作用。但是,要想充分发挥证据在诉讼中的作用,必须从理论上对证据有一个全面和透彻的认识。首先,要清楚什么是证据,证据具有哪些属性?对于这个问题的回答,就是证据的概念和特征。只有搞清楚了证据的概念和特征,才能判断一种载体是否属于证据,是否能够用来认定案件事实。其次,为了司法实务中证据使用的方便,法律又对证据进行了划分,即证据的法定种类。再次,理论研究能够促进司法实务的提升,为了方便证据的理论研究,又对证据进行了理论上的划分。

第一节 证据的概念和特征

一、证据的概念

证据是在日常生活中使用频率极高的一个词语，法学领域尤其如此。罗马法时代有一句法谚"没有证据证明的事实，应被视为不存在的"，我们也经常在司法实务中说这样一句话，"打官司就是打证据"。从这些话中可以看出，证据在法学领域中具有非常重要的地位和作用。但是直到今天，对于这样一个基本而又重要的词汇，法学界对其含义仍然没有达成统一的意见。因为证据的概念不但规定在法律条文中，而且在法学研究和法律实务中也要经常用到，由此决定了必须对其含义进行认真和详细地分析，以便为法学研究和法律实务中证据的使用奠定坚实的基础。

(一)证据的一般含义

根据汉语的语义进行解释，证据应指证明的根据。这种解释应该说是最简洁的，但也是最模糊的。模糊的原因在于：第一，证明的对象不清楚，概念中没有对此做出交代；第二，"根据"比较抽象，具体包括哪些形式，仅从概念中无从知晓。对一个概念进行解释的最基本要求，应该是让人看了之后能够清楚地明白其中的具体含义。但是这种解释无法达到这个要求，因此不是一个科学和规范的解释。那么，证据到底应该做何解释？首先让我们看一下相关汉语工具书的解释：《辞海》对证据的解释就是："法律用语，据以认定案情的材料。"第5版《现代汉语词典》将证据解释为："名词，能够证明某事物的真实性的有关事实或材料。"从这两部比较权威的工具书的解释中可以看出，它们都认为证据是材料，并且都认为证据的作用是认定案情或证明事物。这是证据在一般意义上的两个特征，但是仍然存在值得商榷之处，后面我们将进行详细分析。

(二)证据的法律含义

《辞海》虽然将证据作为法律用语来看待，实际上证据并非仅仅在法律领域使用，在其他领域也有着广泛的使用。例如，考古或医学等诸领域都经常使用证据来证明一个事实或结论。但是，毋庸置疑的是证据是一个法律领域的专业术语，无论在法学研究抑或法律实务中都有着广泛的使用。本书就是一本法学领域中证据方面的专业教材,因此我们着重探讨和研究证据在法律上的含义,当然证据的法律含义与一般含义有着不可分割的联系。

在历史上就已经开始使用证据来认定案件事实,但是并非开始的时候就将其称为"证据"。例如,《唐律·断狱》中就多有"据众证定罪"之用语,清代法律中有"众证明白,即同狱成"的规定。从这两处可以看出,古代用"证"一个字当作我们今天的"证据"这一概念。到了20世纪初,证据才作为一个词语出现在法律规定或条文当中。例如南京临时政府于1912年3月2日颁布的《大总统令内务、司法两部通饬所属禁止刑讯文》中规定:"不论行政司法官署,及何种案件,一概不准刑讯。鞫狱当视证据之充实与否,不当偏重口供。其从前不法刑具,悉令焚毁。"这个文件中已经出现"证据"一词,并且其含义已经与我们今天所使用的含义基本相同。

那么,在法律意义上证据一词的含义是什么,这也是一个值得探讨的问题,因为证据在法律意义上的含义至今在学术界并未形成统一的意见,而且在不同时期的法律条文中对此也有着不同的规定。1979年7月1日通过的《刑事诉讼法》第31条明确规定:"证明案件真实情况的一切事实都是证据"。这是我国首次在法律条文中对证据一词做出明确解释,这一解释后来成为学术界一致认可的权威定义。1989年的《行政诉讼法》和1991年的《民事诉讼法》都明示或默示地沿用了这一定义。但是,随着诉讼实践的发展和学术思想的开放,人们逐渐对于这一定义产生了异议。《中华人民共和国刑事诉讼法》(2012年3月14日修正)第48规定:"可以用于证明案件事实的材料,都是证据。"这是学术界提出"材料说"的依据。但是,随着学术界对于"证据"这一概念研究的深入,学者们逐渐发现这一定义也并非十分的周全。于是,不同的学者对于证据的含义各抒己见,提出了不同的观点,形成了百家争鸣的局面。为了更加科学地概括和总结证据的含义,便需要对以前的观点进行梳理和分析,从而避免出现类似的错误或缺陷。下面分别对以前曾经存在过的观点进行具体和详细的分析,然后在此基础上提出相对比较科学和合理的观点。

1. 事实说

这种定义源于1979年《刑事诉讼法》第31条的规定。该种观点虽然源于法律的明确规定,但实际上并不规范,也不科学。原因有三:第一,从逻辑学的角度分析,该定义违背了逻辑学的基本原理。"证明案件真实情况的一切事实都是证据"这是一个全称肯定判断,这个判断中的主项和谓项是不能颠倒的。因此这个款项的表述违背了定义的规则。另外,这个定义也存在"同义反复"的毛病,因为"真实情况"本身就是"事实",如果用"事实"替换"真实情况"的话,那么定义就变成了"证明案件事实的一切事实都是证据",如此一来就相当于没有对概念进行任何解释。

第二,从司法实践的角度分析,该定义与司法实践的情况并不一致。这种观点要求所有的证据都是真实的,也与司法实践不相一致,因为司法实践中的证据存在虚假的可能性。即使在审判机关判决采用的证据也会出现虚假的情况,否则就不会产生冤假错案了。更有甚者,司法实践中还存在着一审被认定为虚假证据,二审该证据又被采用的情况。

第三,从认识论的角度来分析,该定义违背了人类认识的基本规律。辩证唯物主义认为,客观世界是可知的,但是人类的认识不可能一下子就达到"绝对真理",而是随着实践的发展一步步通过"相对真理"逐步达到"绝对真理"。对于一个具体案件而言,人们对证据和案情的认识也不可能绝对真实,而只能是相对真实。

2. 材料说

该种观点源于《中华人民共和国刑事诉讼法》(2012年3月14日修正)第48条规定:"可以用于证明案件事实的材料,都是证据。"这种观点将证据界定为能够证明案件事实的各种材料。从有些证据来看,这种观点具有一定的合理性,例如书证、物证等证据通过纸张、凶器等材料呈现出来,可以将这些证据视为材料。这种观点也有外国证据学家以及证据法典的支持。例如,英国证据学家摩菲认为,证据是"能够说服法官认定某个案件事实为真实或者可能的任何材料"。美国《加利福尼亚州证据法典》第140条规定,"证据是指被提供用以证明某一事实存在或者不存在的证言、文书、物品或其他可感知物。"但是,从另外一些证据来看,这种观点却并不符合实际,难以自圆其说。例如,被告人当庭所做的供述或辩解、证人当庭所做的证言、鉴定人当庭所做的陈述等,难道也可以被称为"材料"吗?[①]因此,虽然这种定义规定于我国刑事诉讼法典中,而且也有外国证据学家以及外国证据法典的佐证,但仍然存在不合理之处,值得我们进一步深入推敲和探讨。

3. 根据说

这种观点的形成原因有三:一是对于证据的语词结构之解释,证据即证明的根据;二是有些学者想纠正上述两种观点之缺陷与不足;三是因有法条之依凭。最高人民法院在1984年8月30日《关于贯彻执行〈民事诉讼法(试行)〉若干问题的意见》第4部分"证据问题"中,将证据表述为"查明和确定案件真实情况的根据"。当然,除此之外,也有部分学者主张这种观点。例如杨荣新教授在其主编的民事诉讼法教材中提出,证据是指"用来证明案件真实情况,正确处理案件的根据。"这种观点能够较好地避免"事实说"因为存在"同义反复"而违背逻辑的基本原理之缺陷,又能有效地解决"材料说"之范围过窄而不能包含全部法定证据之缺陷。但该观点也存在着其自身的

[①] 陈瑞华:"证据的概念与法定种类",载于《法律适用》2012年第1期。

问题,即"根据"之内涵过于宽泛,导致有些材料陷入明明可以用来作为证明案件真实情况的根据,但因与现行法律规定的证据种类不相一致而又不能作为证据的尴尬处境。例如,搜查笔录、扣押清单、证据提取笔录、情况说明等材料在司法实践中经常用来作为认定案情的根据,但由于现行法典没有规定它们属于法定的证据种类而被排除于证据之外。

综上所述,前面几种观点都有程度各不相同的缺陷或不足。那么,我们要想给证据下一个相对比较周延的定义,必须将证据内容与证据形式统一起来,将法律规定与司法实践统一起来,将逻辑的基本原理与证据的科学表述统一起来。根据这些要求,笔者将证据定义为:证据是在法律事务中通过特定的形式获取、呈现,体现各类案件的有关信息并且真实存在的诸种载体的总称。

在这个定义中,基本上实现了前面所说的"三个统一",另外也较好地解决了上述三种学说的缺陷与不足。首先,从逻辑上说,这个定义避免了"同义反复"。因为根据这个定义,证据是体现案件信息的载体,并不存在事实说存在的"证明案件事实的一切事实都是证据"是问题。

其次,这个定义有效地解决了"材料说"包容不足的问题,因为有些证据不属于材料,例如被告人当庭做作的辩解、证人当庭所做的证言、鉴定人当庭所做的陈述等,但是将被告人看作辩解的载体,将证人作为证言的载体,将鉴定人作为陈述的载体,则不会存在任何疑惑或非难。

再次,这个定义也能够解决"根据说"内涵过于宽泛的问题。"根据说"认为有些材料,例如搜查笔录、扣押清单等在司法实践中经常用以证明案件事实,这些材料应该属于证据。但是由于法律没有将这些材料规定为证据的种类之一,因此将其作为证据就会出现违背法律规定的问题。

现在这个定义较好地解决了该问题,因为根据该定义,只有通过特定形式获取呈现的载体才是证据,此处的特定形式即法律规定的证据形式,这样就将司法实践与法律规定完美地统一起来。换言之,只有法律规定的特定载体才属于证据,法律没有规定的载体即使能够证明案件事实,也不属于证据。

(三)证据与证据材料

在日常生活中,我们经常使用"证据材料"这一概念,在有关法律文件中该概念亦有出现。例如,《最高人民法院关于行政诉讼证据若干问题的规定》中有24处使用了"证据材料"这个词汇。略举一例,《最高人民法院关于行政诉讼证据若干问题的规定》第四条:"公民、法人或者其他组织向人民法院起诉时,应当提供其符合起诉条件的相应的证据材料。"

《最高人民法院关于民事诉讼证据的若干规定》中有3处出现了"证据材料"这个词汇。例如,《最高人民法院关于民事诉讼证据的若干规定》第19条:"当事人应当对其提交的证据材料逐一分类编号,对证据材料的来源、证明对象和内容作简要说明,签名盖章,注明提交日期,并依照对方当事人人数提出副本。人民法院收到当事人提交的证据材料,应当出具收据,注明证据的名称、份数和页数以及收到的时间,由经办人员签名或者盖章。"

那么,证据材料与证据两者之间到底存在什么关系?为了更好地理解证据的概念,也为了避免在现实生活中出现对两者的误用,下面对于两者的关系进行简单的分析。

一般而言,证据材料是指当事人为了证明自己所主张的案件事实成立,在法院受理案件之后直到审理程序结束之前向法庭提供的可能含有案件信息的各种载体。根据这个定义,证据材料有以下特征:第一,证据材料提供的时间,一般是在法院立案之后,案件审理程序终结之前;第二,证据材料提供的目的是为了证明当事人主张的事实成立,因此证据材料应当含有案件的信息。但因证据材料由当事人自己提供,未经法院依据法定程序审查,是故不一定含有案件信息;第三,证据材料可以包含各种载体,其不一定符合法律规定的形式和获取程序。

而证据是在法律事务中通过特定的形式获取呈现,体现各类案件的有关信息并且客观存在的诸种载体的总称。那么,通过证据与证据材料对比可知,两者存在以下区别:第一,证据材料是在案件判决之前的叫法,证据是在案件判决之后的称谓;第二,证据材料不一定含有案件信息,而证据一定含有案件信息;第三,证据材料不一定符合法律规定的种类,不一定是依据法定程序取得。但是证据一定要符合证据的种类,并且必须依据法定程序取得,否则可能被排除。

两者存在着区别,但同时两者又存在密不可分的联系。两者的联系主要在于:证据材料是证据的来源和初始表现形式,没有证据材料便没有证据。法院在对当事人提供的证据材料进行审查的基础上,将那些符合证据特征的证据材料用来认定案件事实,此时这些证据材料便转化为证据。因此,如果没有证据材料,证据就是无源之水,无本之木。但是,并非所有的证据材料都将转化为证据,只有符合条件的那些证据材料才能转化为证据。证据材料转化为证据的条件取决于两个方面:一是符合证据的特征,二是被法院依法采用。

二、证据的特征

经过前面的分析,我们给证据下了一个定义,即证据是在法律事务中通过特定的形式获取呈现,体现各类案件的有关信息并且真实存在的诸种载体的总称。我们知道定义是对概念特征的抽象,证据这个定义即是在对证据的特征进行抽象的基础上,然后予以概括总结而成。定义和特征两者的关系可以这么表达,定义是抽象了的特征,特征是展开了的定义。那么,分析事物的特征,有助于更好地理解事物的定义。为了更好地理解证据的定义,下面我们就对证据的特征进行简单的介绍。

对于证据的特征,大部分学者都主张"三性说",即认为证据的特征是客观性、关联性和合法性。不过,近几年有些学者认为客观性不太科学,应以真实性替换客观性,他们认为证据的特征为真实性、关联性和合法性。这一观点在有关法律条文中也得到了体现。例如,《最高人民法院关于适用<中华人民共和国民事诉讼法>若干问题的解释》第104条规定:"人民法院应当组织当事人围绕证据的真实性、合法性以及与待证事实的关联性进行质证,并针对证据有无证明力和证明力大小进行说明和辩论。能够反映案件真实情况、与待证事实相关联、来源和形式符合法律规定的证据,应当作为认定案件事实的根据。"明确规定了证据的"三性"为真实性、关联性和合法性。对于另外两个特征,即关联性和合法性,学者们并不存在严重的分歧。对于上述两种观点,笔者赞同最新的提法,即证据的三个特征应为真实性、关联性和合法性。下面,我们对证据的特征逐一进行分析。

(一)真实性

证据到底应以"客观性"还是"真实性"作为其特征?要想解决这个问题,我们必须先搞清楚两者的含义。我们首先来分析"客观性"。一般认为,"客观"即不依赖于人的意识而能够存在的属性,其与主观是对立的。对于某一事物而言,不管人们是否知道它,是否认识它,它都照样存在,我们就说它是客观的。例如,有人在河边钓鱼时,发现了河中有具女尸漂浮在水面。不管你是否愿意发现尸体,它都照样存在。反之,如果某一事物受人类意识的支配,那么它就是主观的。例如某人正在构思一项工作计划,本来打算五月开始实施,但由于想到另外一件事情可能影响计划的实施,因此又将计划推迟到六月实施。此时的工作计划就是主观的,它随着人的意识的变化而变化。

那么,具体到证据来说,有些证据是有"客观性"的。例如,在案发现场发现一枚右手食指的指纹,不管我们是否承认,它都始终存在,而且指纹的特征不会发生任何变化,不受人的意识的影响。但是,指纹来认定案件事实,却必须通过人的逻辑推理。因为在案发现场发现了犯罪嫌疑人的指纹,我们可以推断犯罪嫌疑人到过案发现场;因为到过案发现场,所以具有作案的可能性。由此看来,指纹虽然不会随着人的意志变化而变化,但其证明案件的过程却加入了人的意识。如果没有人的意识,指纹自己是无法证明案件事实的。因此,从这一角度来说,认为指纹只有客观性是不全面的。对于其他物证而言,也基本都存在这一问题,即其本身不受意志的影响,但其证明案件的过程是在意识的作用下完成的,而且有时不同的人对于物证推理的结果还不一样,也更说明了其主观性。

  此外,有些证据是必须依赖于人的意识而存在的,没有人的意识就不会有这些证据。例如犯罪嫌疑人、被告人的供述与辩解,证人证言,被害人陈述以及鉴定意见等证据必须通过人的意识才能表达出来,没有人的意识也就不会产生这些证据。例如证人证言,在案件发生之后,证人向公安机关作证说他看见犯罪嫌疑人杀害了被害人,但过了一段时间,证人又说他没有看见犯罪嫌疑人杀害被害人。再如鉴定意见,对于同一个问题的鉴定,结论有时是完全相反的。以此观之,这些证据应该来说都有很强的主观性,并非都是客观的。综合上述情况,我们可以得出如下结论,即客观性并非证据的天然属性,亦非证据的本质特征。因此,我们不能以某一证据材料是否具有客观性而判断其是否属于证据。

  下面,我们来分析"真实性"。所谓"真实",是指与客观事实相符。换言之,我们在判断某一事物是否真实时,必须将其与另一事物进行比较,如果其与另一事物的特征相符,则说其是真实的;反之,则说是虚假的。略举一例以说明之,现在很多电视台都开办了古董鉴定的节目。例如,在中央电视台的"寻宝"节目上,有一年轻女子抱着一件精美瓷器上台,请专家鉴定一下是否为宋代官窑瓷器。专家对该瓷器进行了详细的查看鉴别,最后列举了该瓷器的几大特征,而这些特征完全符合宋代官窑瓷器的特征,因此最后确定该瓷器为真的宋代官窑瓷器。在这一活动中,专家是将节目观众带来的瓷器与宋代官窑瓷器的特征进行比较,然后确定该瓷器为"真实"或"虚假"。亦即,判断一个事物是否真实必须使用的方法或手段就是比较,没有比较则不能判断真假。

  那么在诉讼活动中,我们要判断证据之真假,必须将其与案件事实进行比较。有些学者可能会发生这样的疑问,案件事实本身正是我们证明之对象,其实际情况我们并不知晓,我们如何将证据与其进行比较呢,我们又如何判断证据之真假呢?实际上,不管是在日常生活中,还是在司法实务中,我们几乎时时刻刻都在进行比较,通过比较确定哪些是真实的,哪些是虚假的。那么,我们是将证据材料与什么进行比较呢?在司法实务中,与证据材料进行比较的对象,可能是得到广泛承认的生活经验,也可能是某个自然规律,还有可能是现在的客观环境,当然最为可能的是被确认为真实的其他证据。

  在司法实务中,如果一项证据材料发生了变化,发生变化的原因可能是被人为动了手脚,也可能是其他客观原因所影响。不管属于什么原因,只要证据材料发生了变化,说明其与原状不符,虚假的可能性较大。如果一项证据材料没有发生任何变化,那么说明此时的状况与原状相符,真实的可能性较大。实际上,确认有无变化发生,也是在进行比较。例如,在一个债权债务案件中,原告向法院提供借条一张。但是在审理案件时,法官发现在借款数额70000元处有涂抹的痕迹,而且与被告提供的银行记录不相一致。被告提供的银行记录显示,原告通过转账的方式汇给了被告10000元钱。经过比较发现,原告是将借条中的数字"1"改成了"7"。由此认定借条是被改动了的,属于虚假的证据材料,不能用来证明案件事实。

综上所述,客观性不能成为证据的特征,真实性才能够作为证据的特征。证据的"三性"应是真实性、关联性和合法性,而不是客观性、关联性和合法性。实际上,证据的新三性不但符合逻辑的要求,也得到了法律条文的印证。《最高人民法院关于适用<中华人民共和国民事诉讼法>若干问题的解释》第104条规定:"人民法院应当组织当事人围绕证据的真实性、合法性以及与待证事实的关联性进行质证,并针对证据有无证明力和证明力大小进行说明和辩论。能够反映案件真实情况、与待证事实相关联、来源和形式符合法律规定的证据,应当作为认定案件事实的根据。"因此,真实性才是证据的本质特征,而非客观性。以真实性作为证据的特征来衡量证据材料,有利于法官准确地采用证据,有利于法官查清案件事实,有利于法官做出正确合理的裁判。

那么,客观与真实两者的关系是什么?应该说两者没有必然的联系,客观的证据材料不一定是真实的,真实的证据材料也不一定是客观的。换言之,客观的证据材料可能是虚假的,真实的证据材料可能是主观的。如此,我们可以这样表述两者的关系:真实的证据材料具有两种,一种是客观的,一种主观的。相对而言,客观的证据材料真实性较强,主观的证据材料真实性较差。因此,我们在司法实务中,在确定证据材料的真实性时,应该重点审查那些客观性差而主观性强的。例如,犯罪嫌疑人、被告人的供述与辩解,当事人陈述,证人证言等。而对于那些客观性较强的证据,例如物证、书证、勘验检查笔录等则可以不做重点审查,但并非不予审查而直接采用。

(二)关联性

证据关联性,又称为相关性,即证据必须含有案件信息,亦即证据能够证明案件的相关情况。因为证据是用来证明情况或事实的,如果证据与案件情况或事实不相关,那就起不到证明的作用,也就不能称为证据。因此,关联性是证据的基本属性之一。关联性之含义,包括以下几个方面:

其一,关联性是证据的一种客观属性。即证据事实同案件事实之间的联系是客观联系而不是办案人员的主观想象和强加的联系。它是案件事实作用于客观外界以及有关人员的主观知觉所产生的。例如"赵作海"一案中,赵楼村在挖井时发现一具高度腐烂的无名尸体,怀疑其是失踪多日的村民赵振晌,因赵作海与赵振晌二人存在矛盾,公安机关遂将赵作海作为犯罪嫌疑人进行侦查并由法院作出犯有故意杀人罪的判决。后因离家外出的赵振晌返回村中,才知赵作海被错判。此案被错判的重要原因之一就是侦查人员对案件的重要物证——尸体进行了错误的认定,本来无名尸体不是赵振晌,办案人员却将尸体当作是与赵作海存在矛盾的赵振晌,从而导致赵作海与案件事实发生了主观和强加的联系,从而造成了冤假错案。

其二,证据的关联性应具有实质性意义,即与案件的基本事实相关。所谓案件的基本事实,即指案件的时间、地点、原因、人物、经过、结果等要素。如果证据不能够证明基本事实,只是证明一些细枝末节,甚至连细枝末节都证明不了,那么就不应当认为其有相关性。例如,故意杀人案件中,最重要就是查明死者的身份,这个情况查明之后才能对其他情节展开调查。因此,涉及死者身份的相关证据在案件中就具有非常重要的作用。再如,对死者与其亲属进行DNA鉴定的报告就很重要,具有实质意义,因为这个报告能够直接科学地认定死者的身份。如果在案件调查中得到了受害人上小学时一张数学考试的试卷,那么该试卷对于受害人被杀这一案件事实的查明并无多大的作用,因此该试卷就与案件事实没有实质意义,就不应当认定其有关联性。

其三,关联的形式或渠道是多种多样的,有直接联系和间接联系,必然联系与偶然联系等。但联系如果过于间接,关联性太弱,这样的证据就不能视为具有关联性,不能作为定案证据。例如周正龙因为当年提供了年画老虎作为当地存在华南虎的证明,而被判决诈骗罪。刑满出狱后,周正龙继续寻找华南虎,想来证明他当年没有诈骗。如果周正龙真的在当地找到了华南虎,难道就能够证明他当年没有犯诈骗罪吗?答案是否定的。因为周正龙即使真的找到了当地生存华南虎的证据,也只能证明当地现在生存华南虎这一事实,而不能证明他当年没有提供或使用老虎年画的事实。换言之,当地生存华南虎的证据与周正龙诈骗的案件之间没有关联,或者关联性太弱。

其四,关联性的实质意义在于证明力,即有助于证明案件事实。可以说考察分析证据的关联性的落脚点应该在证据的证明力。证明力是指证据对于待证事实证明作用的大小以及强弱程度。证据与待证事实的关联性,是判断证明力的客观标准。关联性越强,则证明力越大。反之,则越小。例如,书证的原件与复印件,因为原件与待证事实的关联程度强于复印件与待证事实的关联程度,因此原件的证明力大于复印件。我们提出证据关联性的最终目的,在于确定证明的证明力。

(三)合法性

合法性并非证据的天然属性,而是人类社会为了实现保护人权、维护社会秩序以及保障诉讼顺利进行等目的而人为赋予证据这样一个属性。例如,侦查人员怀疑张三杀害了李四,但是苦于没有找到有力的证据来证实自己的判断,于是侦查人员抓捕了张三,然后进行刑讯逼供,张三被迫供出自己伙同李四的妻子杀害了李四并将尸体抛于一口枯井的事实,侦查人员在张三所说的枯井中找到了李四的尸体,此案成功告破。案件破了,群众拍手称快,受害人的家属也是感激涕零。但是因为刑讯逼供,张三被侦查人员打断了三根肋骨,双腿也因受伤严重而成为终身残疾。此时就产生了一个问题:在侦破案件和保护人权之间我们究竟应该如何取舍?不同的时代对于这个问题的回答可能截然不同。例如在封建社会,刑讯逼供是合法的,那个时代更加看重侦破案件的价值。但是,在对人权保障呼声日益高涨的今天,我们还能沿袭封建社会的做法吗?当然不行!现代社会我们应该更加重视人权的保障。为了实现这个目的,我们就必须禁止刑讯逼供。而为了禁止刑讯逼供,我们就应当规定凡是通过刑讯逼供所获得的口供都是非法的,以此来要求侦查人员通过合法的手段来获取口供。如此一来,证据的合法性就产生了。

因此,所谓证据的合法性即含有案件信息的各种载体成为证据必须符合法律规定的这样一种属性。换言之,如果一种载体即使含有案件的有关信息,也是客观存在的,具有证据的真实性与关联性两种属性,但是违背了法律的相关规定,也不能采用来证明案件事实,即不能成为证据。例如,在刑事诉讼中,法律规定所有的鉴定都应有公、检、法等机构委托,如是私人委托而进行的鉴定则不具有合法性。故此,在黄静裸死案中,受害人黄静的父母自己委托南京医科大学法医司法鉴定所、中山大学法医鉴定中心对黄静之死因进行了鉴定并出具了相关的报告,但因两个鉴定非经司法机关委托不具备程序效力而不具有合法性,最后被法院依法排除。

具体而言,证据的合法性应包括以下含义:

一是由法定的主体提出和收集。在我国刑事诉讼法中,生理上、精神上有缺陷或者年幼,不能辨别是非不能正确表达的人,不能为证人。鉴定意见只能由具有鉴定资格和鉴定权的人员出具才可以被采纳为证据。收集证据也是如此,有的证据或采取某种特定方法收集证据只能由特定主体实施。如搜查只能由具有侦查权的国家机关实施。

二是符合法定程序。我国刑事诉讼法规定,办案人员必须依照法定程序收集能够证实犯罪嫌疑人、被告人有罪或无罪、犯罪情节轻重的各种证据,严禁刑讯逼供和引诱、欺骗、威胁以及其他非法方法收集证据。如果使用刑讯逼供和引诱、欺骗、威胁以及其他非法方法收集证据,这些证据就是非法证据,可以通过法定程序申请排除。

三是具备法定形式。我国规定了书证、物证、证人证言等证据形式,除此之外,原则上不得采纳。诉讼过程中收集和提供的证据,如果不符合法律规定的种类,则不能用来证明案件事实。例如,在新刑事诉讼法修改之前,由于辨认笔录和侦查实验笔录不属于法定证据种类,导致它们的证据能力受到了置疑甚至否定。新刑事诉讼法正式承认了它们的证据地位,将之与勘验、检查笔录一道规定为同一种证据类型。[①]

四是不违反有关证据规则。证据规则的核心是规范证据资格或证据能力,凡是违反证据资格的载体都没有成为证据的资格。例如,我国刑事诉讼法确立了非法证据排除规则、强制证人作证规则等。禁止非法取证是普遍的规则。英美法系国家还有"排除传闻证据""排除意见证据"等规则。随着我国法律的成熟和进步,证据规则也将日益发达和完善。

三、证据的功能

(一)科学认定案件事实的基础

如果案件客观存在的话,那么案件就是已经发生的事实。对于有些案件而言,只有当事人清楚发生的原因、经过和结果。例如,张三诉说李四在一年前借了自己两万元钱,有借条为据,但李四拒不承认借钱的事实,而且反驳说借条是伪造的。对于这种案件,借钱时没有第三人在场,当事人双方对事实的陈述又不一致。那么,如何认定案件情况,就是一件非常困难的事情。要想查清案件的具体情况,光听当事人的陈述是不够的,必须通过真实性较强的证据才能科学认定案件是否存在,案件发生时的情况是什么。因此,证据是科学认定案件事实的基础。没有相关的证据,就不能科学地认定案件事实。古代虽然有神示证据制度,但是通过那些方法认定案件事实的正确率是非常低的。只有通过科学的证据制度,才能正确地认定案件事实。随着法律制度的发展和进步,证据制度也日益科学和发达,为正确认定案件事实奠定了前提和基础。

(二)实现司法公正的前提

所谓司法公正,在刑事案件中主要体现为罪责刑相适应,在民事和行政案件中是指违反法律义务的人承担与此相适应的法律责任。但是,不管是什么案件,要想实现司法公正,必须具有两个条件:一是查明案件事实,二是正确适用法律。而且在这两

[①] 樊崇义、张中:"证据定义转向形式理性",载于《检察日报》2012年4月24日第03版。

个条件中,查明案件事实又是正确适用法律的前提。因此,要想实现司法公正,必须查明案件事实,而要查明案件事实,必须依靠真实有效的证据。在实现司法公正中,证据具有前提和基础地位。案件发生之后,要想通过司法途径解决,必须收集到真实有效的证据,通过这些证据来查明案件事实。没有真实有效的证据,最后就难以做到公平公正的判决,当然不能实现司法公正。近几年,我们国家曝光的所有冤假错案,都是因为证据上出了问题,导致案件事实没有查清,最后法院做出了错误的判决,从而损害了司法公正,影响了司法的严肃性和权威性。

(三)维护当事人合法权益的保障

应该说,证据的三大功能呈现了循环递进的关系,三者是一环扣一环的。只有前面的功能具备了,才能实现后面的功能。具体来说,只有收集提供了真实有效的证据,才能科学地认定案件事实;只有科学地认定了案件事件,才能实现司法公正;只有实现了司法公正,才能维护当事人的合法权益。从后向前推亦是如此,不管正推还是反推,都能得出一个相同的结论,即证据是维护当事人合法权益的保障。而且无论在什么案件中,道理都是一样的。例如,12岁的智障女孩小兰生活在偏远的农村,由于腹部隆起带至医院检查发现怀有身孕。同村村民赵某成为犯罪嫌疑人,但赵某百般抵赖,后来侦查机关将小兰生下的孩子进行DNA鉴定,认定孩子与赵某存在血缘关系,赵某被判构成强奸罪,处10年有期徒刑。此案中因为有了鉴定报告这个关键证据,才认定了赵某强奸的事实,从而维护了被害人的合法权益。

第二节 证据种类

此处所说的证据种类,指法律规定的证据种类,又称为证据的法定种类。我们首先看一下三大诉讼法的相关规定:现行《刑事诉讼法》第50条规定了八种证据,即(一)物证;(二)书证;(三)证人证言;(四)被害人陈述;(五)犯罪嫌疑人、被告人供述和辩解;(六)鉴定意见;(七)勘验、检查、辨认、侦查实验等笔录;(八)视听资料、电子数据。

现行《民事诉讼法》第63条规定了八种证据,分别是(一)当事人的陈述;(二)书证;(三)物证;(四)视听资料;(五)电子数据;(六)证人证言;(七)鉴定意见;(八)勘验笔录。

现行《行政诉讼法》第33条规定了八种证据,包括(一)书证;(二)物证;(三)视听资料;(四)电子数据;(五)证人证言;(六)当事人的陈述;(七)鉴定意见;(八)勘验笔录、现场笔录。

从三大诉讼法的规定来看,它们都规定了八种证据,其中有些证据是共同的,即物证、书证、证人证言、鉴定意见、勘验笔录、视听资料以及电子数据。《民事诉讼法》和《行政诉讼法》规定的证据种类则几乎完全相同,只是《行政诉讼法》在第八项中多列了一个"现场笔录"而已。

由于三大诉讼法规定的证据种类绝大部分是相同的,对于这些证据统一进行介绍即可,这样可以避免内容上的重复,还可以节省篇幅。有些证据虽然有所不同,但可以根据它们的特征对其进行归类。

例如,现行《刑事诉讼法》规定的第七种证据是勘验、检查、辨认、侦查实验等笔录,现行《民事诉讼法》规定的第八种证据是勘验笔录,现行《行政诉讼法》规定的第八种证据是勘验笔录、现场笔录。虽然三大诉讼法对此有所不同,但可以发现这些证据都是笔录,因此可以将其归为一类,即笔录类证据。

另外,民事诉讼和行政诉讼中都有"当事人陈述"这种证据,但是刑事诉讼中没有这种证据,不过却有"被害人陈述""犯罪嫌疑人、被告人供述和辩解"。由于被害人、犯罪嫌疑人、被告人都属于刑事诉讼中的当事人,供述和辩解也属于陈述[①],因此对于这些证据我们都可以将其归为一类,即当事人陈述类证据。

综上所述,三大诉讼法对于证据种类的规定既有相同之处,又有不同之处。为了避免相同证据的重复介绍,又要防止有所遗漏。我们就依照如下顺序和内容来介绍三大诉讼法规定的证据,即物证、书证、当事人陈述类证据、证人证言、鉴定意见、笔录类证据、视听资料和电子数据。

一、物证

(一)物证的概念

物证是指以外部特征、内在属性、存在状况以及所处位置等证明案件情况或事实的物质、物品或痕迹。也就是说,物证从本质上说属于物质、物品或痕迹,因为从它们的外部特征、内在属性、存在状况以及所处位置等能够知道或推导出案件的相关信息,因此成为证据。在这个概念中,痕迹一般比较容易理解,指事物经过后在一定载体上留下的各种形状和印迹。例如,犯罪嫌疑人在案发现场留下的指纹、鞋印。但

[①] 有些学者已经提出建议,将"犯罪嫌疑人供述"改为"犯罪嫌疑人陈述",具体内容参见吕琨、万里:"此处'供述和辩解'应为'陈述'",载于《检察日报》2010年12月20日,第6版。

是,物质和物品的区分起来比较困难,二者往往容易发生混淆。为了更好地理解物证的内涵,我们必须区分清楚。一般而言,物质是一个专业术语,指相对比较单一的实体。例如,木材、血液以及各种化学元素等。而物品则是一个生活用语,通常是指由一定物质构成的,具有一定的功能,外形比较显眼的用品。例如,汽车、斧头以及枪支弹药等。

(二)物证的特征

1.物证的表现形式是实物或者痕迹

物证是指以外部特征、内在属性、存在状况以及所处位置等证明案件情况或事实的物质、物品或痕迹。通过定义可知,物证是以实物或者痕迹等载体反映的案件信息来证明案件情况的,这是物证与其他一些证据的重要区别。物证是通过实物或痕迹等载体反映案件事实的,因此在理论上将物证归为实物证据。而有些证据,例如证人证言、当事人陈述等则是通过语言这种载体来证明案件情况的,因此在理论上将它们归为言辞证据。在刑事案件中,常见的物证有犯罪嫌疑人作案使用的工具,例如菜刀、斧头、交通工具;民事案件中当事人向法庭提交的物证,例如在商场购买的钢笔、衣服;行政案件中当事人向法庭提交的物证,例如交警扣押的非法营运车辆、工商管理机关收缴的假冒伪劣商品。司法实务中需要注意,收集物证时除了各种实物之外,还应注意发现和提取各种痕迹,例如刑事案发现场遗留的指纹、鞋印、血迹以及轮胎印迹,等等。因为痕迹也是物证,而且在很多案件中对于查清案件事实发挥了非常重要的作用。

2.物证以外部特征、内在属性、存在状况以及所处位置等证明案件事实

这是物证与其他证据的区别之一,物证是以载体的外部特征、内在属性、存在状况以及所处位置等证明案件事实,不像书证那样是以载体包含的内容或思想来证明案件事实的,也不像证人证言那样是以语言含有的信息来证明案件事实的。为了能够更加清楚地说明物证的这个特征,通过一个案例加以说明。例如,在案发现场发现了一枚血指印,经鉴定指印是犯罪嫌疑人右手食指所留,血与被害人的DNA一致。对于这枚血指印进行分析可知,这枚指纹的特征是唯一的,因此通过这枚指纹的外部特征可以确定是犯罪嫌疑人的;因为这枚指印遗留在案发现场,因此可以知道犯罪嫌疑人到过案发现场;因为指印上有被害人的血,说明犯罪嫌疑人与被害人有过身体或近距离的接触。那么,我们通过这枚指印的外部特征、存在状况以及所处位置,就能够推导出以上案件信息。

3.物证具有较大的客观性

所谓物证具有较大的客观性,是指物证一旦形成就不会再发生变化,不受人的主

观意志的影响。物证的这个特征能够将其与当事人陈述、证人语言、犯罪嫌疑人的供述和辩解等主观性较强的证据区分开来。例如,我们在案发现场收集了一把菜刀,刀上有被害人的血迹,刀柄上有犯罪嫌疑人的指印。通过这把菜刀我们能够推测出来,此刀应是杀人的凶器。因为刀上有被害人的血迹,说明菜刀与被害人的身体有过接触;刀柄上有犯罪嫌疑人的指印,说明犯罪嫌疑人曾经手持过菜刀。而且菜刀的这些特征不受人的主观意志的影响,不会因为你想象一下菜刀上的血迹没了,血迹就自动消失了。但是,主观性较强的证据,它的内容受人的主观意志影响较大。例如,犯罪嫌疑人第一次供述偷了被害人的包,第二次供述抢了被害人的包。两次供述前后不一,这就说明这种证据受主观意志的影响较大。但物证因为具有较大的客观性,所以一般不会发生这样的问题。

4. 物证的证明往往具有间接性

间接是与直接相对而言的,所谓物证的间接性一般在两种意义上使用,一是指物证与证人证言、当事人的陈述等言辞证据不同,它自己不能直接证明案件事实。例如,在案发现场发现了犯罪嫌疑人的血迹,血迹自己不能向法庭直接说出案件事实是什么,需要公诉人通过推理来说明案件的情况。因为犯罪嫌疑人的血迹遗留在了案发现场,说明犯罪嫌疑人曾经到过案发现场,而到过案发现场则说明其有作案的可能性。当然,案发现场有犯罪嫌疑人的血迹并不一定说明犯罪嫌疑人就是凶手,还需要通过其他证明结合起来才能证明。二是指物证不能单独证明案件的主要事实。案件的主要事实一般包括案件发生的时间、地点、人物、原因、经过和结果等六个要素。我们一般以此为标准在理论上将证据划分为直接证据和间接证据。如果能够单独证明案件的六个要素或其中主要事实的,则为直接证据;反之,则为间接证据。而物证一般不能单独证明案件的主要事实。例如,刚才说的犯罪嫌疑人的血迹这一证据,它只能证明犯罪嫌疑人曾经去过案发现场这一事实,而不能证明其他事实。如果是证人证言,则可能单独证明案件发生的六个要素,因此证人证言一般情况属于直接证据。

5. 物证通常具有不可替代性

所谓物证的不可替代性,是指案件中的物证绝大部分都是唯一的,如果这个物证丢失了,那就没有其他证据能够证明案件的有关情况了,那就很可能导致案件事实无法查证。因此,不管是在刑事诉讼中,还是在民事诉讼和行政诉讼中保存证据都具有极其重要的作用。因为证据一旦丢失,很有可能导致事实无法还原或查清。此外,有些物证还容易受到时间或其他因素影响而损坏、消失或者不易收集,需要及时地加以固定和保全。如果丢失或者损毁了物证,导致相关案件事实无法得到证明,即使你再有道理,合法权益也无法得到法律的保护。例如,在一个盗窃案中,侦查人员在现场发现并收集了一枚犯罪嫌疑人的指印,由于保管不慎导致该重要物证丢失,后来虽然抓到了犯罪嫌疑人,但因物证丢失而无法判断案发现场的指印是否犯罪嫌疑人所留,从而为案件的侦破造成了极大的障碍。因此,物证通常具有不可替代性。

(三)物证的意义

1.物证是检验言词证据是否真实的依据

由于物证是一种客观存在的具体物品或痕迹,运用鉴定和其他方法,较易核实物证的真伪。所以在司法实践中常用已经查实的物证去审查和验证其他证据的真实可靠性。通过物证同证人证言、被害人陈述、犯罪嫌疑人和被告人的供述和辩解等相互印证,来鉴别这些言词证据的真伪。

2.物证是查明或证明案件事实的有效手段

单独的物证虽然不能证明案件的主要事实,然而借助这一物证,侦查人员能推断犯罪性质和手段,推断犯罪分子的身份特征,为进一步侦查提供线索和方向,甚至成为证明犯罪事实的重要根据。

3.物证是制服犯罪嫌疑人、被告人的有力武器,也是促使当事人如实陈述的有力根据

在刑事诉讼中,犯罪分子为了掩盖罪行,对抗侦查和审判,往往拒不认罪,百般抵赖。他们大多只有在确凿的物证面前才会低头认罪,坦白交代。因此正确收集和运用物证,可以有效地促使犯罪分子认罪伏法,接受改造。

4.物证可以帮助提高法制宣传教育的效果

物证作为客观实在物,能够比较直观地向诉讼当事人和旁听群众展现犯罪行为的严重后果,对广大群众具有生动的说服力,认识犯罪行为对社会的危害性,从而有利于提高人们遵纪守法以及同犯罪行为、违法行为做斗争的积极性和主动性。

二、书证

(一)书证的概念

书证通常是指用文字、符号、图案等形式所记载的内容或表达的思想来证明案件事实的书面文件或其他物品。从这个概念可知,书证具有三个方面的含义:

第一,书证的外在表现形式为书面文件或其他物品,但是需要注意的是书证并非一定是纸质的,其他材料也可能成为书证的载体。例如,刻有文字的木板或石板,只要文字的内容或思想里面含有相关的案件信息,木板或石板也是书证。

第二,书证的外在表现形式虽然是书面文件或其他物品,但是书证并非以书面文件或其他物品的外部特征来证明案件情况,而是以书面文件或其他载体上的文字、符号或图案表达的思想或记载的内容来证明案件事实。

如果虽然有文字、符号或图案,但它们没有思想或内容,或不能为人类所辨识,那么我们就不能将其与案件联系起来,或者不能知道其中包含了什么案件信息,那么这样的文件或物品就不能用来证明案件事实,就不是证据。

第三,书证所记载的内容和反映的思想必须与待证的案件事实有关联,能够对案件事实起到证明作用。如果一张纸上虽然有文字、符号、图案,但如果与案件事实无关的话,那就不是书证。

(二)书证的特征

1.书证具有证明直接性

所谓证明直接性,即书证中本身就含有案件信息,能够直接用来证明案件事实,不需要经过推理。而且,书证中一般包含了案件的主要事实。例如,原告向法院起诉被告,要求被告还钱,提供了被告书写的借条作为证据。借条里面本身含有借钱的事实,不需要经过推理即可得知。另外,借条里面也含有借款双方、数额以及时间,有的甚至写明了还款时间。因此,借条不但直接体现了案件信息,而且信息中包含了案件的主要事实,故而书证具有证明直接性。

2.书证具有稳定性

书证的稳定性,即指书证一旦形成,不会随着制作主体意志的变化而变化,也不会随着时间的变化而变化。例如,张三在去世之前,为了避免子女之间争夺遗产,就将遗嘱写好并到公证处进行了公证。遗嘱一旦形成之后,除非张三去撤销或变更遗嘱,遗嘱的内容以及形式就不会再发生变化。因此,书证具有稳定性。有些证据则不具有这个特征,例如证人证言,可能会随着证人意志的变化而变化。

3.书证具有物质性

前面论及,书证通常是指用文字、符号、图案等形式所记载的内容或表达的思想来证明案件事实的书面文件或其他物品。书证虽然通过文字、符号、图案等形式所记载的内容或表达的思想来证明案件事实,但文字、符号或图案等形式总是附于一定的载体之上,例如纸张、木板或墙壁等。因此,我们说书证具有物质性。而有些证据则不同,它们是直接通过口头表达的,例如当事人的当庭陈述、犯罪嫌疑人的当庭供述或辩解等。

4.书证具有思想性

书证的思想性,是指书证体现了人对某一事物的主观认识。因为书证是用文字、符号、图案等形式所记载的内容或表达的思想来证明案件事实,而文字、符号、图案是人为制作的,它们体现了书证制作者的主观认识,因此书证具有思想性。例如,当事人双方签订的合同,体现人对合同的认识和要求。这一点与物证有所不同,物证是通过物品或痕迹本身的外部特征、内在属性、存在状况以及所处位置等证明案件事实,物证并不体现人的主观认识。例如,案发现场遗留的血迹,它跟人的主观认识毫无关系,因此物证没有思想性。

(三)书证的分类

书证的类型和表现形式多种多样,依据不同的标准可以划分为不同的类型。不同类型与形式的书证各有其特点,其运用规则或证明力有所不同。

1.根据内容的表现形式不同,可以把书证分为文字书证、符号书证和图形书证。

文字书证,就是以文字形式记载与案件有关联的内容的书证。如信函、传单、合同、账簿、票据等。

符号书证,就是以符号形式记载与案件有关联的内容的书证。如标记、标识、路标等。

图形书证,就是以图案、图画等形式记载与案件有关联的内容的书证。如侮辱他人的漫画、作案人自制的现场地形图、房屋设计图、建设规划图等。

2.根据是否由国家机关或公共职能机构依其职权而制作,可以把书证分为公文书证和私文书证。

公文书证,就是国家机关或公共职能机构在其职权范围内制作的书证。如通告、决议、结婚证书、身份证件、房产证等。

私文书证,就是公民、企业、社团等非公共职能机构在社会生活和交往中制作的文书。如借据、合同等。

3.根据内容的性质和功能不同,可以把书证分为处分性书证和记录性书证(又称"报道性书证")。

如果书证的内容具有处分法律关系的性质并导致一定的法律后果,这种书证就是处分性书证。如遗嘱、合同、法院的判决书等。

如果制作书证的目的不是要处分某种法律关系,而是要记录、描述或报道某种具有法律意义的事实,这种书证就是记录性书证,如医院的病历、公司的账簿、会议或谈判的纪要等。

4.根据制作方法和内容来源不同,可以把书证分为原生书证和派生书证。

原生书证,就是制作人以书写、描绘、打印等方法直接把相关内容记录到纸张等载体上而形成的书证。这种书证反映的是文书内容的原始状态,所以又称为原始书证。如文书的原件、原本、底本与正本。

派生书证,就是制作人在原生书证的基础上以复印、描写、抄录、誊写等方法制作的文书。如文书的副本、节录本、复印件、影印件、译本等。

(四)书证的意义

1.书证所记载的内容或表达的思想往往能直接证明有关的案件事实

前面我们分析了书证的特征,知道书证具有直接性,即书证一般本身即包含着案件信息,不需要经过推理即能证明案件事实。另外,书证通常能够证明案件的主要事实,即案件发生的时间、地点、人物、原因、经过和结果等要素。因此,书证所记载的内容或表达的思想往往能直接证明有关的案件事实。这与物证有着极大的区别,因为物证一般都是间接证据,它往往需要经过人的推理活动才能证明案件情况或事实。例如,案发现场遗留了一截烟头,经过鉴定烟头上遗留的唾液中含有犯罪嫌疑人的DNA,由此可以推断犯罪嫌疑人曾经到过案发现场,因而有作案的可能性。而书证则不需要经过推理,因为书证本身就含有案件的信息。例如,王二持有父亲生前写的遗嘱一张,上面明确写着父亲去世后,生前居住的房屋由王二继承。那么,该遗嘱中已经含有双方争议的案件信息,不需要经过推理即可得出结论。由于书证的这个特征,导致其在司法实务中往往发挥着重要的作用。

2.书证同其他证据相比,书证不易伪造,其证明力更强,证明作用发挥得更为充分

在司法实务中,我们经常遇到一些伪造的证据。这些伪造的证据与案件的实际情况并不相符,如果法庭采用这些证据来认定案件事实的话,便会导致对案件事实做出错误的认定,从而导致对案件做出错误的判决。例如,犯罪嫌疑人的供述,因其受主观意志的影响较大,往往容易伪造。在很多案件中,刚开始实际上犯罪嫌疑人并不承认犯罪,后来因为受到刑讯逼供被迫改变了自己的供述。由于这些证据是伪造的,与案件的真实情况并不相符,因此导致出现了冤假错案。以前我们所曝光的很多案件,赵作海案、聂树斌案、佘祥林案、呼格吉勒图案等都存在着这样的一些问题。但是,书证是很难伪造的,即使伪造也很容易通过技术手段查出来。例如,原告伪造了被告签名的借条一张,借条上被告的签名是原告模仿被告的笔迹写的。即使原告模仿得很像,大部分案件都能通过笔迹鉴定做出并非同一的认定。由于书证的这个特征,我们在司法实务中使用书证时就不需要花过多的精力去鉴别印证,因为其本身不易伪造,证明力较强。

(五)书证与物证的关系

前面我们已经介绍了物证与书证两种证据,这两种证据既有相同点,又有不同点。在现实生活中,有时难以区分。为了更好地理解这两种证据,下面简单阐述一下两者的关系。当说到两个事物的关系的时候,一般包括两个方面,即共同点和不同点。书证与物证两者存在共同点,即不管是书证,还是物证,两者的载体都是实物,因此两者都属于实物证据;另外,两者都不容易伪造,证明力都比较强。

两者的不同主要表现在以下四个方面:

首先,两者的证明方法不同。书证是以载体上的文字、符号、图案等记载的内容或表达的思想来证明案件事实,而物证则是以载体的外部特征、内在属性、存在状况以及所处位置等来证明案件事实。

为了能够更加清楚地说明问题,下面通过两个例子加以说明。

例:女青年徐某被人杀死在山坡上,侦查人员在现场发现一封信和一个字条,信的内容与案件无关,但据通信双方的姓名和地址查出了犯罪分子;字条的内容也与案件无关,但根据笔迹鉴定找到了书写字条的人,从而发现了犯罪分子。问:对于本案中的信件与字条属于何种证据种类?

这个例子中,信件和字条都是上面写有文字的纸张,表面上看来两者都是书证,其实不然。因为信的内容虽与案件无关,但信件上写的姓名和地址记载了一定的内容,通过这些内容查出了案件的犯罪分子,所以信件是以文字记载的内容来证明案件事实的,因此属于书证。

字条的内容也与案件无关,但是通过笔迹鉴定找到了书写字条的人,从而查出了犯罪分子,这就说明我们不是通过字条上文字记载的内容或表达的思想来证明案件事实的,而是通过字条的外部特征来证明案件事实的,因此笔迹特征具有唯一性,每个人的笔迹与别人不同。所以,字条应该属于物证。

另外,还有一些物品因为同时具有书证和物证的特征,所以也存在一件证据同时既是书证又是物证的情况。

例如,工商局以制售使用有害塑料制作的、宣传恐怖内容的幼儿玩具为由,对厂商予以行政处罚。此案中的幼儿玩具同时具有书证和物证的双重特征,因此该证据既是书证又是物证。因为执法者通过该玩具图文表达的内容认定该玩具对幼儿的身心构成毒害,亦即以玩具上的图文表达的内容来认定案件事实,此时该玩具符合书证的特征,因此属于书证。

同时执法者又对塑料性质进行了测定,发现塑料当中存在对幼儿有害的成分,认定其对幼儿身心构成毒害,此时执法者是以该玩具本身的内在属性来认定案件事实,符合物证的特征,因此该玩具又属于物证。

其次,法律对物证和书证有无特殊的形式要求不同。法律对物证无特殊的形式上的要求,只要能以其外部特征、内在属性、存在状况以及所处位置等来证明案件事实,就是物证;对书证则不同,法律有时规定必须具备特定形式或履行了特定的程序后,才具有证据效力。例如,代书遗嘱应当有两个以上见证人在场见证,并由代书人、见证人和遗嘱人签名。

再次,两者与案件主要事实的证明关系不同。书证是直接证据,物证是间接证据。书证本身含有案件信息,不需要进行人为的推理,而且书证通常能够单独证明案件的主要事实;物证在证明案件事实时,必须通过人的推理活动,才能与案件事实建立联系。另外,物证通常不能单独证明案件的主要事实,还需要其他证据佐证。

最后,两者是否反映制作人的思想或主观动因不同。书证一般都有制作主体,能够反映制作人的思想和主观动因,而物证则没有这个特征。

三、当事人陈述类证据

前面已经交代,此处的当事人陈述类证据应该包括三大诉讼法中的三种证据,即民事诉讼和行政诉讼中的当事人陈述,以及刑事诉讼中的犯罪嫌疑人供述和辩解与被害人陈述。

(一)当事人陈述

1.当事人陈述的概念

当事人陈述,是指在民事和行政诉讼中原告、被告以及第三人就他们所感知、理解和记忆的有关案件情况,向人民法院所做的陈词和叙述。

当事人陈述包括以下四个方面的含义:第一,当事人陈述的主体是民事或行政诉讼中的当事人,包括原告、被告以及第三人;第二,当事人陈述的对象是法院,法庭之外所做的陈述一般不会产生证据效力;第三,当事人陈述的内容是有关的案件情况,必须与案件有关联。需要注意,当事人在法庭上除了针对案件事实进行陈述之外,也可以针对案件适用法律发表意见和建议并进行评价。但是,作为证据种类之一的当事人陈述是狭义上的当事人陈述,不包括这些内容;第四,当事人陈述的形式包括口头和书面两种,实务中通常以口头为主。

2.当事人陈述的特征

在我国,当事人陈述具有以下证据特征:

(1)当事人的陈述是查明案件事实的直接证据

一般而言,当事人是案件的亲身经历者,因此其对于案件的各个阶段、各个环节和各种情况都应该比较清楚,对于案件发生的时间、地点、人物、原因、经过以及结果等也非常熟悉。因此,如果当事人愿意进行真实陈述的话,其陈述的内容本身就是案件信息和情况,能够直接证明案件事实,不需要进行通过中间的推理。另外,当事人陈述往往能够独立证明案件的主要事实,因此当事人陈述是查明案件事实的直接证据。例如,在一个交通事故中,甲被乙驾驶的车辆撞伤住院,后因赔偿问题发生诉讼,甲将乙及其购买车险的保险公司告到法院。甲作为当事人之一的原告,对于交通事故发生的时间、地点、车辆以及经过结果等都很清楚,他的陈述中本身就含有这些信息。因此,当事人陈述往往属于直接证据。

假设交通事故中,甲被撞身亡,肇事车辆逃逸。然后交警在案发现场找到了肇事车辆上的一块碎片,碎片后来经鉴定是从肇事车辆上撞落的。那么这块碎片作为物证,能够证明肇事车辆曾经过案发现场,而且必须经过推理才能得出这个结论,因为碎片自己不能开口说话。除此之外,碎片不能证明案件的其他任何信息。此时碎片作为物证,属于间接证据,与当事人陈述不同。

(2)当事人陈述具有真实性和虚假性并存的特征

当事人与案件结果有着直接的利害关系,由于趋利避害的心理作用,当事人的陈述往往既有真实性的一面,又有虚假性的一面。例如,张三与李四因琐事发生争吵,张三将李四打伤住院。后因赔偿数额无法达成一致意见,双方诉之法院。在开庭审理时,法庭对案件发生的原因进行调查。本来是张三拦住李四进行辱骂并先动手打人,但他为了减轻自己的赔偿责任,却说是李四先动手打他,他为了自卫才打伤李四的。显然,张三作为当事人向法庭就案件情况进行的陈述与事实不符,带有虚假的一面。但是,李四在进行陈述时,就将案件的真实情况原原本本地向法官做了说明。由于李四本身是案件的当事人,对于案件情况非常熟悉,所以他的陈述发生错误的概率很小,此时当事人陈述就显现出真实性的一面。由此,我们在运用当事人陈述证明案件事实时,必须进行认真的审查和核实,因为它具有真实性与虚假性并存的特征。

(3)当事人陈述具有免除对方举证责任的特征

《最高人民法院关于民事诉讼证据的若干规定》第7条规定:"一方当事人对于另一方当事人主张的于己不利的事实有所限制或者附加条件予以承认的,由人民法院综合案件情况决定是否构成自认。"例如,甲诉乙借钱不还,开庭时甲向法庭陈述了乙向其借钱的时间、地点、原因、经过以及结果,乙当庭承认其确实借了甲一万元钱,但因最近经济紧张而无钱偿还。本来按照"谁主张,谁举证"的原则,甲提出了乙向其借钱的主张,就应该承担相应的证明责任。但是,由于乙承认了其向甲借钱的事实,根据法律的规定,免除了甲的举证责任,甲就不需要再向法庭提供证据证明此项事实。这是当事人陈述的一个特征。

(二)被害人陈述

1.被害人陈述的概念

被害人陈述是指受到犯罪行为直接侵害的人向公安机关、人民检察院或人民法院就其遭受犯罪行为侵害的事实和有关犯罪嫌疑人、被告人的情况所做的陈述。

这一概念具有以下含义:第一,被害人陈述的主体是被害人,即遭受犯罪行为直接侵害的人。其他人针对案情进行的陈述,根据主体的不同分别有不同的称呼,例如证人针对案情向公、检、法机关进行的陈述,称为证人证言。犯罪嫌疑人、被告人针对案情进行的陈述,称为犯罪嫌疑人、被告人的供述和辩解;第二,陈述的对象是公安机关、人民检察院或人民法院,针对其他对象所做的陈述没有证据效力,不能称为被害人称述;第三,陈述的内容有两部分:一是遭受犯罪行为侵害的情况,二是有关犯罪嫌疑人、被告人的情况。如果陈述了其他内容,不能称为被害人陈述。例如,在一个抢劫案件中,被害人告诉公安机关,她刚刚将头发染成黄色。该项内容与案情无关,不能叫作被害人陈述。

2.被害人陈述的特征

(1)被害人陈述具有证明直接性的特点。由于被害人直接遭受犯罪行为侵害,有些情况下被害人与犯罪人有过直接的正面的接触,因而其陈述证明犯罪更直接、更具体。例如,在抢劫案中,犯罪嫌疑人持刀威胁被害人将自己身上携带的贵重物品全部拿出来交给他,然后快速逃走。那么,被害人看见了犯罪嫌疑人的长相,听见了犯罪嫌疑人说话的声音,记住了自己被抢走的物品。对于这些情况,都是被害人直接感知和记住的,其在陈述时肯定比较全面,而且生动。因此,被害人陈述具有证明直接性的特点。

(2)被害人的陈述具有真假难辨、虚实交叉的特点。因为被害人与案件的判决结果存在直接的利害关系,其陈述虚假的可能性一般大于证人证言。例如,被害人基于对犯罪行为的痛恨或者报复心理以及获得额外补偿的动机,可能会夸大犯罪事实;另一方面,也可能出于畏惧犯罪人或者掩盖自己激发犯罪的某些过错而缩小犯罪事实。这些特点,往往是证人在提供证言时不具有的。当然,有时被害人陈述存在虚假并非故意为之,可能是因为其陈述时精神紧张,而不自觉地说错;也有可能因为客观条件较差,导致其没有看清,而造成陈述错误。不管属于什么情况,我们在运用被害人证明案件事实时,必须认真审查核实。

(三)犯罪嫌疑人、被告人的供述和辩解

1.犯罪嫌疑人、被告人的供述和辩解的概念

犯罪嫌疑人、被告人的供述和辩解是指犯罪嫌疑人、被告人就有关案件情况向司法机关所做的陈述。根据陈述内容和作用的不同,可以分这两种:一是犯罪嫌疑人、被告人的供述,即犯罪嫌疑人、被告人承认自己有罪,然后就案件发生的原因、经过以及结果等情况向侦查、检察、审判人员进行的供认和表述,又称为"口供";二是犯罪嫌疑人、被告人的辩解,即犯罪嫌疑人、被告人否认自己有罪,针对无罪的情况进行的辩驳和解释,或者针对自己罪轻、从轻、减轻或者免予刑事处罚的情况进行的辩驳和解释。

这一概念包括以下含义:第一,犯罪嫌疑人、被告人供述和辩解的主体是犯罪嫌疑人、被告人。犯罪嫌疑人和被告人称呼的区分应以检察院提起公诉为界,在检察院提起公诉之前,称为犯罪嫌疑人;在检察院提起公诉之后,法律判决之前,则称为被告人。第二,犯罪嫌疑人、被告人的供述和辩解的内容有三种情况,分别是承认、辩解和攀供。第一种是承认自己有犯罪行为的陈述,即供述。第二种是否认自己有犯罪行为或说明自己罪行较轻的陈述,即辩解。第三种是检举揭发他人有犯罪行为的陈述,即攀供。第三,犯罪嫌疑人、被告人供述和辩解的对象是广义的司法机关,即侦查机关、检察机关和审判机关。其他场合进行的供述和辩解,则非证据意义上的犯罪嫌疑人、被告人的供述和辩解。

犯罪嫌疑人、被告人的供述和辩解中有一点需要解释,即无罪的辩解是否是证据?一般认为,证据是证明案件事实或情况的,例如案件发生的时间、地点、人物、原因、经过以及结果,但无罪辩解却与这些内容无关,其内容应是自己没有犯罪的动机和时间、没有实施犯罪的行为等。例如,张某是一件故意杀人案的犯罪嫌疑人,在侦查机关对其进行讯问时,张某为自己辩解说案件发生时,他正在从西安飞往北京的飞机上,自己根本没有作案的时间。后来,审判机关结合案件的其他证据,认定张某的辩解成立,最终判其无罪。既然这时张某陈述的内容与案件事实无关,为什么还称其为证据呢?实际上,一个案件的事实总是包括正反两个方面,例如晚上八点甲在玉米地里将乙强奸是事实,其他人此时没有在案发现场强奸乙也是事实。从这个角度来说,无罪辩解也应该以属于证据,因为其也证明了案件的情况。

2.犯罪嫌疑人、被告人的供述和辩解的特征

(1)全面性与直接性。所谓全面性,是指犯罪嫌疑人或被告人对案件事实的陈述比较完全和充分,从案件的预备、开始、发生直到结束的整个过程,甚至作案的动机、目的等所有内容都可以在此证据中得到展现。因为犯罪嫌疑人、被告人亲自实施了犯罪行为,其对案件的细节比任何人知道的都清楚。其他人对案件的了解可能只是

一知半解,因为他们毕竟没有亲自实施犯罪行为。例如被害人,虽然也是当事人,但其对案件发生的很多情况可能并不清楚。很多盗窃案件中,被害人只是知道自己家里被盗了,至于谁是凶手、如何偷的、案发时间等情况,被害人可能根本不知道。

至于直接性,应该很好理解。因为犯罪嫌疑人、被告人的供述和辩解中本身含有案件信息,不需要经过中间的推理过程。另外,这种证据通常能够单独证明案件的主要事实,所以这种证据属于直接证据,具有直接性。例如,一个故意杀人案件发生后,警方抓获了犯罪嫌疑人之后对其进行讯问,犯罪嫌疑人对于作案的动机、作案的时间、地点、经过以及结果等都告诉了侦查人员。犯罪嫌疑人的陈述中本身包含了案件的主要事实,因此这种证据具有直接性。

(2)反复性和复杂性。所谓反复性,是指在刑事诉讼中,随着诉讼的进行,犯罪嫌疑人、被告人也在反复权衡各种利益,其心理活动在不断发生变化,这种心理变化使得其供述和辩解极易反复。例如,犯罪嫌疑人被公安机关抓获后,开始拒不认罪,后来经过侦查人员的说服教育,心理防线逐渐崩溃,开始供述一些事实。但是,因为侥幸心理的影响,犯罪嫌疑人又推翻了自己的供述,导致出现了反复性。出现反复性的原因多种多样,刑讯逼供也是其中一个重要因素。犯罪嫌疑人被抓获之后,开始受到刑讯逼供,被迫承认实施了犯罪行为。但到了审查起诉或法庭审理阶段,犯罪嫌疑人又推翻了自己以前的供述,这种情况也是反复性的表现之一。

至于复杂性,是指犯罪嫌疑人、被告人的供述和辩解既有真实的情况,又有虚假的情况,往往真假掺杂,需要进行认真的审查和核实,才能查清案件事实。因为犯罪嫌疑人、被告人是案件的当事人,案件的判决结果与其有着直接的利害关系。被告人向有关机关承认其所犯罪行或向有关机关交代其未被掌握的罪行时,往往是出于某种利益或利害关系的考虑而避重就轻,从而导致其中真假掺杂,复杂难辨。例如,有一盗窃惯犯被公安机关抓获后,明明作案十起,却只对其中的四起作了供述。而且在对其中四起进行供述时,也并非全部真实。有一起案件,本来当时盗窃了一万多元,却说只盗窃了六千多元。由于这种证据的复杂性,也需要司法工作人员认真审查,通过其他证据核实之后才能使用其来认定案件事实。

3.犯罪嫌疑人、被告人的供述与辩解的意义

在诉讼活动中,犯罪嫌疑人、被告人对自己犯罪行为是有是无,是轻是重最为清楚,所以,按照法定的程序正确地讯问犯罪嫌疑人、被告人,收集其供述和辩解,对案件事实的认定有着重要的意义,主要表现在以下四个方面:

(1)犯罪嫌疑人、被告人的供述与辩解有利于办案人员迅速查明案件事实。在刑事诉讼中一部分犯罪嫌疑人、被告人犯罪后会如实供述自己的犯罪行为,包括犯罪动

机、目的、犯罪的具体过程和情节,经与其他证据对照核实后,有利于办案人员及时调查收集证据,迅速查明案情。对于没有实施犯罪的嫌疑人和被告人在进行辩解中提供的有关线索和理由,同样可以帮助办案人员做到兼听则明,全面分析案件,使无罪的人及时从诉讼中获得解脱。

(2)犯罪嫌疑人、被告人的供述与辩解有利于办案人员及时发现其他犯罪的线索和犯罪嫌疑人,犯罪嫌疑人、被告人的有罪供述可以为发现其他犯罪和犯罪嫌疑人提供有价值的线索,在共同犯罪案件中尤其如此,犯罪嫌疑人在为自己做无罪或罪轻的辩解中,也可能提供有利于查获真正犯罪人的情况。

(3)犯罪嫌疑人、被告人的供述与辩解可以成为核实其他证据的重要手段。各种证据在互相比较和印证中才能审查核实,作为证据的口供也无疑具有这样的作用,在实践中可以利用口供审查核实被害人的陈述和证人证言等证据。

(4)犯罪嫌疑人、被告人的供述与辩解可以成为衡量犯罪嫌疑人、被告人的悔罪态度的依据。在案件其他证据确凿的情况下,犯罪嫌疑人、被告人是否悔罪认罪,从一个侧面反映出他的主观恶性和社会的危害性,从而成为诉讼中对其采取强制措施的根据。

四、证人证言

(一)证人证言的概念

证人证言是指了解案件情况的人,就其知道的案件情况向司法机关所做的口头或书面陈述。

这一概念包括如下几个方面的含义:第一,证人证言的主体是证人,证人是指除当事人以外了解案件情况并向司法机关进行陈述的人。对于证人的身份,《民事诉讼法》与《刑事诉讼法》的规定有所不同,《民事诉讼法》规定证人包括自然人和法人,而《刑事诉讼法》规定证人只能是自然人。证人在诉讼中享有一系列的权利,承担一定的义务。第二,证人向司法机关所做的关于案件情况的陈述才能称作证人证言,不向司法机关工作人员所做的陈述不是证人证言。至于向哪些司法机关进行陈述,《民事诉讼法》和《刑事诉讼法》的规定不同。民事诉讼中只能在法庭上,向审判机关陈述。而在刑事诉讼中,则不仅向审判机关,也包括侦查机关和检察机关。第三,证人证言的形式,包括口头和书面两种。

(二)证人证言的特征

证人证言必须是证人对案件事实所感知的情况,记忆的情况,而后向办案人员所做的陈述,至于证人对案件情况的分析、判断、评论等,均不能作为证人证言使用。证人对案件情况的分析、判断、评论又称为意见证据。我国刑事诉讼法确立了意见证据规则,意见证据必须排除。2010年最高人民法院、最高人民检察院、公安部、国家安全部和司法部联合发布的《关于办理死刑案件审查判断证据若干问题的规定》第12条第3款规定:"证人的猜测性、评论性、推断性的证言,不能作为证据使用,但根据一般生活经验判断符合事实的除外。"

证人证言具有多变性和虚假性的特点。形成证人证言不稳定和多变性的原因主要有三个方面:一是客观因素的影响,时间和环境都对证人产生影响。例如因为案件发生的时间太长,证人的记忆发生了模糊。证人脑部受伤,导致其对案情的陈述发生了变化。二是当事人及其亲属对证人的威胁和收买。由于证人害怕受到打击报复,从而导致证言不稳定。有时证人被当事人收买,可能故意进行虚假陈述。三是自然条件的影响,即案件发生时的天气、距离以及环境等都可能对证言产生影响。例如,案发时正值傍晚,天气阴沉黑暗,以致无法看清凶手的面貌和衣服的颜色,从而陈述不太准确。或者案发时人流密集,声音嘈杂,以至没有听清凶手说话的内容,从而导致陈述出现错误。

证人证言具有不可代替性,只有了解案情的人才能成为证人。在很多案件发生时,只有一个证人在场,只有此人了解案件情况,其他人是无法代替的。即使有多人在场,张三看到的情况和李四看到的也不可能完全一样。所以证人与鉴定人不同,证人具有不可代替性。鉴定人则不同,因为能够从事同一种鉴定的并非只有一人。例如笔迹鉴定,现在很多鉴定机构,同一鉴定机构多个鉴定人都可以从事此类鉴定。所以,甲不鉴定,可以找乙鉴定。

(三)证人证言的意义

证人证言往往属于直接证据,其内容含有案件的一部分或者全部事实,因此能够证明案件所涉及的法律关系中的部分或者全部内容。

具有相对较强的客观真实性,可以与其他证据材料相互印证,核实各类证据的真实性。

证人证言通过语言陈述出来,具有生动和形象的特点,能够直接对案件有关情况作出生动和形象的回答。

五、鉴定意见

(一)鉴定意见的概念

鉴定意见,是指鉴定人根据公安司法机关的指派或者聘请,运用自己的专门知识和现代科学技术手段对案件中所涉及的专门性问题进行检验、识别、分析及判断后所做出的结论性书面意见。

这一概念具有以下含义:第一,鉴定意见是由鉴定人做出的,其他人针对案件中的专门性问题发表的意见不能称为鉴定意见。鉴定人必须具有专门的知识和技能,一般要求在相应的鉴定机构执业,需要依据法律规定的程序进行资格认定。有些专门性问题,可能不是由鉴定人出具意见,那么就不能称为鉴定意见。例如,英雄钢笔生产厂家指派本厂专业人员对于某大型书城销售的"英雄"牌钢笔进行鉴定,出具意见认为该大型书城销售的钢笔并非本厂生产,系假冒"英雄"商标的产品,因此以侵犯商标权为由向法院起诉该书城。该案中英雄钢笔生产厂家出具的相关意见,虽然也称为"鉴定意见",但并非证据种类中的鉴定意见,应该属于证据种类中的当事人陈述。

第二,鉴定意见解决的问题是案件中专门性问题,而非一般的法律问题。例如,通常的指纹、鞋印、工具、枪弹以及法医、毒化等都属于专门性问题,因为这些问题必须运用专业知识、专业技术以及专业设备才能解决。但是一般的法律问题或事实问题,例如甲购买了乙的房子,乙是否应该按时交房?犯罪嫌疑人将匕首插进被害人的身体,被害人是否受伤?这些问题不需要掌握非常专业的知识,只要具有正常的逻辑推理能力或者阅读了相关的文献资料后,即可做出正确的判断。这些问题不是专门性问题,而是一般的法律问题或事实问题,并不需要通过鉴定这种手段给予解决。

第三,鉴定意见的做出必须依照法定的程序进行,否则没有法律效力。特别是在刑事诉讼中,对此要求尤其严格。根据我国刑事诉讼法和部门规章的规定,刑事诉讼中的司法鉴定决定权,在不同诉讼阶段分别由侦查机关、检察机关、审判机关行使。因为鉴定涉及案件中的专门性问题,而且一般专门性问题对于确定犯罪嫌疑人以及认定案情起着重要或关键作用。一旦出现错误,将直接侵犯犯罪嫌疑人、被告人自由、财产甚至生命权。例如呼格吉勒图一案就曾出现过这一问题,当时在被害人的指甲缝里发现了犯罪嫌疑人遗留的血迹,虽然也做了鉴定,但不是DNA鉴定,而是血型的鉴定。因此导致人身认定错误,最终造成了冤假错案,并产生了案错人亡的悲惨结局。

(二)鉴定意见的范围

鉴定意见只涉及案件中需要运用专门知识和技能才能解决的专门技术性问题,而不能解决法律问题,在司法实践中,需要鉴定人解决的技术性问题比较广泛,因此形成的鉴定意见的范围也比较广泛。主要的鉴定意见的范围和类型有以下几种:(1)法医鉴定。即依据法医学的专门知识和技术手段,用以检验死亡的时间、原因、伤害程度、损伤的部位和致伤的凶器种类等专门性问题。(2)司法精神病鉴定。即公安司法机关指派或聘请医学专家,对犯罪嫌疑人、被告人、被害人或证人的精神状态进行检查,鉴别其是否正常及严重程度,以确定其有无行为能力和责任能力。(3)文件鉴定。即对案件中所涉及的各种文件进行对比、分析,以确定文件的书写、内容是否伪造或同一。(4)毒物分析鉴定。即运用化学原理和方法,对投毒、制毒、吸毒、贩毒以及食物中毒等案件的有关物质进行检验分析,以确定毒物的种类、性质、含量、来源等做出结论。(5)痕迹鉴定。即利用痕迹检验技术对现场和其他场所或者物品上遗留的痕迹进行分析、对比、推断,从而获得同一或不同一认定的结论性意见。包括有:指纹、足迹、工具痕迹、枪弹痕迹、牙齿和车轮痕迹等。(6)司法会计鉴定。即运用会计学原理和专门知识,对有关账目、报表、单据等依法进行审核,以确定是否符合会计制度,有无经济违法犯罪等问题。(7)其他鉴定,即运用专门技术解决案件中的其他专门性问题所进行的鉴定。如建筑、交通运输、产品质量、责任事故等。

(三)鉴定意见的特点

1.鉴定意见属于"科学证据"。鉴定意见是鉴定人运用一定科学知识,采用一定科学方法对案件专门性问题进行分析、检验后得出的结论,具有较强的科学性。诚然,鉴定的对象和方法是多种多样的,科学技术的含量也是各不相同的。但是,任何鉴定意见都必须以一定的科学技术为基础,因此,鉴定意见属于"科学证据"的范畴。

2.鉴定意见属于"意见证据"。鉴定意见是鉴定人对案件中的专门性问题提出的理性意见,不是感性认识。鉴定的目的是解决案件中凭借普通常识无法判明的专门性问题。另外鉴定意见是鉴定人就案件中的事实问题提供意见,只解答事实认定问题,不解答法律争议的问题,因为后者属于司法人员的职能范围。例如,在刑事案件中,鉴定人不应就行为人的杀人行为究竟是故意还是过失,是正当防卫还是防卫过当等问题提供意见,尽管鉴定人对相关事实的鉴定意见很可能作为司法人员回答上述问题的依据。

鉴定意见与证人证言虽然在证据分类上同属人证,但二者各有特点,其区别是:

(1)鉴定意见是鉴定人运用自己的专业知识和技能对案件中的专门性问题所提出的一种意见;而证人证言是证人就自己所知道的案件事实所做出的一种如实的陈述。

(2)委托人除可以有选择地聘请鉴定人外,还可以更换鉴定人或者委托重新鉴定,因此鉴定意见具有可替代性;而证人必须是了解某一案件事实的人,不能为他人所替代,所以证人证言具有不可替代性。

(3)鉴定意见是案件发生以后就某一问题所做出的评断;证人证言虽然也是在案件发生后进行的陈述,但却是在案件发生过程中形成的。

(四)鉴定意见的意义

在我国的立法中,鉴定意见被作为独立存在的证据种类,这不仅因为鉴定人与证人之间存在较大的不同,更由于鉴定意见在司法实践中发挥着与证人证言不同的证明作用。其意义主要表现在以下几个方面:

(1)鉴定意见是正确认识和处理案件的重要根据之一。公安司法机关在办理案件的过程中,无论是对犯罪嫌疑人的确定,还是对案件事实的认定,为了揭开事实真相,都需依赖科学的技术鉴定,在查明整个案件事实情节中,是其他证据所不能替代的。

(2)鉴定意见是司法人员查明案件事实,确定案件性质,明确责任的重要依据。案件事实的查明,案件性质的认定以及各方当事人责任的划分等问题的解决往往有赖于各种专门性问题的先行处理,这就需要有关的专家运用专门知识和技术手段进行鉴定,司法人员再根据鉴定意见查明案件事实,分清案件的性质和责任,确定行为人所应承担的法律后果。

(3)鉴定意见是审查判断其他证据真实性的有效手段。鉴定意见往往具有其他证据无法替代的作用,即其他证据的真伪,证明力的大小,证明价值的高低,需要鉴定意见进行印证和补强,如书证、物证、视听资料和言词证据的真伪,可以通过鉴定人运用技术手段分析判断形成的结论性意见加以确认,所以鉴定意见是审查判断其他证据的有效手段。

六、笔录类证据

笔录类证据是三大诉讼法明确规定的法定证据之一,是指侦查机关、检察机关和审判机关在办理案件的过程中,为了查明案件事实,在进行侦查实验、勘验、检查、辨认时所做的文字记录,以及行政机关为了证明行政行为合法有效,在实施行政行为时对有关事项当场所做的文字记录。

总体而言,笔录类证据具有以下特点:第一,在形成主体上,笔录类证据的主体是侦查机关、检察机关、审判机关以及行政机关。当事人不是笔录类证据的主体,当事人即使在有关场合做了文字记录,也不属于笔录类证据。第二,在形成时间上,笔录类证据形成于案件办理过程中,是对侦查活动、检察活动、审判活动以及行政活动的记录。其他证据则形成于案件发生时,例如物证、视听资料等。第三,在表现形式上,笔录类证据采取书面形式。其他证据,例如证人证言、当事人陈述等则既可以采取书面形式,也可以采取口头形式。

笔录类证据在司法和行政实践中具有重要的价值,主要体现在两个方面:第一,具有规范侦查机关、检察机关、审判机关以及行政机关实施相关行为的价值,保障诉讼活动和行政活动的依法进行,防止侵害当事人的合法权益。例如,侦查机关进行现场勘查时,需要见证人在笔录上签字。因为有见证人的监督,侦查人员就不敢徇私枉法,从而保证现场能够得到客观真实的固定,为案件的顺利侦破提供条件,保护被害人的合法权益。

第二,具有固定、发现案件真实情况的价值,保证公安司法机关及时准确地查明案件事实,保证行政机关做出正确合理的决定。例如,在一个盗窃案件中,被害人向公安机关报案称其保险箱里的120万元人民币被盗。公安人员勘查现场后,发现保险箱空间较小,应该装不下那么多钱,因此怀疑被害人说谎。但为了固定、发现案件的真实情况,侦查人员做了一个实验,拿来120万元人民币往保险箱里试装,结果发现保险箱的空间恰好能够装下那么多钱。进行侦查实验的时候,侦查人员做了详细的笔录,将实验的过程以及结果全面准确地记录下来,并让见证人在上面签了字。在以后的诉讼程序中,就可以使用这该侦查实验笔录来证明这个事实。

以上我们概括地介绍了笔录类证据的定义、特点与价值,下面分开具体地介绍五种笔录类证据:

(一)勘验笔录

勘验笔录是指公安司法人员针对与案件有关的场所、物品等"死"的物体所进行观察、测量、检验的过程和结果所做的客观记录,其目的是为了观察、测量、检验案件的有关场所、物品、尸体,发现和收集证据材料。例如,有人报案说某地发生一具尸体,于是公安机关迅速派人去勘验现场。现场发现一具中年男性的尸体仰卧在地上,头南脚北,尸体左侧有一把带血的菜刀,头部南侧有两枚清晰的鞋印。由此可见,现场遗留了大量的物证,但是现场和物证不可能长期保留在那个地方,必须通过一定的方法将案发现场的情况固定下来。固定现场的方法有拍照、绘图以及记录等,其中勘验笔录就是固定案发现场的一种办法。

这一概念具有如下含义:第一,勘验的主体是公安司法人员,既可以是侦查人员,也可以是审判人员;第二,勘验既可能发生在刑事诉讼中,也可能发生在民事和行政诉讼中;第三,勘验的目的主要是为了固定和收集证据。例如,上述案件经过勘验之后,通过记录将案发现场的情况记录下来,可以为以后分析案情,确定侦查方向提供帮助。现场的位置、周围的环境以及遗留的物证能够"告诉"我们案件发生时的一些信息,当然这些需要通过侦查人员的推理和判断。

(二)检查笔录

检查笔录指公安司法人员为确定被害人、犯罪嫌疑人、被告人的某些特征、伤害情况或生理状态,而对他们的人身进行检验和观察后所做的客观记载。检查对于查清案件情况,确定人身起着非常重要的作用。例如,在故意伤害案件中,必须对被害人受伤的情况进行检查之后,才能确定是轻微伤、轻伤还是重伤,才能决定是否对犯罪嫌疑人提起公诉,才能正确地对被告人定罪量刑。

这一概念具有如下含义:第一,检查的主体是公安司法人员或者依照法定程序指派或聘请的具有专业知识的人员,其他人的检查行为不产生证据法上的效力;第二,检查的目的是为了确定被害人的受伤害情况,或者犯罪嫌疑人、被告人的某些特征和生理状态,最终目的是为了查明案情;第三,检查笔录必须由检查人、被检查人以及见证人签名或盖章。

勘验和检查的对象不同,勘验的对象是与案件的有关场所、物品、尸体等"死"的物体,而检查的对象是活着的人身。勘验、检查笔录与鉴定意见不同:第一,勘验、检查笔录由办案人员制作,鉴定意见则由办案机关指派或聘请的鉴定人制作;第二,勘验、检查笔录是对所见情况的客观记载,鉴定意见的主要内容是科学的分析判断意见;第三,勘验、检查笔录大多是解决一般性问题,鉴定意见则是解决案件中的专门性问题。

(三)辨认笔录

辨认笔录是侦查人员在辨认活动中,对辨认活动的经过和结果依法做出的文字记录。经过查证属实的辨认笔录,可以作为证据使用。辨认笔录在确定犯罪嫌疑人,以及查清案件事实等方面发挥着重要作用。例如,在一个强奸案件中,被害人受到犯罪行为侵害时看见了犯罪嫌疑人的脸部。通过被害人对犯罪嫌疑人脸部特征的描述,侦查人员认为犯罪嫌疑人很可能是刚从监狱释放的张某。为了进一步明确认定犯罪嫌疑人的身份,侦查人员通过辨认程序拿出十张照片,让被害人确定其中是否有犯罪嫌疑人,结果被害人一眼就认出了侦查人员怀疑的张某。侦查人员立即将张某抓获并进行讯问,后张某承认了强奸被害人的事实。在此案中,辨认发挥了重要作用。如果没有辨认,就不会如此快速地确定犯罪嫌疑人,也就不能如此快速的侦破案件。

辨认具有以下特征:第一,辨认的对象并不限于犯罪嫌疑人,与犯罪有关的物品、文件、尸体、场所都可以成为辨认的对象;第二,辨认的主体包括被害人、证人或者犯罪嫌疑人。例如,证人当时看到了犯罪嫌疑人驾驶的交通工具,为了确定侦查人员查到的汽车是否就是犯罪嫌疑人作案时使用的车辆,侦查人员组织证人进行辨认;第三,辨认程序由侦查人员主持,一般发生在侦查阶段;第四,辨认的目的是为了查明或确认案情。第五,辨认应当混杂进行,即将被辨认的对象混杂在其他人员或物品中,不得给予任何暗示,这主要是为了保证辨认的准确性;第六,辨认笔录应由主持和参加辨认的侦查人员、辨认人、见证人签名或盖章。

(四)侦查实验笔录

侦查实验,是指侦查机关在侦查中为了确定与案件有关的某一事实或现象发生或存在的可能性,依法将该事实或现象参照案件原有条件重新加以演示的活动。侦查实验是一种科学的侦查方法。通过侦查实验可以鉴别证人证言、被害人陈述、犯罪嫌疑人、被告人口供是否真实可靠;审查辨认的结果是否准确无误;审核对案件有关的各种说法或猜测的可靠程度。

侦查实验只有在必要时方可进行,即通过其他方法达不到目的时。进行侦查实验要经公安局局长或检察长批准。侦查实验可以在勘验、检查时进行,也可以在勘验、检查之后的侦查、审查起诉和审判阶段进行。

侦查实验尽可能在案件发生的原地进行,如果原地已经不具备实验条件,可另选地点或在实验室进行;实验的时间、光线、风向、风速、气温、周围的音响等条件应同案件发生时的条件相近似;尽量使用原来的工具和物品实验,如果原物已损坏或需用原物进行比对鉴定时,应使用同类物品和工具;对同一情况应反复多次实验;实验可公开进行,但对实验结果要保密。

进行侦查实验时,禁止一切足以造成危险、侮辱人格或者有伤风化的行为。"危险",既包括对社会造成的危险,也包括对侦查实验的参加人造成的危险。"有伤风化",是指对社会风俗、教化造成不良的影响。

侦查实验是一种科学的侦查方法,其结果用来确定在一定条件下能否听到特定的声音或看到特定的事物,在一定时间内能否完成某一行为;在什么条件下能够发生某种现象;在某种条件下某种行为和某种痕迹是否吻合;在某种条件下使用某种工具可能或不可能留下某种痕迹;某种痕迹在什么条件下会发生变异;某种事件是怎样发生的等。因此,侦查实验的准确程度就显得至关重要。

(五)现场笔录

现场笔录是指国家行政机关及其工作人员在进行当场处罚或其他紧急处理时,对有关事项当场所做的记录。行政机关制作现场笔录,旨在克服以后再取证的困难并防止行政相对人事后翻供情况的发生。例如,发生交通事故后,交警应当出现场并制作现场笔录,作为以后处理事故的依据。《道路交通事故处理程序规定》第33条规定:"交通警察勘查道路交通事故现场,应当按照有关法规和标准的规定,拍摄现场照片,绘制现场图,及时提取、采集与案件有关的痕迹、物证等,制作现场勘查笔录。"因此,现场笔录通常成为行政机关当场处罚或及时处理的依据,同时在行政诉讼中提出现场笔录这种证据形式的主体只能是行政诉讼中的被告。

现场笔录是行政诉讼所特有的独立的证据形式,它只规定于行政诉讼法中,这是由行政案件的特殊性规定的。因此,该类证据具有以下含义:第一,制作现场笔录的主体是国家行政机关的工作人员,属于行使一定职权的国家工作人员的职权,他人无权制作现场笔录。在刑事侦查工作中,侦查人员对现场进行勘查之后所做的笔录,属于勘验笔录,不是现场笔录;第二,现场笔录制作的目的是为了客观记载行政案件现场的情况,作为以后进行行政处罚或处理的依据;第三,现场笔录只存在于行政诉讼中,而且只能由被告国家行政机关提供给法院,它属于行政诉讼特有的证据类型。

七、视听资料

(一)视听资料的概念

视听资料是指在案件发生过程中,采用录音、录像等现代技术手段形成的,通过声音、图像和储存于电子计算机的有关资料及其他科技设备提供的信息来证明案件情况的证据。

视听资料具有以下含义:

第一,视听资料是在案件发生过程中形成的,一般不能事前制作,也不能事后补做。例如,交通事故发生时,交通卡口的摄像头恰好将案件发生的整个过程拍了下来,那么这段视频就是视听资料,它在案件发生过程中形成,能够证明案件发生的经过;

第二,视听资料是采用录音、录像等现代技术手段形成的,这是他与物证、书证等传统证据不同之处。例如,案发现场的鞋印不需要通过现代技术手段,只要犯罪嫌疑人穿鞋在案发现场走过就会形成鞋印这种物证;民事案件中,债务人用钢笔给债权人手写了一张借条,书证便形成了,也不需要任何现代技术。但是,视听资料必须使用现代技术。例如,录像资料的形成必须安装摄像头和存储设备,其中已经包含了现代技术的使用;

第三,用来证明案件情况的是声音、图像和储存于电子计算机的有关资料及其他科技设备提供的信息,而不是电子设备本身,电子设备只是记录和存贮声音和图像等信息的载体。例如,公安机关抓获了一批盗卖黄色录像的犯罪嫌疑人,从其身上搜出了几十张淫秽光盘。那么,此时的光盘就是属于视听资料,因为该案件中是以光盘中的声音和图像来证明案件事实。另外一个杀人案中,发现被害人颈部有一条锐器形成的细长伤口,在案发现场发现了一张光盘,光盘上有被害人的血迹,经过播放,发现光盘中存贮的内容是黄色录像。那么,此案中的光盘是以其外部特征和存在场所来证明案件情况,光盘的边缘比较锋利,而且上面有被害人的血迹并在案发现场发现,那么此案中的光盘符合物证的特征,应该属于物证。

第四,视听资料包括四类,即录音资料、录像资料、电子计算机存储资料以及运用专门技术设备取得的信息资料。例如,能够再现或还原案件原始情况的录音带、录像带、电影胶片、电子计算机或者电子磁盘存储的资料,通过使用录像设备、录音设备、电影放映机或者电子计算机予以播放或者解读,可以使记录和储存的音响、活动影像、图像得以重现,从而使案件事实得到证明。上述作为证明案件事实的音响、活动影像和图形载体录音磁带、录像带、电影胶片、电子计算机或者电子磁盘,通称"视听资料"。

(二)视听资料的特征

视听资料具有以下不同于其他证据种类的自身特点:

1.视听资料表现为含有一定科技成分的载体。与其他证据种类相比,除鉴定意见含有较高的科技成分之外,视听资料含有其他证据一般不具有的极高的科学技术成分。鉴定意见的科技成分主要体现在鉴定过程中和鉴定报告上;视听资料则体现为记录信息的设备,如录像设备、电路、摄像设备和计算机程序等,这些设备都具有高度的科学技术成分,而且记录、储存和播放的过程也是使用高科技设备进行的带有明显科学技术运用性质的过程。同时,作为证据内容的载体,如电子计算机、电子磁盘也是科学技术的产物。

2.视听资料具有高度的准确性和逼真性。视听资料属于实物证据,具有客观性,在形成过程中一般不受录制人、操纵者或者其他人主观因素的影响而造成对案件事实的歪曲。而且视听设备能够直接记录现实世界的人和事物的空间面貌和各种音响,可以逼真地反映人和事物的各种状态,运动和发展,再现人和事物的声音和色彩。

3.视听资料证据具有动态直观性。视听资料往往是在一定的持续时间内对音响、活动影像进行的录制。它所记录和存储的往往是一个动态过程,当这一过程得到重现时,它具有动态的直观性。给人以如临其境,如观其人,如闻其声的感觉。书证和物证等实物证据往往也是直观的。但这种直观只是静态的直观,不具有动态性。

4.对视听资料的收集和审查判断都需要依赖科学技术。视听资料容易被伪造、篡改,如录音带、录像带容易被消磁、剪辑,电子计算机被传染病毒或者输出、输入数据被改变。视听资料一旦被篡改、伪造，不借助科学技术手段往往难以甄别，因此，对于视听资料的收集和审查判断，必须加大科技投入，提高科技水平，以保障该种证据的客观性，更好地发现案件的真实情况。

视听资料是随着科学技术的发展而出现的一种新型的证据，它是将现代科学技术运用到诉讼实践的产物，随着科技的发展，人们利用录音、录像、电子计算机等科技手段存储和提供信息会日益普遍。这一客观存在的事实必然反映到诉讼中来。我国1982年颁布的《民事诉讼法（试行）》使视听资料最早成为民事诉讼中的一种独立的证据种类，其后1989年通过的《行政诉讼法》也将视听资料确定为行政诉讼中的一种独立的证据。

而于1979年制定的《刑事诉讼法》由于历史条件所限，在立法时没有充分认识到视听资料这一科技含量较高的证据形式在诉讼中的重要性，因此未将其作为一种独立的证据种类予以规定，在司法实践中所使用的视听资料或归类于物证，或归类于书证，甚至其他的证据形式，直至1996年修订后的《刑事诉讼法》才将视听资料确定为一种独立的证据种类，使视听资料最终在刑事诉讼立法中获得确认。

随着科学技术的发展，视听资料在司法实践中发挥着越来越重要的作用。特别是随着"天网工程"的普及和开展，在交通要道、治安卡口、学校医院、宾馆等公共聚集场所安装视频监控设备，对于快速侦破各类刑事案件，打击各种犯罪行为，维护社会治安等方面发挥了重要作用，在民事赔偿和行政处罚等方面也具有重要作用。

八、电子数据

（一）电子数据的概念

电子数据是案件发生过程中形成的，以数字化形式在电子介质中存储、处理、传输，能够证明案件事实的各类信息。

这一概念包含如下含义：

第一，电子数据是在案件发生过程中形成的，电子数据一般不能形成于案件发生之后。例如，甲乙二人通过微信商谈借款一事并达成了相关约定，后甲通过转账的方式借给乙一万元钱，因乙拒不还钱双方诉之法院。甲乙二人的微信聊天记录就是电子数据，这是双方在商谈借款协议时形成的，能够客观地证明当时案件的情况。如果事后形成，则有可能存在虚假的问题。

第二，电子数据以数字化的形式存在。根据最高人民法院、最高人民检察院、公安部日前联合下发《关于办理刑事案件收集提取和审查判断电子数据若干问题的规定》，电子数据具体包括但不限于以下信息：电子文件、网页、博客、微博客、朋友圈、贴吧、网盘等网络平台发布的信息；手机短信、电子邮件、即时通信、通讯群组等网络应用服务的通信信息；用户注册信息、身份认证信息、电子交易记录、通信记录、登录日志等信息；文档、图片、音视频、数字证书、计算机程序等电子文件。

第三，电子数据存贮于电子介质中。根据最高人民法院、最高人民检察院、公安部日前联合下发《关于办理刑事案件收集提取和审查判断电子数据若干问题的规定》，存储介质包括具备数据信息存储功能的电子设备、硬盘、光盘、优盘、记忆棒、存储卡、存储芯片等载体。随着科技的发展，电子介质越来越多地应用于人们的日常生活以及各类机关的工作中。例如，2015年3月1日起施行《不动产登记暂行条例》第9条规定："不动产登记簿应当采用电子介质，暂不具备条件的，可以采用纸质介质。不动产登记机构应当明确不动产登记簿唯一、合法的介质形式。"

第四，电子数据内容必须与案件有关联，即能够用其证明案件事实。例如，孙某（男）和王某（女）系夫妻关系，婚后孙某迷恋上网并经常夜不归宿。一天，王某查看了孙某的QQ聊天记录，发现了孙某婚外恋行为。王某就将这些QQ聊天记录复制并保存到电脑里。不久，王某以孙某的QQ聊天记录内容和手机通话记录作为证据向法院提起诉讼，坚决要求和孙某离婚。此案中的QQ聊天记录就属于电子数据，它是法律规定的法定证据之一。该证据通过孙某与其他女子聊天的内容，证明孙某移情别恋他人，严重伤害了他与王某的夫妻感情，导致夫妻感情破裂。因此，该证据内容与案件事实相关，能够证明王某主张的事实。

（二）电子数据的特征

电子数据是现代信息技术不断发展和应用的产物，作为信息世界里新的"证据之王"，其具有综合性、易变性、隐蔽性、可挽救性、微缩性、扩散激增性等特征，是来源于七种传统证据，将各种传统证据部分地剥离出来而泛称的一种新证据形式。

1. 客观性和稳定性。由于电子数据一经形成便始终保持最初、最原始的状态，能够客观真实地反映事物的本来面貌，可长期无损保存，随时反复重现。相对于物证易因周围环境的改变而改变属性，书证易损毁和出现笔误，证人证言易被误传、误导、误记或带有主观性，电子数据则更具客观性和稳定性。

2. 易破坏性。电子数据使用电磁介质，具有与生俱来的易修改、易伪造、易删除等特点，一旦黑客入侵系统、盗用密码，操作人员出现差错，供电系统和网络出现故障、病毒等，电子数据均有可能被轻易地盗取、篡改甚至销毁，难以事后追踪和复原。

3. 扩散激增性。电子数据基于电子技术生成，以数字化形式存在于磁盘、光盘、存储卡、手机等各种电子设备载体，内容可与载体分离，并可以多次复制到其他载体。

另外,有些电子数据通过网络传输形成,一旦发布则可立即扩散于世界各地,只要有网络的地方都能看到。

4.高科技性。电子数据侧重于应用"0"和"1"通过二进制的数字化处理产生一种脉冲信号,如以计算机技术应用为基础的数据库、字处理文件、图形处理文件、程序文件等和在网络技术应用中的电子邮件、电子数据交换、电子资金划拨、电子聊天记录、电子公告牌记录、电子签名、博客等。

(三)视听资料与电子数据的关系

对于视听资料与电子数据的关系,应该说两者既有交叉与重合,又存在着重要的区别。交叉与重合之处表现为,视听资料主要是录音资料和录像资料,而电子数据也有可能是这两种资料。例如,张三去找李四商谈还钱一事,谈话时用录音笔将两人谈话内容录了下来,此时的录音资料应为视听资料。但是,同样的内容也可能通过微信语音的形式呈现出来,此时的语音就应属于电子数据。实际上,两者都是语言,内容也基本一致,只是因为形成的方式不同而成为两种证据。

两者的区别主要表现在三个方面:第一,两者形成的技术手段不同。视听资料偏重于以录音、录像等大多采取传统电子技术和模拟信号方式存在、传输,电子数据则侧重于应用"0"和"1"通过二进制的数字化处理产生一种脉冲信号;第二,两者的载体不同。视听资料包括录音资料和影像资料。电子数据在日常生活中具体表现为电子邮件、网上聊天记录、博客、微博客、手机短信、电子签名、域名等。第三,两者的表现方式不同。现实生活中视听资料证据往往是动态证据,例如录音、录像、监控等。而电子数据证据更多是静态的,聊天记录、博客、微博、微信等都是存储在网上的文字类证据。

第三节 证据分类

一、证据分类的概念和意义

从理论上讲,证据分类有利于对证据进行科学的分析,从不同角度,不同侧面揭示出证据的特征、内容,以便于总结、归纳各类证据的一般规律,从而有利于深化证据法学的研究,为我国的证据立法与司法实践提供理论的导向与依据。从法律制度上讲,世界各国均从证据来源、形式、效力等各个不同的层面对证据进行归纳分类。

我国对证据的分类,从传统出发,存在法律上的分类与学理上的分类两种形式。所谓法律上的分类,是依照现行的各类诉讼法等相关规定对证据进行的分类。这种分类形式是从证据的表现形式进行划分的,故而习惯地被称为证据的种类。而学理上的分类,是指法学理论界从证据的来源、效力、提出的主体等角度,按照不同的标准对证据进行的划分。

(一)证据分类的概念

证据分类是指在理论上按照一定的标准,从不同的角度对证据所做的不同划分。对各种证据进行分类的目的在于对证据进行科学的分组研究,揭示各类不同证据的特点,提出正确运用各种证据的一般规则,以求得收集、审查和运用证据的共同规律性的认识。

证据分类以证据种类作为研究对象,同时由于证据分类是对各种证据的特点、作用进行深入全面研究后所形成的一种理论体系,因而又是证据种类的丰富和深化,两者有着极为密切的联系。但两者又有着明显的区别,主要表现在:

1.划分的标准不同。证据的种类只有一个划分标准,即证据的存在形式,而证据的分类则有多个划分标准,如证据的表现形式、证据的来源等。

2.是否具有法律约束力不同。证据种类由国家法律加以明确规定,具有法律约束力,不符合法律规定的证据材料不得作为证据使用。此外法律对每一种证据的收集、审查判断和运用都做了具体规定,司法人员和当事人等在诉讼过程中必须严格遵守;证据分类则是一种理论上的划分,不具有法律的约束力。

3.能否全面反映证据的特点不同。证据种类因划分标准单一而具有狭隘性,因此对证据的来源、证明力的强弱等均无法反映;而证据分类由于是按不同标准和从不同角度对各类证据进行比较和分析,因而能够揭示各类证据的认识规律和运用规则,故能弥补证据种类划分的不足。

需要注意的是,由于证据分类的标准和角度不同,因而在分类上具有交叉性和多重性。如一把杀人的匕首在证据分类中既可以是实物证据,也可以是原始证据,还可以是间接证据和有罪证据,但它一般不再是同一证据分类中的另一种证据,即既是实物证据,就不能再是言词证据;既是原始证据,就不能再是传来证据;既是间接证据,就不能再是直接证据;既是有罪证据,就不能再是无罪证据。

(二)证据分类的意义

在理论上对证据按照不同的标准加以区分,这是学术上研究证据的一种方法,其目的在于研究不同类别证据在证明力和证据能力上的特点,以及运用的规则,亦即研究运用各类证据的客观规律,最终保证案件的质量。

对证据进行分类研究,在理论和实践上,具有重要的意义。

第一,理论上,将证据按不同的标准进行分类,可以认识诉讼中各种证据的不同特点,从而提出收集、审查判断和运用各类证据的一般规则。运用分类的方法对证据进行深入的研究,可以将证据理论研究不断引向深入,促进证据立法的科学和进步。

第二,实践上,通过对证据的科学分类,能够使证据材料系统化、条理化,从而便于司法人员和当事人等根据各种证据的特点和运用规律,客观、全面地收集和审查判断证据,正确运用证据查明案情,保证办案质量。

二、原始证据与传来证据

(一)原始证据和传来证据的概念

原始证据与传来证据是最古老的一种证据分类,其划分的标准是根据证据的来源不同,它的功能在于判断不同类别证据的可靠性程度和证明力的强弱。

原始证据是指直接来源于案件事实或原始出处的证据。所谓"直接来源于案件事实",是指证据是在案件事实的直接作用或影响下形成的。例如,在一个故意杀人案中,甲持匕首在乙的身上捅了十二刀致乙死亡,那么乙的尸体就是在案件事实的直接作用下形成的,即所谓的"直接来源于案件事实";所谓"直接来源于原始出处",是指证据直接来源于证据生成的原始环境。例如,张三早晨去公园锻炼,在回来的路上发现一辆出租车将一小学生撞倒后逃逸,张三立即打电话报警并向警察陈述了案件发生时的情况。张三的证人证言即所谓的"直接来源于原始出处"。

反之,凡不是直接来源于案件事实的证据则为传来证据,亦即经过转述或转抄、复制的第二手或第二手以上的证据。在诉讼中,当事人或证人关于案件事实的亲身所为、亲自感受、亲见亲闻的陈述,物证的原物和书证、视听资料的原件以及鉴定结论、勘验笔录、检查笔录、现场笔录等,均属于原始证据;当事人、证人从其他人那里得知案件事实的陈述,物证、视听资料的复制品以及书证的副本、复印本等,则属于传来证据。需要指出:第一,原始证据与传来证据的划分仅以证据是否直接来源于案件事实为标准,而不取决于是否为司法人员所直接获得。第二,在证据为痕迹或物品体积过大的情况下,司法人员采取科学方法(如摄影或显影)予以收集,也应认定为原始证据。

(二)原始证据和传来证据的特点

1.原始证据具有以下三个特点:(1)可靠性较强,即它能够比较客观地反映案件事实的本来面貌,一般不存在伪造和变造等虚假的情况,因此可以大胆地使用原始证据来证明案件事实。(2)其证明价值一般大于传来证据。证据的证明价值同所证明的案件事实之间联系的可靠性形成一种正比关系,这种联系可靠性越强,证明价值也就越大。由于原始证据没有经过转述、转抄或复制,伪造或变造的可能性较低,因此其证明价值一般大于传来证据。(3)其证明价值不是固定不变的。在自然环境和外界条件的影响下,原始证据的证明价值可能发生变化。

2.传来证据具有以下三个特点:(1)可靠性较差。传来证据是经过转述、转抄或者复制获得的,中间存在伪造或变造的可能,因此与案件事实之间的联系客观性较差。(2)其证明价值一般小于原始证据。如果转述、转抄或复制的次数越多,就越容易出现差错,证明价值也就越小。只是在某些情况下传来证据的证明价值大于原始证据。(3)必须有确切的出处或经过查证属实。

但是,传来证据并非一无是处。传来证据在诉讼过程中,如果使用得当,也会发挥重要作用。传来证据往往是发现原始证据的先导,也是审查原始证据的重要手段。在不能获得原始证据的情况下,也可以运用传来证据所提供的证言,经过查证属实,也可以作为认定案件事实的根据。另外,传来证据可以佐证原始证据,加强其证明力。

西方很多国家规定了"传闻证据排除规则",传闻证据指在审判或讯问时作证的证人以外的人对案件事实所做的陈述。传闻证据与传来证据并不相同:第一,传闻证据仅限于人的陈述,不包括实物证据,而传来证据既包括言词证据也包括实物证据;第二,证人当庭陈述以外的陈述都是传闻证据,具体包括证人转述他人的陈述,证人以书面陈述代替到庭口头陈述,以及证人在庭外陈述的笔录。而上述传闻中只有证人转述他人的陈述是传来证据;第三,运用规则不同。英美法系的传闻证据规则是一般性排除。但对于传来证据的运用规则不是一般性排除,而是综合考虑全案证据以决定是否采纳。

(三)划分原始证据和传来证据的意义

1.有利于司法人员积极主动地收集和运用原始证据。由于原始证据比传来证据可靠性强、证明价值大,因此司法人员在办案中应尽可能查找、收集第一手证据材料,力求用原始证据认定全部案件事实,确保办案质量。

2.有利于司法人员注意收集和善于利用传来证据。司法人员明确了传来证据具有的佐证原始证据等作用,就会在收集原始证据的同时,注意收集传来证据,并且善于利用传来证据去查明案件事实,进而保证案件的正确处理。

3.有利于司法人员对全部证据进行认真的审查判断和正确运用。原始证据和传来证据的证明作用并不是绝对的,它们都有失实甚至虚假的可能性,因此,司法人员应当严格按照法定程序对它们进行查证、核实。可以通过原始证据与传来证据之间的相互印证,即通过查找传来证据的原始出处以核实传来证据的真实性,通过传来证据以佐证原始证据等进行审查判断。

(四)原始证据和传来证据的运用规则

1.原始证据的运用规则

(1)应当尽可能收集和使用原始证据。因为原始证据的可靠性较强,一般不存在伪造或变造等虚假情况,能够比较客观地证明案件事实。因此,在诉讼过程中,应当尽可能地收集和使用原始证据。

(2)对于亲自感知案件事实的证人和当事人,司法人员应当尽可能地亲自询问,并制作详细的询问笔录;在法庭调查中,亲自感知案件事实的被害人、目击证人应当出席法庭,亲自陈述并接受询问,保证原始证据的客观真实性。

(3)凡是能够将原始证据附卷的,都应当附卷作为定案的根据,以便其他诉讼程序能够对原始证据再次进行审查,确保办案质量。

(4)对原始物证、书证和视听资料的审查确认必须依法进行。按照诉讼法的规定,原始物证、书证和视听资料必须当庭出示或者播放,经当事人、证人、勘验人等当庭质证并经查证属实后,才能予以确认,用作定案的根据。

2.传来证据的运用规则

(1)尽可能收集和运用最接近于原始证据的传来证据,即转述、转抄或复制次数最少的传来证据。

(2)必须查明传来证据的来源和出处。只有查明了传来证据的来源和出处,才能进一步确定它的客观性和可靠性。

(3)传来证据必须与其他证据互相印证。如果传来证据能够与其他客观性较强的证据相互印证,才能说明传来证据的客观性和可靠性。

三、言词证据与实物证据

(一)言词证据与实物证据的概念和特点

以证据的表现形式作为划分标准,可将证据分为言词证据和实物证据。所谓言词证据,是指以人的陈述为其表现形式的证据。在法律规定的证据种类中,表现为人的陈述的证据,如证人证言、当事人陈述、被害人陈述、被告人的供述和辩解、鉴定意见等,均属于言词证据。人的陈述既可以采用口头形式,也可以采用书面形式,其中对于证人证言、当事人的陈述、被害人的陈述和被告人的供述与辩解,法律规定口头形式是其基本的陈述方式,而鉴定意见必须采用书面形式。言词证据具有以下三个特点:

1.能够主动、全面,并从动态上证明案件事实。言词证据所反映的案件事实存在于人的大脑之中,通过人的陈述表述出来。它不像实物证据那样处于静止和被挖掘的地位,人们可以主动地提供他所感知的案件事实,从而对案件事实起到及时的证明作用。同时言词证据是陈述人对他所感知的案件事实的复述,往往能够把案件发生的原因、过程、后果等具体情节描述清楚,从而能够比较全面地证明案件事实,而且陈述人能对他所感知的事实进行补充、修正,澄清疑问,从而更加全面地揭示案件的事实真相。

2.言词证据的证据源不易灭失。言词证据是人的陈述,陈述的内容是其所感知的案件事实,当人直接或间接感知案件事实后,感知到的内容便被输入大脑的记忆神经中枢储存起来,由人的记忆生理规律所决定,记忆的内容往往能够保存相当长的时间,而且感知时刺激越强烈,印象越深刻,记忆的时间就越长。

3.容易受到各种主客观因素的影响而出现失实的情况。人的大脑对案件事实的反映,通过人的陈述再现出来,它要受到人的感知、记忆、表达能力以及思想感情、个人品德、利害关系等一系列主客观因素的影响。因此,言词证据常常不能确切地反映客观事实,容易发生失实甚至虚假的情况。故对言词证据必须谨慎,不可轻易相信。

所谓实物证据,是指以实物形态为表现形式的证据。在法律规定的证据种类中,物证、书证、勘验检查笔录、现场笔录、视听资料属于实物证据。实物证据具有以下三个特点:

1.客观性、稳定性强,不易失真。实物证据所反映的案件事实固定于实物形态之中,它不依赖于人的意识而独立存在,在诉讼中不易受人的主观因素的影响,从而具有较强的客观性。实物证据经办案人员依法定程序收集保全后,可以长期保持其原有形态,故稳定性亦较强。

2.被动性和依赖性较为明显。实物证据在诉讼中处于被动的待发现地位,其证明价值常常要依赖于专门人员运用一定的技术手段来发掘和固定。同时实物证据会由于外力作用而灭失,包括被人为毁弃而灭失和由于自然条件的变化而自行灭失,因此,实物证据的证明价值还依赖于对它的及时发现、收集和保护。

3.证明范围比较狭窄,只能从静态上证明案件事实,证据的关联性不明显。实物证据通常只能说明案件事实中的某个片段或某个情节(视听资料除外),一般不能自己证明它与案件事实的联系,对案件的主要事实也不能直接做出证明,而需要和其他证据一起才能发挥证明作用,而不能像言词证据那样能反映案件的全貌。例如,在入室杀人案件现场的屋门上提取的一枚嫌疑手印经过指纹同一认定后,也只能证明某嫌疑人曾经到过犯罪现场,不能证明该嫌疑人是否实施了杀人行为。

(二)言词证据与实物证据分类的意义

通过这种划分,能够揭示这两种证据的不同特点,从而使司法人员和当事人等有针对性地加以收集和审查判断,并用以证据各类诉讼案件的真实情况。例如,言词证据通常具有明确的意思和内容,所表述的某种活动的动机、目的和过程、结果等,易为司法人员所了解。因此,较之实物证据一般需要通过推理才能明白其意义来说,言词证据的作用比较明显,特别是感受、记忆、表达能力等较强又能如实陈述的人提供的言词证据,往往具有很强的证明力。但是,由于陈述人容易受到主、客观因素的影响,因此也在相当多的言词证据发生失实甚至虚假的情况。

而实物证据虽然客观性较强,但它毕竟是不会说话的"哑巴证据",不能自动对案件事实做出证明,并且还可能被伪造或发生变化。因此,在司法实践中,往往用实物证据来审查言词证据的真伪,而有言词证据来说明实物证据的来源及其收集是否科学、合法,从而发挥其对案件事实的证明作用。

(三)言词证据与实物证据的运用规则

1. 言词证据的运用规则

言词证据是由当事人、鉴定人等通过陈述而产生的口头或书面证据,不可避免地受到主客观因素的影响,因此为保证其真实性和使其具有证明力,司法人员和当事人等必须遵守以下规则:

(1)收集言词证据不得采用刑讯逼供和以威胁、引诱、欺骗以及其他非法方法,并保证一切与案件有关或知道案件情况的公民有客观地提供证据的条件。

(2)审查言词证据应注意有无影响其真实性的主客观因素,如被害人是否因为遭受犯罪行为而有意夸大事实,证人、鉴定人有无因为与当事人有亲疏关系、恩怨关系而故意作虚假证明或鉴定,陈述人感受案件事实时客观环境的好坏(如光线的明暗、地势的高低、天气的变化等)以及是否受到威胁、引诱或刑讯逼供等。

(3)在法庭调查阶段,言词证据通过讯问、询问或宣读等方式提出,必须由双方当事人进行质证并经过法庭查证属实后才能作为定案的根据。

2.实物证据的运用规则

与言词证据相比,实物证据的客观性较强,一般不会由于主观因素的影响而失真,但它是"哑巴证据",不能自动地对案件事实做出证明,从而不易为司法人员和当事人所直接了解,而且还可能被伪造、变造或发生变化,因此为保证其证明力和判明其真实性,司法人员和当事人等必须遵守以下规则:

(1)收集实物证据应充分利用现代科学技术手段并及时进行,以防止由于自然或人为因素而使实物证据灭失、毁损或被伪造、变造。

(2)审查实物证据应注意有无伪造、变造或由于客观环境而发生变形、损坏或灭失的情况,同时还应注意收集实物证据的专业人员的业务素质以及使用技术设备的质量情况,以便做出准确的判断。

(3)在法庭调查阶段,实物证据由一方当事人向法庭和对方当事人出示或播放,双方进行质证并经过法庭查证属实后才能作为定案的根据。

四、本证与反证

(一)本证与反证的概念和特点

按照证据与当事人主张的事实的关系,可以将证据分为本证和反证。所谓本证,是指能够证明当事人主张的事实存在的证据,其又被称为肯定证据。反证则是指证明一方所主张的事实不存在的证据,又被称为否定证据。凡是能反驳对方的事实主张,证明对方主张的事实不存在的证明,均为反证。

由此可见,本证是用以肯定自己主张的事实存在的证据,反证是用以否定对方主张的事实存在的证据。本证与反证的划分和证据提出者在诉讼中所处的地位虽有关系,但不能根据证据提出者的诉讼地位来划分本证与反证,即不能认为原告提出的证据就是本证,被告提出的证据就是反证。

例如,原告主张被告借款未还而提出的借据,是对自己主张的事实提出证据,该证据属于本证;如果被告答辩说借原告的款项已清偿完毕,并出示原告给他的收据,该收据也属于本证;如果被告否认曾借过原告的钱,并且提出借条是原告伪造的,因为上面的签名不是自己写的,所以要求对于借条上的签名进行鉴定。经鉴定人鉴定后,鉴定人出具了借条不是被告所写的意见。那么,鉴定意见作为一种证据,能够否定原告主张的被告向其借钱的事实,因此鉴定意见属于反证。

(二)本证与反证划分的意义

划分本证与反证,可以揭示证据在支持或反驳诉讼双方事实主张问题上的不同

作用,对于完善我国的举证制度,指导司法人员恰当地运用不同的证据,具有重要实践意义,主要表现为以下几个方面:

首先,将证据划分为本证与反证,有利于调动双方当事人的积极性,增强诉讼的抗辩性。

其次,划分为本证与反证,有利于审判人员迅速了解双方的事实主张,尽快查明案件的真实情况。

再次,将证据划分为本证与反证,有利于审判人员客观全面地审查证据。

(三)本证与反证的运用规则

1.在通常情况下,本证和反证不能并存。即当本证成立时,反证则应当被推翻;反之,如果反证成立,本证就应当被推翻。但在一些特殊情况下,如民事案件中的某些是非界限难以截然分清时,就有可能出现本证与反证并存的局面。这时其证据力相互抗争,暂时不能彼此抵消,这是一种通常情况下的例外现象,并不具有广泛的代表意义,例如离婚案件。

2.在只有本证与反证,或者本证和反证两者中已有一种被证明为虚假的情况下,审判人员仍要对该种证据进行认真的审判判断,切不能以反证虚假即推定本证成立,或者以本证虚假即推定本证成立;也不能认为既然没有本证,则反证一定成立,或者既然没有反证,则本证一定成立。

五、有罪证据和无罪证据

(一)有罪证据和无罪证据的概念和区分

有罪证据和无罪证据的划分是刑事诉讼证据的一种分类,以证据的内容以及对案件事实所起的证明作用为标准进行划分,即内容是肯定犯罪嫌疑人、被告人有罪的证据为有罪证据,而内容是否定犯罪嫌疑人、被告人有罪的证据则为无罪证据。例如,在案发现场发现了犯罪嫌疑人的一枚指印,那么说明犯罪嫌疑人到过案发现场,具有作案的可能性。此项证据的内容是肯定犯罪嫌疑人有罪,应为有罪证据。在另一案件中,证人甲证明案发当晚犯罪嫌疑人与其在一起,根本没有作案的时间。此项证据的内容是否定犯罪嫌疑人有罪,应为无罪证据。

有些学者认为,有罪证据是指能够证明犯罪事实存在,证明犯罪嫌疑人、被告人实施了犯罪行为的证据(包括具有从重、加重或者从轻、减轻或免除处罚情节),也称为控诉证据。无罪证据是指反驳控诉,能够证明犯罪嫌疑人、被告人未实施犯罪行为或者虽然实施犯罪行为,但具有从轻、减轻或免除处罚情节的证据,也称为辩护证据。

笔者认为,这种观点似有不妥。如果说有罪证据等同于控诉证据,还勉强说得过去。但是,如果说无罪证据等同于辩护证据,则毫无道理。因为无罪证据与辩护证据相互的内涵并不相同。

无罪证据一般是指能够证明犯罪嫌疑人、被告人没有实施犯罪行为的证据,例如证明犯罪嫌疑人、被告人没有作案时间的证人证言,证明犯罪嫌疑人、被告人因患病而瘫痪在床的检查笔录等。而辩护证据是能够证明犯罪嫌疑人未实施犯罪或者虽然实施了犯罪但具有从轻、减轻或者免除处罚情节的证据。从辩护证据的定义可以知道,辩护证据的内涵大于无罪证据,或者说辩护证据包含着无罪证据。因此,两者并不等同,那么主张两者相同的观点就是错误的。

实际上,控诉证据和辩护证据的分类并不科学,也不严谨。按照分类的规律和原则,事物按照一定的标准分类之后,将会出现截然相反的两个类别,一般不会发生交叉和重合。如果同一事物兼具两个类别的特征,则说明分类标准不科学,必须重新制定分类标准。例如,将人按照性别分为男人和女人,一般不会出现两种性别存于同一人身之事。

如果此类现象频繁出现,则说明分类方法不科学,而控诉证据和辩护证据的划分就存在这个问题。因为有的证据可以用于不同的场合,则其身上就会存在两种不同的功能。例如,犯罪嫌疑人前往公安机关自首的证据,既可以作为检察机关指控其有罪的证据,也可以作为被告人或辩护人进行从轻或减轻处罚的辩护理由。那么,犯罪嫌疑人自首的证据此时既是控诉证据,又是辩护证据。因此,笔者建议不对证据进行控诉证据与辩护证据之划分,因为这种分类无论在理论上还是在实践上都无价值和意义。

(二)划分有罪证据和无罪证据的意义

1.有利于引起侦查、检察、审判机关对于犯罪嫌疑人、被告人的特别注意,避免造成冤假错案,防止冤枉无辜。因为有罪证据和无罪证据是相互对立的证据,两者对于事实的证明作用也是完全相反的,绝不可能同时存在。对于同一个犯罪嫌疑人或被告人而言,要么有罪,要么无罪,绝对不会存在一个犯罪嫌疑人或被告人既有罪又无罪的情况。如果一个案件中出现了证明犯罪嫌疑人或被告人有罪的证据,同时又出现了证明犯罪嫌疑人或被告人无罪的证据,那么必然有一种情况是错误的,此时侦查、检察、审判机关就要特别注意审查,将虚假的证据和错误的事实排除,从而保证案件判决的正确。

2.有利于控辩双方正确地收集和提出证据,实现各自的诉讼职能。作为控诉机关来说,要想实现控诉职能,必须收集证明犯罪嫌疑人、被告人有罪的证据。有罪的证据当中,应当包括证明犯罪嫌疑人、被告人罪重、罪轻以及定罪免罚的所有证据。只要是能够起到指控犯罪嫌疑人、被告人有罪作用的证据都应收集起来,以便实现其所担负的控诉职能。当然,对于无罪的证据也应收集。因为控诉机关不但要指控犯罪,还要保障无辜。对于辩护方而言,如果要证明犯罪嫌疑人、被告人无罪,则只收集那些证明犯罪嫌疑人、被告人无罪的证据即可,对于证明犯罪嫌疑人、被告人有罪的证据则不必收集。当然,如果要证明犯罪嫌疑人、被告人罪轻,则也要收集此类证据。

(三)有罪证据和无罪证据的运用规则

1.控诉方要证明被告人有罪和罪重,必须收集和提供确实充分的有罪证据,同时为保障被告人的合法权益,控诉机关还应注意收集和提供证明被告人具有从轻、减轻或免除处罚情节的证据;而辩护方要证明被告人无罪或罪轻,则必须注意收集和提出确实充分的证据。

2.审判机关在对被告人做出有罪或罪重认定时,要做到证据确实充分,并排除无罪和罪轻的可能性。如果案内的证据尚未排除,就不能做出有罪或罪重的确定性结论。

3.经过反复调查或审核,仍然是有罪证据和无罪证据并存,即认定有罪,证明无罪、罪轻的证据未被排除,从而形成疑案时,则应当按照"疑罪从无"的原则做出无罪或罪轻的处理。

六、主证据与补强证据

(一)主证据与补强证据的概念

主证据与补强证据是以证据能否对案件主要事实起证明作用和一方对另一方有担保信赖关系为标准所做的分类。主证据是指能够证明案件的主要事实,但其证明力需要补强证据予以担保的证据;补强证据是指其本身不能证明案件的主要事实,但其对主证据的证明力具有补充担保作用的证据。例如,犯罪嫌疑人向侦查机关供述,他于某夜到受害人家里盗窃,被发现后逃跑时将被害人用刀杀死。该证据属于犯罪嫌疑人的供述,其能够证明案件发生的时间、地点、人物、原因、经过、结果等主要事实,因此其属于主证据。但由于犯罪嫌疑人供述属于言辞证据,其客观性和可靠性较差,因此需要其他客观性较强的证据对其证明力予以补充和增强。侦查机关在案发后勘查现场时,发现了菜刀一把,刀刃上有被害人的血迹,刀柄上有犯罪嫌疑人的指印。菜刀能够证明如下事实:第一,它是杀人的凶器,因为刀刃上有被害人的血迹;第二,犯罪嫌疑人曾经手持菜刀,存在使用菜刀杀人的可能性。犯罪嫌疑人供述中也涉及以上事实,但因犯罪嫌疑人供述客观性较差而难以让人相信。而菜刀的客观性较强,它弥补了犯罪嫌疑人供述的缺陷,增强了其证明力,因此菜刀属于补强证据。

综上所述,主证据具有以下两个特点:其一,主证据具有证明案件主要事实的主要证明价值。如果证据不具有证明案件事实的主要能力,则不属于主证据。其二,主证据基于自身的特殊性质,为了确保其真实性,需要其他证据予以补充、担保其证明力。

补强证据具有以下四个特点:其一,补强证据必须具有证据能力,非法证据即使在实质上是真实的,也不得作为主证据的补强证据。其二,补强证据是与主证据相对而言的,没有主证据,便没有补强证据。其三,补强证据的范围既可以是直接证据,也可以是间接证据,法律一般不做其他限制。其四,补强证据应当具有独立的来源。如果补强证据由主证据衍生而来,很难起到增强和担保主证据证明力的作用。

(二)划分主要证据与补强证据的意义

1.有利于司法人员迅速了解案件的主要事实。在主证据与补强证据这对范畴中,主证据是能够证明案件主要事实的。因此,在一个案件中如果发现并且收集到了主证据,司法人员可以通过主证据迅速了解案件的主要事实。

2.有利于司法人员做到定案根据确实充分。虽然主证据能够证明案件的主要事实,但若主证据是虚假的,那么司法人员以此认定案件事实的话,必然会造成冤假错案,因此必须保证主证据的证明力,而补强证据恰恰能够起到补充和增强主证据证明力的作用。

3.有利于防止司法人员偏重口供。口供一般属于主证据,主证据虽然能够证明案件的主要事实,但当证明力无法保障时,直接以此认定案件事实往往会造成冤假错案。因此,作为司法人员不能偏重口供,如果没有补强证据确保其证明力,最好不要轻易使用。

(三)主证据和补强证据的运用规则

1.在刑事诉讼中,既要重视收集主证据,又要注意收集补强证据,以使定案证据确实充分。

2.运用补强证据增强和担保主证据的证明力,补强证据本身同样必须具有真实性、关联性和合法性,否则不能作为证据采纳。

3.只有被告人供述,没有其他证据的,不能认定被告人有罪并处以刑罚;没有被告人供述,其他证据确实充分的,可以认定被告人有罪和处以刑罚。

七、直接证据和间接证据

(一)直接证据与间接证据的概念和范围

以证据能否单独直接证明案件主要事实作为标准,可以把证据分为直接证据和间接证据。凡是能够单独、直接证明案件主要事实的证据,称为直接证据;凡是不能单独、直接证明案件主要事实,而需要与其他证据相结合才能证明的证据,称为间接证据。

刑事诉讼中,可以成为直接证据的有以下几种:第一,能够指出犯罪人是谁的证人证言、被害人陈述;第二,犯罪嫌疑人、被告人的供述和辩解,其中犯罪嫌疑人、被告人承认自己有罪的供述是证明有罪的直接证据,而犯罪嫌疑人、被告人否认自己有罪的证据是证明无罪的证据。第三,在特定情况下,能直接证明是谁实施了犯罪行为的物证。物证一般不能成为直接证据,但在少数情况下,可以成为直接证据,如某人随身携带的枪支、弹药、毒品等违禁品,这时上述物品以其所处的位置证明行为人实施了私藏枪支、弹药和非法持有毒品的行为,从而成为直接证据。第四,能直接证明是谁实施了犯罪行为的书证和视听资料。

在民事诉讼中,可以成为直接证据的有以下几种:第一,民事当事人的陈述和承认。第二,能够证明民事法律关系是否发生、变更或消灭的证人证言。第三,能够证明民事法律关系是否发生、变更或消灭的部分书证,如合同、契约、借条、收据以及当事人之间来往的信函等。第四,在特定情况下能够直接证明民事法律关系是否发生、变更或消灭的物证,如在民事合同中当场购买的货物。

在行政诉讼中,可以成为直接证据的有以下几种:第一,行政案件当事人的陈述。第二,行政机关实施具体行政行为时在场人员所做的关于具体行政行为是否合法的证言。第三,能够证明行政机关具体行政行为是否合法的书证,如行政机关做出的行政处罚决定书和出具的有关文件、公函、证明等,据此可判断其具体行政行为是否合法。

(二)直接证据和间接证据的特点

1.直接证据的特点

(1)直接证据的内容与案件的主要事实的内容具有重合性,是案件主要事实的直接反映,一个直接证据经过查证属实后,就可以对案件主要事实做出肯定或否定的结论,其证明过程简单,无需要中间环节和复杂的推理过程。当然,直接证据必须依赖其他证据进行查证属实,才能作为定案的根据,同时对全案事实的认定,仅靠直接证据只能查明案件的主要事实,因此认定事实必须将全案证据结合起来。

(2)直接证据多表现为言词证据。直接证据更多地是以言词证据来表现的,而言词证据的特征之一是容易受到人的主观因素的影响而有失真的可能,因此,这用直接证据认定案件事实时必须谨慎。

(3)直接证据的数量少,不容易获得。这一特点在刑事案件中体现得比较突出。由于刑事犯罪分子实施犯罪情况多在隐秘情况下进行,一般缺少目击证人,因此能够证明犯罪情况的证人证言在实践中是极少见的。而犯罪人案发后主动自首和被抓获后主动交代罪行的较少,往往要经过多次的审讯,才能获得对案件事实的供述。

2.间接证据的特点

(1)间接证据的依赖性。任何一个间接证据本身均不能单独证明案件主要事实,必须与案内其他证据相结合才能证明案件主要事实。

(2)间接证据的关联性。间接证据必须与案件事实存在客观联系,对证明案件事实才有实际意义。

(3)证明案件事实的过程复杂,而且必须经过判断和推理过程。运用间接证据证明案件的主要事实必须经过逻辑判断和推理,把一系列间接证据有机地联系起来,从已知事实推论到另一事实,逐一排除其他各种可能性之后,才能得出关于案件主要事实的结论。

(4)间接证据的排他性。按照间接证据所构成的证明体系进行综合分析和逻辑推理后得出的关于案件事实的结论必须是唯一的,互相一致的,不能互相矛盾,必须排除其他可能性。

(三)直接证据和间接证据的运用规则

1.直接证据的运用规则

(1)孤证不能定案。只有一个直接证据,没有其他间接证据印证,不能据以认定案件事实。

(2)依法获得案件直接证据,严禁采用暴力、威胁、引诱、欺骗以及其他非法手段获得直接证据。

(3)所有直接证据必须有其他证据加以印证,经查证属实后才能作为定案的根据。

2.间接证据的运用规则

(1)必须审查每个间接证据是否真实可靠,以保证间接证据的客观真实性。

(2)必须审查间接证据与案件事实有无客观的内在联系,防止把那些与案件毫无关系的材料,当作间接证据加以收集和使用。

(3)必须审查各间接证据之间是否互相衔接,相互协调一致,互相印证,形成一个完整的证据锁链。在这个证据锁链中,证据必须有足够的数量,而且各个证据必须互相一致,不能互相矛盾,互相脱节。如果间接证据之间不相符合,互相脱节,就应当通过进一步调查研究,查证清楚之后,才能确定其证明效力。

(4)所有的间接证据结合起来,对案件只能做出一个正确的结论。就刑事诉讼而言,这种结论必须具有肯定性和真实性,并且排除了其他一切可能性。

本章思考题

一、什么是证据,证据与证据材料有何不同?
二、证据的功能有哪些?
三、证据的特征是什么?
四、证据的种类有哪些?
五、证据在理论上是如何分类的?

第二章
证 明

―― 本章导读 ――

　　证明是连接诉讼证据和案件事实的桥梁。即使案件的证据全部摆在面前,案件事实也不能自动生成,必须通过相关人员的逻辑思维将案情抑或事实推导、展现出来。证明本身蕴含着以下问题需要解答:其一,案件中哪些事实需要证明?此即是我们所说的证明对象问题。其二,既然案件事实是相关人员使用证据来证明的,那么谁有责任提供证据完成证明活动?其三,证明达到何种程度,我们就可以相信案件事实是真实存在的?此即是证明标准的问题。对于以上三个问题科学、合理地回答,就构成了证明这一活动的三项必备要素。在证明活动中,这三个要素缺一不可,而且相互之间存在着紧密联系。在诉讼活动中,缺少了其中任何一项,都会导致证明活动的失败,从而发生错案。

第一节　证明概述

一、证明的概念

证明,亦称为诉讼证明,就是国家公诉机关和诉讼当事人在法庭审理中依照法律规定的程序和要求向审判机关提出证据,运用已知的证据和事实来阐明系争事实、论证诉讼主张的活动。

对于证明的概念,可以从以下几个方面来理解:

第一,诉讼证明的主体是国家公诉机关和诉讼当事人,审判机关、鉴定人、证人等不是诉讼证明的主体。诉讼证明主体与证明责任密切相关,承担证明责任者,方能成为诉讼证明之主体。

第二,诉讼证明的目的是为了阐明诉讼中的争议事实,论证己方的主张。诉讼证明是一项活动,而活动必有其目的。例如,当事人起诉的目的是为了启动诉讼程序,通过诉讼来保护自己的合法权益;法院审判的目的是为了查清案件事实,做出公平合理的裁判。诉讼证明的目的则是为了阐明诉讼中争议的事实,向法院论证己方的主张成立,以获得法院的支持。

第三,诉讼证明只在审判阶段发生,法庭审理前的收集、提出证据只是为法庭上进行诉讼证明打下基础,创造条件。诉讼证明的目标指向是审判人员,即向裁判者证明或证明给裁判者看,以便说服作为裁判者的司法官确认或接受自己的诉讼主张并达到法律所要求的程度,最终获得于己方有利的判决。

第四,诉讼证明受证明责任的影响或者支配。也就是法律对诉讼中的证明责任分配有明确的规定,如果依法承担证明责任的诉讼主体未能按照法律的要求实施证明行为,履行证明责任,将要承担相应的法律后果,最直接的后果是可能要面临败诉的危险。

第五,诉讼证明是一种具体的诉讼行为,直接受各类诉讼法律规范和调整,这使其区别于一般的抽象思维活动。

二、证明的特征

诉讼证明与存在于自然科学和社会科学的一般证明相比,诉讼证明具有以下特征:

(一)证明的主体是诉讼主体

证明主体只能是控诉机关和当事人。具体地说,在刑事诉讼中,只能是代表国家提起公诉的人民检察院以及被害人、自诉人、犯罪嫌疑人、被告人、附带民事诉讼的原告人和被告人;在民事诉讼和行政诉讼中,只能是原告、被告、第三人以及对生效判决有权提出抗诉的人民检察院。此外,由于当事人的委托和授权决定,刑事诉讼中犯罪嫌疑人、被告人的辩护人以及刑事诉讼中被害人、自诉人和民事、行政诉讼中的诉讼代理也应该成为证明主体,有权进行证明活动。证人、鉴定人、勘验人不是证明主体。

(二)证明对象是诉讼客体或者案件事实

诉讼客体即双方发生争议的法律关系,例如离婚案件中女方认为男方出轨,违反了夫妻双方应该互相忠诚的义务。男方则认为自己没有出轨,没有违反相关的义务。此案件中双方对于婚姻关系产生了争议,婚姻关系属于诉讼客体。有时证明对象则是案件事实,例如张三故意杀人一案中,检察院要想指控其犯罪成立,则必须证明犯罪的四个要件事实成立,即犯罪的主体、客体、主观方面以及客观方面。

(三)证明的任务是阐明案件事实和论证诉讼主张

由于案件事实是已经发生且不可能重现的客观事实,因此,这种客观事实无法以科学实验的方法加以证明,只能由证明主体通过收集、审查判断证据和提出证据的方式阐明,从而使自己和裁判者获得对案件事实的认识,并使自己的诉讼主张建立在事实基础上。

(四)证明的根据是能够证明案件情况的证据,而不是一般的公理、定律或者经验

只要是证明活动,都要有所根据。例如,数学证明以公理、定理作为根据,历史结论的证明则通过相关史料或出土文物。诉讼证明与一般的证明活动不同,因为诉讼证明的对象是案件事实或诉讼客体,而且最后的结论与当事人的合法权益密切相关。一旦证明错误,则必将发生冤假错案,损害当事人的合法权益。因此对于诉讼证明活动我们必须慎之又慎,为了保证证明结论的客观、准确、可靠,必须以客观、合法、有效的证据作为根据。

(五)证明必须按照法定的范围、程序和标准进行

证明的范围和对象受到法律规定和案件事实的限制,控诉机关和当事人在诉讼活动中必须严格按照法律规定和案件事实限定的范围进行证明活动,而不能任意超越或突破。

三、证明的过程

证明的过程是证据主体收集证据、审查判断证据和提出证据的过程。它具体可分为以下三个阶段:

(一)收集证据阶段

在各种诉讼案件中,负有证明责任的一方当事人为在起诉时或庭审时向人民法院提出证据,必须在起诉或开庭前亲自或由其诉讼代理人收集证据,以证明自己的诉讼主张合法有效。在刑诉案件中侦查机关必须依法收集和保全证据,以查明犯罪事实,查获犯罪分子。

(二)审查判断证据阶段

控诉机关或当事人收集证据后,必须进行分析研究,鉴别其真伪,并判断其与案件事实有无联系,以确定其有无证明力以及证明力的大小。

(三)提出证据阶段

控诉机关或当事人收集证据并进行审查判断,查证属实以后,即应依法向审判机关提出,以证明其诉讼主张或阐明案件事实。

证据主体进行证明活动,必须采取正确、合法的方法。根据三大诉讼法的有关规定和司法实践经验,证明的方法具体有以下几种:(1)侦查或者调查;(2)举证与发问;(3)质证和辩论;(4)推定和认定。

证明在诉讼活动中处于十分重要的地位,我国司法机关办理各类诉讼案件都必须以事实为根据,准确地查明案件事实,只有在查明案件事实的基础上,才能适用法律对案件做出正确的处理。我国三大诉讼法均明确规定,证据必须查证属实,才能作为定案的根据。

四、证明制度的构成

在人类历史上,证明制度经历了曲折的演进过程。不管证明制度如何发展演变,

任何一种证明制度,都由以下要素或环节构成:即证明对象、证明主体和证明责任、证明标准、证明方法和证明程序。

(一)证明对象

证明对象是证明主体的对称,也叫证明客体、待证事实,是指证明主体运用一定的证明方法所欲证明的系争要件事实。或者说,是需要用证据等证明的案件事实。证明对象的形成受到实体和程序要素的双重约束和影响,它是诉讼证明的一个重要环节,具有客观性、法定性、时效性以及被动性等特点。由于后面我们还要给大家具体讲述,这里就不再赘述。

(二)证明主体和证明责任

证明主体是指依法承担证明义务、享受证明权利的主体,是证明对象的对称。根据我国有关法律的规定,证明主体包括当事人、律师、侦查人员、公诉人等。不同主体在诉讼中的地位不同,其证明案件事实的方式和角度也有所不同。

证明责任,是指证明主体为了使自己的诉讼主张得到法院裁判的确认,所承担的提供和运用证据支持自己的主张以避免对于己方不利的诉讼后果的责任。

(三)证明标准

证明标准是指证明待证事实存在或不存在要达到的证明程度。诉讼中,如果待证事实没有达到证明标准时,该待证事实就处于真伪不明的状态。已达到证明标准时,法院就应当以该事实作为裁判的依据。

只有明确了证明标准,才能使法官的裁判具有了客观的公正性,也使得当事人的举证有了预先设置的质与量的规定,最终促使诉讼公开、公正、公平成为可能。无标准的制度、规则必然会成为无意义的、无效的制度,因此,研究证据制度不可避免地要研究证明标准。

(四)证明方法

证明方法是一个有着多重含义的重要概念,从思维层面来看,它有着溯源性、对抗性与时效性等特点。从操作层面来看,证明方法包括逻辑推理、司法认知、推定等,而其中逻辑推理是最重要的证明方法。具体的方法包括归纳和演绎、分析和综合、反证和排除等。

(五)证明程序

证明程序通常表现为诉讼程序,因为诉讼的过程就是证明的过程,两者很难截然分开,所以,证明程序是证据法与诉讼法密切联系的集中表现。

五、证明分类

在一些国家的证据理论中,按照不同的标准,可以将证明分为行为意义上的证明和结果意义上的证明、严格证明和自由证明、实质证明和形式证明、控诉机关证明和当事人证明等几种。

(一)以证明的表现形态为标准,可将证明分为行为意义上的证明和结果意义上的证明

行为意义上的证明,是指证明主体根据已知事实查明案件事实的活动。表现为连续的证明过程。结果意义上的证明,是指运用已知事实查明案件事实的结果,特别指司法人员对案件事实形成确信的心态。表现为证明的证明标准。

(二)按照证明是否必须使用具有证据能力并经过合法调查的证据的不同,可以将证明分为严格证明和自由证明

严格证明,是指使用具有证据能力并经过合法调查的证据进行的证明。自由证明,是指使用不具有法定证据能力或者没有经过合法调查的证据进行的证明,又称任意证明。其中,凡有关实体权利的有无和范围大小的事实,必须进行严格证明;而法律规定可以"酌情"考虑的事实和程序法事实,才可以进行自由证明。

(三)按照证明的性质的不同,可以将证明分为实质证明和形式证明

形式证明是与形式真实主义相联系的证明,英美法系国家的诉讼采用当事人主义,程序高于实体,所追求的是形式真实主义,因而它们的证明称之为形式证明。在这种证明中,经常出现与事实的反差,即是法律上看来是证明了的,可事实上的情况并非如此,而是有所差别,但还是要采用法律上的结论,当然这是个别现象,不能因此而认定形式证明就是不可靠的。实质证明则是大陆法系国家诉讼追求实质真实主义的结果,它们在职权主义思想的支配下,追求客观真实,要求达到完全真实的程度,如果程序和实体相矛盾,它们往往牺牲程序而服从实体。

(四)按照证明主体的不同,可以将证明分为控诉机关的证明和当事人的证明

在刑事诉讼中,公诉机关对被告人提出刑事指控,必须提出确实充分的证据证明被告人行为确已构成犯罪并依法需要追究刑事责任。当事人证明是指原告、被告、第三人等按举证责任分配原则提出证据,阐明其主张的事实,不论何种诉讼,都离不开当事人的证明,它既是诉讼证明的组成部分,也是诉讼证明的基本形式。

六、三大诉讼证明的不同之处

(一)证明责任的分配不同

刑事诉讼中,证明的责任由检察机关、侦查机关承担;民事诉讼中,证明的责任则不以诉讼地位决定证明责任承担的主体,而是根据当事人的主张,分别由当事人承担相应的证明责任;行政诉讼中,证明的责任由作为被告的行政机关承担。

(二)法律规定的证据种类有所不同

书证、物证、视听资料、鉴定意见、勘验笔录、证人证言等是三大诉讼共同规定的证据种类。《刑事诉讼法》规定的特有的证据种类是被害人陈述,犯罪嫌疑人、被告人供述和辩解;《行政诉讼法》规定的特有的证据种类是现场笔录。

(三)证明标准的法律规定不尽相同

对证明标准,三大诉讼法采用的术语不同。《刑事诉讼法》第200条第(一)项规定:"案件事实清楚,证据确实、充分,依据法律认定被告人有罪的,应当做出有罪判决",采用的术语是"确实、充分";最高人民法院于2015年1月30日发布的《关于适用〈中华人民共和国民事诉讼法〉若干问题的意见》第108条规定:"对负有举证证明责任的当事人提供的证据,人民法院经审查并结合相关事实,确信待证事实的存在具有高度可能性的,应当认定该事实存在。"采用的术语是"高度可能性";《行政诉讼法》第69条:"行政行为证据确凿,适用法律、法规正确,符合法定程序的,或者原告申请被告履行法定职责或者给付义务理由不成立的,人民法院判决驳回原告的诉讼请求。"采用的术语是"证据确凿"。

(四)证明对象不同

刑事诉讼的证明对象是有关犯罪行为构成要件和量刑情节的事实,民事诉讼的证明对象主要是民事纠纷产生和发展以及民事法律关系构成要素等事实,行政诉讼的证明对象主要是与被诉具体行政行为合法性有关的事实。

(五)证明的程序规则不同

刑诉特有的证明程序规则是侦查和审查起诉过程中的证明规则,民诉特有的证明程序规则体现在处分原则和辩论原则当中,行政诉讼特有的证明程序规则是被告在诉讼过程中不得自行向原告和证人调查收集证据。

七、证明的意义

(一)证明是证据发挥作用的根本保障

要想使用证据证明案件事实,必须通过证明活动。如果没有证明活动,即使收集了再多的证据,也无法发挥作用。

(二)证明是查明案件事实的唯一方法

案件是已经发生过了的事实,要想再现或还原案件事实,只有通过载有案件信息的各种证据。但是,证据作用的发挥是建立在证明的基础之上。

(三)证明是适用法律的前提和基础

日常生活中,经常讲"以事实为依据,以法律为准绳"。适用法律是建立在查明事实基础上的,而证明是查明案件事实的唯一方法。换言之,证明是适用法律的前提和基础。

(四)证明是诉讼活动的重要组成部分

不管是刑事诉讼、民事诉讼还是刑事诉讼,都要涉及证明活动。因为发生诉讼之后,需要再现或还原案件事实,而要实现这一目的,必须使用证据进行证明。

第二节 证明对象

一、证明对象的概念

在司法活动中,证明对象主要指需要用证据等证明的案件事实。或者说,诉讼中的证明对象,是指司法人员和诉讼当事人及其律师在诉讼中必须用证据加以证明的各种案件事实。证明对象是证明活动的中心环节,一般来说,证明活动都是从证明对象出发的,围绕证明对象展开,也是以证明对象为归宿的。

在理解证明对象的定义时,应该注意把握以下要点:

第一,证明对象是以诉讼主体的事实主张为基础的,没有主张的事实一般不能成为证明对象。在刑事诉讼中,检察官代表国家和人民提出的犯罪指控包括事实主张;在民事、行政诉讼中,原告方的诉讼请求中都包含有事实主张。

第二,证明对象是与证明责任密切相关的。凡是证明对象,都要有相应的证明责任,所有的证明责任,都是针对一定证明对象而言的。

第三,证明对象必须是需要由证据加以证明的案件事实。如果某个案件事实是无须证明的或者不证自明的,那么它就不属于证明的对象。

第四,证明对象以实体法律的规定为依据。因为诉讼主体的事实主张都是依据实体法律的规定提出的,所以实体法律规定的具体案件事实的构成要件往往就是证明对象的基本内容。

第五,证明对象受归责要件、证明主体、诉讼请求、诉讼模式等几个因素的制约。证明对象的确定根本上由实体法上的归责要件决定,证明主体不同,证明对象也不同。证明对象受主体诉讼请求的制约,证明主体只需围绕主体诉讼请求来证明有关要件事实。在不同的诉讼模式下,证明客体的范围也各不相同。

二、证明对象的范围

(一)实体法事实

实体法事实是最主要的证明对象,刑事诉讼中的实体法事实主要包括犯罪构成要件的事实,即犯罪主体个人情况、犯罪客体、客观方面和主观方面的事实;有关量刑情节的事实(如自首、累犯等)、排除行为违法性、可罚性的事实(如正当防卫、紧急避险等)和行为人刑事责任的事实。

民事诉讼中的实体法事实包括:当事人之间产生权利义务关系的法律事实;当事人之间变更权利义务关系的法律事实;当事人之间消灭权利义务关系的法律事实;妨碍当事人权利行使、义务履行的法律事实;当事人之间权利义务发生纠纷的法律事实。

(二)程序法事实

所谓程序法事实,是指那些与案件本身没有关系但是对解决某些诉讼程序性问题具有法律意义的事实,包括:关于回避的事实,关于耽误诉讼期限的事实,关于不应采用刑事强制措施的事实,关于违反法定诉讼程序的事实,关于变更执行依据的事实等。例如,一方当事人要求法官或者鉴定人回避,那么他应该说明其要求回避的事实理由,如该法官是另一方当事人的亲友,或者该鉴定人与另一方当事人有共同的利害关系,这些事实就是所谓的程序法事实。

(三)证据事实

证据事实不属于证明对象,虽然证据也需要印证或佐证,但这属于对证据的审查判断,和对案件事实的证明不一样。证据是证明案件事实的根据。如果说证据事实也是证明对象,那么证据就不仅是证明案件事实的根据,也是证明证据事实的根据,就会导致自我循环的定义。比如说,证据是证明证据的根据;证明对象是由证明对象证明的对象。

(四)免证事实

证明对象是未知或者有争议的案件事实。如果某一案件事实虽然是实体法事实,或者某一程序事实是需要证据加以证明的,但这些事实却属于已知的或没有争议的,那就没有必要进行证明。"已知事实",包括众所周知的事实,可以推定的事实,已经确认的事实等。"没有争议的事实",指一方当事人提出而且对方明确表示承认的事实,即自认的事实。

《最高人民法院关于民事诉讼证据的若干规定》第10条规定:"下列事实,当事人无须举证证明:(一)自然规律以及定理、定律;(二)众所周知的事实;(三)根据法律规定推定的事实;(四)根据已知的事实和日常生活经验法则推定出的另一事实;(五)已为仲裁机构的生效裁决所确认的事实;(六)已为人民法院发生法律效力的裁判所确认的基本事实;(七)已为有效公证文书所证明的事实。前款第二项至第五项事实,当事人有相反证据足以反驳的除外;第六项、第七项事实,当事人有相反证据足以推翻的除外。"

在证据法上,这些事实被称作"免证事实"。

三、证明对象的分类

在论述证明对象的构成之前,我们有必要先对其按照不同的标准进行分类。分类将有助于我们进一步了解证明对象的个性和复杂性,为后面弄清证明对象的构成要素及其组合关系做好准备。

(一)依据所处程序的不同,证明对象可分为刑事诉讼证明对象,民事诉讼证明对象、行政诉讼证明对象、行政程序证明对象、仲裁证明对象与公证证明对象等。

这种分类的意义在于揭示三大诉讼证明对象的不同之处。由于刑事诉讼处理的是犯罪案件,民事诉讼处理的是有关民事权利义务关系的民事纠纷,而行政诉讼处理的是有关具体行政行为合法性的行政争议,诉讼客体不同决定了证明对象特别是实体要件事实的内容不同。需要指出的是,仲裁与公证的证明对象与民事诉讼的证明对象基本一致,行政诉讼与行政程序的证明对象基本一致。因此,后面我们将重点分别给大家介绍三大诉讼的证明对象。

(二)根据法律依据的不同,证明对象可以分为实体法规定的证明对象和程序法规定的证明对象,即实体法事实与程序法事实。前者涉及实体要件方面,后者涉及程序进行方面。在刑事案件中,实体法事实包括犯罪嫌疑人、被告人有罪或无罪的事实,罪重或罪轻的事实,以及应否承担刑事责任的事实;在民事案件中,实体法事实包括民事法律关系的产生、变更和消灭的事实;在行政案件中,实体法事实主要包括有关被诉具体行政行为合法性、合理性的事实。三大诉讼证明对象的区别表现在实体法事实方面,而在程序法事实方面基本上是一致的。

四、确定证明对象的作用

由于证明活动是围绕证明客体展开的,证明对象限定着证明的范围,所以,确定诉讼案件的证明对象有以下作用:

(一)可以明确当事人及其代理人收集证据的范围,促使其集中精力围绕证明客体进行证据准备。换言之,证明对象之外的事实,当事人不需收集证据进行证明。

(二)可以确定当事人举证、申请法院调查证据以及进行质证的范围。当事人举证、申请法院调查取证以及进行质证都是围绕着证明对象而进行,证明对象之外的事实,当事人不需举证和质证,法院不去调查取证。

(三)可以指引裁判者正确调查收集证据和审查核实证据。由于案件事实常常十分纷繁复杂,当事人争执的焦点多,裁判者要在证明活动中保持清醒的头脑,不被枝节问题所迷惑,能抓住问题的核心,就必须明确证明对象。

五、刑事、民事、行政诉讼的证明对象

(一)刑事诉讼的证明对象

根据《刑事诉讼法》《最高人民法院关于适用<中华人民共和国刑事诉讼法>的解释》《人民检察院刑事诉讼规则》等法律法规的规定,刑事诉讼证明对象包括如下事实:

1.被指控犯罪行为构成要件的事实

刑法规定的各种犯罪之所以成立并且相互有别,是因为它们各自的要件不同。每一种犯罪行为都有自己的构成要件,使犯罪得以确认,被指控的犯罪不同,其证明对象所包含的要件也就不同。刑法学理论认为,犯罪行为的构成要件一般有四个方面:一是犯罪客体,即刑法所保护的、犯罪行为所侵害的具体的社会关系、政治关系、

经济关系。二是犯罪的客观方面,即犯罪嫌疑人、被告人所实施的危害社会的犯罪行为,以及与此有关的各项客观事实。三是犯罪主体,即实施危害社会的行为,依法应当负刑事责任的自然人和单位。四是犯罪的主观方面,即犯罪主体对自己的危害行为及其危害结果所持的心理态度。

2.与犯罪行为轻重有关的各种量刑情节的事实

在刑事诉讼中,量刑是法院对犯罪分子依法裁量刑罚的一种审判活动。量刑是在定罪的基础上进行的,其所要解决的问题主要在于:犯罪分子应否量刑,应判处何种刑罚,并当如何确定刑期。根据我国刑法的有关规定,影响量刑的事实为情节事实,可分为法定情节事实和酌定情节事实。法定情节事实具体包括:(1)从重处罚的事实;(2)加重处罚的事实;(3)从轻、减轻处罚或者免除处罚的事实。

3.排除行为的违法性、可罚性和行为人刑事责任的事实

证明排除行为的违法性、可罚性和行为人刑事责任的事实,是为了在惩罚犯罪的同时,依法保障无罪的人不受刑事追究,防止冤假错案的发生。(1)排除行为的违法性的事实,即指根据实体法的规定,以表面上违法,实际上合法的形式出现,从而排除了行为的违法性以及行为人的刑事责任的行为,如正当防卫、紧急避险。(2)排除行为的可罚性的事实,即指现行《刑事诉讼法》第16条规定的几种情况。(3)排除或减轻刑事责任的事实,即指如该事实并非其所为或情节显著轻微,危害不大,不认为是犯罪的;该事实行为人未达到刑事责任年龄;该事实行为人因精神状态处在不能辨认、控制自己的行为而依法不负刑事责任的。

4.刑事诉讼程序事实

涉及诉讼程序的有关事实,只有在对刑事诉讼事实有争议的时候,才能成为事实上的证明对象。这类事实主要有(1)有关管辖的事实;(2)有关回避的事实;(3)有关对犯罪嫌疑人、被告人采取强制措施的事实;(4)有关审判组织组成的事实;(5)有关诉讼程序的进行是否超越法定期限的事实;(6)司法机关侵犯犯罪嫌疑人、被告人诉讼权利的事实;(7)与执行的合法性有关的事实;(8)其他与程序的合法性或公正审判有关的事实。另外,还有《刑事诉讼法》第238条规定的几种情形。

(二)民事诉讼的证明对象

在民事诉讼中,原告起诉时会提出一定的证据,被告进行答辩、反驳或者反诉时也会提出相应的证据。无论哪一方面当事人提出证据都是为了证明自己的主张,而且,从本质上说这种主张又是直接与民事案件的基本事实或程序事实相联系的。所以,民事诉讼中的证明对象是围绕当事人的主张来确定的,主要包括以下几个方面的事实:民事法律关系发生、变更和消灭的事实,民事争议发生过程的事实,当事人主张

的民事诉讼程序事实,有关外国的法律法规的事实。

(三)行政诉讼的证明对象

相对而言,我国确定行政诉讼证明对象的实体法依据比较复杂,这是由行政管理的广泛性和多样性决定的。行政管理划分为公安、卫生、税务、规划、财政等多个行业,行政法律法规也相应地存在着部门和行业的划分。每一个行业的行政案件具有不同的证明对象,同时,作为行政诉讼客体的被诉具体行政行为也存着行政处罚、行政许可、行政收费、行政合同等多种多样的形态,每一种具体行政行为的证明对象也存在着一定的差异。

行政诉讼争议的焦点,是被诉具体行政行为的合法性,因此,行政诉讼中的证明对象应围绕这个中心进行确定。根据我国《行政诉讼法》及最高人民法院《关于行政诉讼证据若干问题的规定》,行政诉讼证明对象可以为分与被诉行政行为合法性和合理性有关的事实、与行政赔偿构成要件有关的事实和行政诉讼程序事实。

第三节 证明责任

一、证明责任的概念

证明责任是指诉讼中的控诉机关或者当事人(诉讼当事方)在审判中向法庭提供证据证明其案件事实主张成立的义务,否则将承担其主张不能成立的后果。理解这一定义应该明确以下几点:

(一)证明责任是就他向证明而言的,自向证明不存在证明责任的问题,因此,在诉讼活动中承担证明责任的主体只能是诉讼当事方,不包括法官。(注:他向证明就是向他人证明,其主体一般是提出某种事实主张的人,如诉讼中的当事人及律师。自向证明就是向自己证明,其主体一般是就事实问题做出某种认定或裁断的人,如侦查人员、检察官和法官。)

(二)证明责任是以审判为中心的,主要表现在诉讼的审判阶段。在审判以前的诉讼活动中,不存在证明责任的问题。

(三)证明责任与事实主张具有密切关联。没有事实主张,就没有证明责任。换言之,证明责任要以一定的事实主张为基础,而且承担证明责任的人往往先有一定的事实主张,否则,证明责任就成了无本之木。

(四)证明责任应该包括三个层面:

1.提供证据的行为责任,即诉讼当事人就其事实主张向法庭提供证据的责任。从这个意义上说,此处的责任应是一种义务,即必须提供证据。

2.说服事实裁判者的行为责任,即诉讼当事人使用符合法律要求的证据说服事实裁判者相信其事实主张的责任。此处责任亦是义务之义。

3.承担不利后果的责任,即诉讼当事人在不能提供证据或者不能说服事实裁判者而且案件事实处于不清状态时承担不利诉讼后果的责任。

(五)诉讼证明责任主体特定性。在诉讼中,证明责任必须是法律赋予特定诉讼主体来承担,但并不是所有诉讼主体都有资格承担证明责任。在刑事诉讼公诉案件中控诉机关承担证明责任,犯罪嫌疑人与被告人不承担证明责任。自诉案件中,自诉人应对起诉承担举证责任,必须向人民法院提出证明被告人侵犯其人身权利和民主权利的证据。

在民事诉讼中,双方当事人均是证明责任的主体,在诉讼中必须对自己提出的请求提供证据,负担举证不能造成的不利诉讼后果。严格来讲,当事人承担的是举证责任,仅是对自己的主张提供证据,并不承担案件的全部证明责任。在行政诉讼中,原告由于其身份、地位的普通性,无法也不应当成为证明责任主体。被告,即行政机关对做出的具体行政行为负有举证责任。

(六)证明责任根据法定性。三大诉讼中,证明责任的承担都有明确的法律依据。《刑事诉讼法》第51条规定:"公诉案件中被告人有罪的举证责任由人民检察院承担,自诉案件中被告人有罪的举证责任由自诉人承担。"实质上是以法律的形式规定了在刑事诉讼中人民检察院和公安机关有权承担证明责任,而且必须承担证明责任。

《民事诉讼法》第64条规定:"当事人对自己提出的主张,有责任提供证据。"法律规定了当事人对自己提出的主张,有责任提供证据。《行政诉讼法》第34条规定:"被告对做出的行政行为负有举证责任,应当提供做出该行政行为的证据和所依据的规范性文件。"在行政诉讼中,被告负有举证责任。

二、刑事诉讼中证明责任的承担

(一)刑事诉讼证明承担的一般规则

1.无罪推定原则

在刑事诉讼中,无罪推定原则是解决证明责任分配或分担的首要原则。按照无罪推定原则要求,在刑事诉讼中控方承担证明责任,若控方举出的证据未能达到法定证明标准,则被告应被宣判无罪。

无罪推定是基于一定价值取向而规定的不可反驳的立法规定,然而,这并不是说,根据已掌握的证据,被告人无罪的可能性大于有罪的可能性,所以要推定其无罪。无罪推定的目标是要保护被告人的合法权利,是要保障司法的公正,是要把"无罪者被错判有罪"的可能性限制到最低的水平,这就是无罪推定原则的价值取向。

目前,人们在理解和贯彻无罪推定原则的时候还存在两种错误的倾向。一种是将无罪推定原则束之高阁,使其在司法实践中失去作用。这种倾向主要存在于司法人员的思想之中。由于受传统的"宁可错判也不要错放"的司法观念的影响。一些司法人员在实践中遇到疑案时不能贯彻无罪推定的精神,不是"疑罪从无",而是"疑罪从轻"。另一种倾向是过分抬高无罪推定原则的地位,如有的人认为它是刑事司法制度中保障人权的最重要的原则,应写入宪法;还有人甚至认为侦查和司法在审判之前都不应对犯罪嫌疑人或被告人采取拘留、逮捕等强制措施,因为那等于把他们当作罪犯来对待,是对无罪推定原则的违反。这种理解显然大有偏颇。在世界上任何一个实行无罪推定的国家中,司法机关和执法机关都会在审判之前对犯罪嫌疑人或被告人采取一些必要的人身强制措施。

2.公诉案件的证明责任

在公诉案件中,证明责任一般由公诉人承担,辩方则享有证明被告人无罪或罪轻的权利。公安机关也承担一定的证明责任,这种证明责任主要涉及有关的程序法事实。

在审判中,公诉人要向法庭提供充分的证据证明其指控的犯罪事实,而且其证明要达到法定的标准。辩方没有义务向法庭证明被告人有罪或无罪,仅对公诉人提出的证据进行质疑,就是完成了辩护的任务。

3.自诉案件的证明责任

在刑事自诉案件中,证明责任一般由自诉人承担。被告方不承担证明责任,这就是司法活动中"谁主张谁举证"原则的体现。如果自诉人不能用充分证据证明其指控的犯罪事实,在开庭审判前,法官则应当说服自诉人撤诉,或用裁定驳回起诉。经开庭审理之后,法官则应当判决被告人无罪。总之,自诉人举证不能或不充分,就要承担败诉的后果。

4.人民法院不承担证明责任

人民法院属于审判机关,它的职责是查证案件事实,做出正确的裁判。那么,在当事人提供的证据真伪不明或有些证据当事人无法提供时,法院为了查明案件事实,必须进行相应的调查取证,以便核实当事人提供的证据或查清某些事实。如果这时不做调查取证的工作,容易造成案件的误判或错判。

因此,法院依职权进行调查取证,不是为了承担证明责任,而是为了履行查清案件事实的职责。如果法院承担证明责任的话,则很难保持中立,更加不能承担举证不能的后果。综上,法院不是承担证明责任的主体,而是适用证明责任分配证明任务的主体。

(二)刑事诉讼证明责任分配的特殊规则

1.证明责任的转移

在刑事诉讼中,证明责任由公诉人或自诉人承担,这并不意味着辩方在任何情况下都不承担任何证明责任。根据无罪推定原则确立的证明责任分配规则,对于案件中具体事实或情节的证明责任,则应当遵循"谁主张谁举证"的原则进行分配。这就是说,在某些情况下,证明责任也会从控方转移到辩方身上。

证明责任转移并不是对无罪推定原则的否定,法律规定证明责任的转移,主要是考虑诉讼活动中证明的需要和举证的便利,即由哪一方先行举证更有利于诉讼证明的推进。例如:某杀人案件的被告人声称自己在案件发生时不在犯罪现场,而是在另一某个地方,对于这一事实主张,辩方就应当承担证明责任,即举出证据证明被告人在案发时不在犯罪现场的事实。在这种情况下,证明责任就是由控方转移到辩方。

然而,并非辩方对其所有辩护主张都要承担证明责任,如果辩方只有消极地否定控方的事实主张,如声称被告人没有杀人,那么辩方对这种事实主张就不承担证明责任,或者说,这里就不能发生证明责任的转移。只有当辩方提出具有积极辩护的具体事实主张时,证明责任才转移到辩方。例如:被告人不仅说自己没有杀人,而且说该被害人是被另外某个人杀死的。以此证明自己不是杀人犯,那么辩方对这个具体的事实主张就要承担证明责任。

在司法实践中常见的能够导致证明责任转移的辩护主张包括四类:(1)关于被告人责任能力的事实主张,如被告人有精神病或在案件发生时精神不正常的状态;被告人在案件发生时没有达到法定的刑事责任年龄等。(2)关于被告人行为合法性或正当性的事实主张,如被告人的杀人或伤人行为属于正当防卫;被告人的破坏财物行为属于紧急避险等。(3)关于侦查人员或执法人员行为违法性的事实主张,如被告人之所以实施被指控的犯罪行为是因为公安人员的"侦查陷阱";被告人之所以承认自己有罪是因为审讯人员的刑讯逼供等。(4)关于被告人根本不可能实施被指控犯罪行为的事实主张。如被告人根本不可能实施该抢劫行为,因为案件发生时他不在犯罪现场;被告人根本不可能实施该杀人行为,因为被害人是被另外一个人杀死的。因此,在刑事诉讼中能否发生证明责任的转移,必须对被告人提出的事实主张进行具体的分析。

在刑事自诉案件中,被告人可以在诉讼过程中对自诉人提出反诉,对于反诉的事实主张,被告人负有证明责任。

2.证明责任的倒置

证明责任倒置一般由法律以推定的形式明确规定。证明责任由辩方或具体事实主张的相对方承担。下面是刑事诉讼中证明责任倒置的几种情况:

(1)巨额财产来源不明罪的证明责任

在巨额财产来源不明的犯罪案件中,关于被告人的巨额财产有合法来源事实,适用证明责任倒置。在证明责任倒置的情况下,本应承担证明责任的控方也不是完全没有证明责任,而是仅承担初始推进性的证明责任。

(2)非法持有型犯罪的证明责任

在非法持有型犯罪的案件中,关于被告人持有毒品、枪支弹药、国家绝密机密文件、资料等不属合法的事实,适用证明责任倒置。例如,在非法持有毒品案件中,只要执法人员在某人身上查获了毒品,就可以认定其是非法持有,除非其用证据证明其持有的合法性或合理性。

如果被查获身上带有毒品的被告人声称也有合法理由携带该毒品,或者说是别人为了陷害他而在他不知晓的情况下把毒品放在他的身上或包里,那么辩方对这一事实主张就要承担证明责任。否则,法官就可能推定被告人行为属于非法持有并判其有罪。

换言之,在被告人是否"非法"持有的问题处于事实不明的状态时,辩方就要承担不利的诉讼后果。

在英美法系国家的司法实践中,"持有最近被窃财物"是很有代表性的证明责任倒置。例如:巡逻警察在一所住宅外发现一个拿着大包的嫌疑人,包里有摄像机等物品。经查,该住宅刚刚发生盗窃案,那摄像机就是被窃物品,然而,该嫌疑人声称他不是盗窃犯。他刚才路过此地,见到一个年轻人从该住宅跑出来,手里拿着这个大包,神情很慌张,他大喊了一声,那个年轻人扔下大包就跑了,他捡起这个大包,正想去找失主,结果警察来了。在这个问题上,该嫌疑人及其律师就承担证明责任,如辩方举证不能,就要承担不利的诉讼后果,即被判有罪。

(3)严格责任犯罪的证明责任

所谓严格责任犯罪的证明责任,即法律并不要求控方在审判中证明被告人有犯罪的故意或过失,只要证明被告人实施了该犯罪行为并造成了损害后果,就完成了证明责任,法院就可以判被告人承担刑事责任。

严格责任是主要适用于高度危险行为和产品责任事故等民事侵权案件中的归责原则。

在英美法系国家中,这一民事责任原则被适用到刑事案件之中,于是就产生了严格责任犯罪的概念(严格责任一般仅适用于轻罪,而且刑罚的种类一般为罚金)。

在严格责任犯罪的案件中,关于被告不存在犯罪故意或过失的事实,适用证明责任倒置。

(4)刑讯逼供的证明责任

在刑讯逼供的犯罪案件中,关于警察在侦查过程中是否有刑讯逼供行为的事实,应该适用证明责任的倒置。当然,提出刑讯逼供指控的控方也应当承担初始的推进性证明责任,即用合理陈述、伤痕、验伤报告、证人证言等证据证明很可能有刑讯逼供发生。然后,在是否确有刑讯逼供的问题上,整体的证明责任由被指控方承担。就诉讼而言,就是由侦查犯罪的一方承担。

从表面上看,证明责任倒置和证明责任转移似乎没有差异,但在实质上,前者违反了"谁主张谁举证"的原则,后者同"谁主张谁举证"的原则并不冲突。证明责任倒置要求的证明标准高,证明责任转移要求的证明标准低。

三、民事诉讼中证明责任的承担

(一)民事诉讼证明责任分配的一般规则

1.国外民事诉讼证明责任分配的学说

民事证明责任的分配原则在古罗马法时代即已产生,当时分配的原则有两个:第一原则为:"原告应负举证之义务"。第二原则为:"举证义务存在于主张之人,不存在于否定之人"。这项原则是由法学家保鲁斯从"一切推定为否定之人之利益"的推定法则中引申出来的。

现代的民事证明责任分配学说则开始于19世纪末叶。从研究方法上看,现代的学说主要有两个分类:一是待证事实分类说,二是法律要件分类说。

所谓待证事实分类说,指专就待证事实本身的性质内容进行分析研究,从而决定凡符合一定性质内容的待证事实,当事人就该项待证事实负证明责任的分配学说和理论。该学论阵营内部又分为消极事实论、继续事实论、特别例外事实缺乏论、内在事实说等分支学论。

所谓法学要件分类说,指专就个别具体的法律构成要件的事实,按其性质内容,以不同的价值目标为标准进行分类,凡归属于同一类法律构成要件的当事人就该项法律事实负担证明责任的学说和理论。又分为因果关系论、通常发生事实说、最少限度事实说、法规分类说、特别要件说等分支学说。

2.我国民事诉讼证明责任分配贯彻"谁主张,谁举证"原则

中国民事诉讼中的证明责任分配在基本原则和指导思想上与刑事诉讼有所区别,同国外相比还处于初建阶段。具体来说,它是按照"谁主张,谁举证"的原则在原、被告之间分担证明责任。鉴于当前我国证据法学界对民事诉讼证明责任分配的理论研究和探讨还很不够,尚处于初步介绍和引进的初步阶段,确定"谁主张,谁举证"作为一项基本规则应是一种现实的合理选择。

(二)民事诉讼证明责任分配的特殊规则

1.证明责任的转移

在民事诉讼中,证明责任可以频频发生转移。一般来说,当承担证明责任的那一方当事人提供了一定量的证据,会使事实变得清晰明了或即将趋于清晰明了之时,对方当事人便会感到了推进诉讼的现实压力,或者感到败诉危险。这时,该当事人不仅在心理上,而且在诉讼上皆产生了一种负担,该负担是潜在的或现实的诉讼中的不利益,它的外化表现便是提供证据的行为责任。转移过来的行为责任,经过这一方当事人的积极举证,到一定的程度,又转移到原来承担该责任的那一方当事人去了。提供证据责任在民事诉讼各方当事人之间发生来来回回移动,是民事诉讼中一种司空见惯的诉讼现象。

2.证明责任的倒置

民事诉讼证明责任的倒置在我国是与"谁主张谁举证"相对应的分配机制。是指在一定的情况下,不应当按"谁主张谁举证"的分配原则决定某个案件中的证明责任分配,而应当实行与该原则相反的分配。比如,在侵权诉讼中,一般原告应当就被告在实施侵权行为时主观上有过错负证明责任。但是,如果这是一起特殊的侵权案件(如医疗行为致人损害的诉讼),便应当由被告就其主观上有过错的反面事实即主观上没有过错的事实负证明责任。一个是正常的分配,一个是非正常的倒置,这两种处理证明责任归属问题的方法将会导致截然有别的后果。假定关于被告主观上是否有过错最终处于真伪不明的状态,那么,按原则分配证明责任,则原告败诉;而按例外倒置证明责任,则被告败诉。

我国民事诉讼中实行证据责任的倒置主要有两大类:一是特殊侵权诉讼实行证明责任的倒置;二是劳动争议案件实行证明责任的倒置。

3.证明责任的司法裁量

我国允许民事诉讼证明责任分配在特殊情况下实行司法裁量,这是我国民事诉

讼证明责任分配的又一种特殊机制。在对民事诉讼证明责任分配进行司法裁量时，法官必须遵守公平原则、诚实信用原则，考虑当事人举证能力、对危险领域的控制能力以及待证事实发生的盖然性等因素。

(三)自认

自认是当事人对己不利事实的承认。

诉讼中的自认一经做出，不仅对当事人产生拘束力，对法院的裁判行为也产生拘束力。对当事人而言，一方当事人的自认行为免除对方当事人的举证责任，做出自认的当事人非有充分证据不得撤回自认；对法院而言，法院应当受当事人自认的事实约束，依当事人自认的事实做出裁判。

四、行政诉讼中证明责任的承担

行政诉讼是一种同民事诉讼有着密切关系的特殊诉讼。在英美法系国家，行政诉讼同民事诉讼没有严格的区别，它们适用同样的诉讼规则。在大陆法系国家，并没有为行政诉讼制定单独的证据规则，而是适用与民事诉讼同样的规则。我国的行政诉讼最早源于民事诉讼，并且目前仍然参照适用民事诉讼的有关规定。所以，在证明责任的分配原则上，行政诉讼也与民事诉讼相同，适用"谁主张，谁举证"的原则。

(一)对具体行政行为合理合法由被告承担证明责任

具体来说，被告承担证明责任主要有两种：一是对与被诉具体行政行为合法性有关的事实承担证明责任；二是对行政处罚的事实和不履行法定职责具有合法理由的事实承担证明责任。这两种情形下的证明责任承担，实际上是被诉行政机关在行政程序中所负担的证明责任在诉讼领域中的表现。

(二)对起诉超过诉讼时效的事实，由被告承担证明责任

从我国的审判实践来看，被告与原告对起诉是否超过时效发生争议，多数是因为被告未告知相对人诉权和起诉期限引起的，少数是因为送达的事件发生争议而引起的。因此，法律规定被告认为原告起诉超过法定期限的，由被告承担举证责任。

(三)在起诉行政不作为的案件中，对提出申请的事实由原告承担证明责任

行政行为中有依申请的行政行为和依职权的行政行为。被告不作为的行政案件，是指那些应当由原告申请行政机关作为或应当由行政机关依职权主动作为而行政机关不作为的行政案件。依申请的行政行为包括：行政许可行为、行政给付行为、行政确认行为、行政裁决行为等；依职权的行政行为包括：行政规划行为、行政征收行

为、行政处罚行为、行政强制行为等。

（四）在行政赔偿案件中，对具体行政行为造成损害的事实由原告承担证明责任

实际上，这是根据待证事实的具体属性，按照"谁主张，谁举证"原则，并考虑双方举证能力的大小而进行的分配。因为行政赔偿诉讼本质上同民事侵权案件没有什么两样，因被诉行政行为而造成损害的事实属于原告的主张，理应由原告承担证明责任。

第四节 证明标准

一、证明标准的概念

证明标准，又称证明要求、证明程度等，是指法官在诉讼中认定案件事实所要达到的证明程度，由此也是要求负担证明责任的人提供证据加以证明所要达到的程度。

在诉讼活动中，证明标准指引裁判者对案件事实的心证和裁判，并由此引导或决定当事人的举证，确定其证明程度。证明标准可以为法官心证事实提供裁判尺度，由此为当事人或其他诉讼主体举证、质证提供尺度引导。

二、证明标准在民事诉讼与刑事诉讼中的差异

民事诉讼的证明标准是高度盖然性或者"盖然性占优势"，刑事诉讼的证明标准一般要求为证明需达到一种使法官确信的状态或者能够排除一切合理怀疑，二者有所不同。民事诉讼涉及的一般是财产权和人身权争议，而刑事诉讼则涉及人身自由甚至剥夺人的生命，所以，一般认为，刑事诉讼的证明标准要高于民事诉讼，这是由两种诉讼不同的性质决定的。民事诉讼中，证据一般由当事人自己收集，如果民事诉讼也要求很高的证明标准这会使民事权利很难得以维护和实现。

三、刑事诉讼中的证明标准

《刑事诉讼法》第55条规定："对一切案件的判处都要重证据，重调查研究，不轻信

口供。只有被告人供述,没有其他证据的,不能认定被告人有罪和处以刑罚;没有被告人供述,证据确实、充分的,可以认定被告人有罪和处以刑罚。"

《刑事诉讼法》第200条规定:"在被告人最后陈述后,审判长宣布休庭,合议庭进行评议,根据已经查明的事实、证据和有关的法律规定,分别做出以下判决:(一)案件事实清楚,证据确实、充分,依据法律认定被告人有罪的,应当做出有罪判决;(二)依据法律认定被告人无罪的,应当做出无罪判决;(三)证据不足,不能认定被告人有罪的,应当做出证据不足、指控的犯罪不能成立的无罪判决。"

根据这一规定,刑事诉讼证明的标准就是要求"案件事实清楚,证据确实充分"。这一"确实充分""标准是从刑事证明标准概念上进行直观解释,即刑事证明标准是对证据体系"质"和"量"两个方面的要求,而在证据"质"上要求可以表述为证据的"确实"性,而证据"量"上的要求则可以表述为证据的"充分"性,两者结合起来就可以表述为"证据确实充分"。

何谓"证据确实充分"?《刑事诉讼法》第55条规定"证据确实、充分,应当符合以下条件:(一)定罪量刑的事实都有证据证明;(二)据以定案的证据均经法定程序查证属实;(三)综合全案证据,对所认定事实已排除合理怀疑。"

这种证明标准的合理之处在于:(1)确认了"以事实为依据的原则",是以唯物辩证法为哲学基础的,在哲学理论上站稳了脚跟;(2)提出了刑事证明的双重性问题和刑事证明的整体性问题,即刑事证明存在着对证据本身的证明和对犯罪事实本身的证明,案件的每一个环节需要有相应的证据予以证明,对证明的完整性考虑较为科学。

四、民事诉讼证明标准

何谓民事诉讼证明标准呢? 一般认为,民事诉讼的证明标准就是指在民事诉讼中,用来衡量证明主体利用证据证明的活动是否达到了要求以及具体达到了何种程度的准则和尺度。换句话说,证明标准就是在诉讼案件中已经明定的一把尺子,当事人的证明程度跨越了该尺度,则这项证明所要证明的案件事实即认定为真。它体现如下几个内容:(1)提供证据的主体是纠纷双方当事人,对证据进行判断的主体是法官。(2)证明标准是法定的标准,是由法律预先设定,作为认定事实的尺度。(3)当案件证据的证明程度达到法律规定的证明标准时,该证据所证明的案件事实可以成为法官进行裁判的事实依据,即证明标准起到的是诉讼证明尺度的作用。

依据现行法律的规定,民事诉讼证明标准为高度盖然性标准为原则、排除合理怀疑为例外;法律对于待证事实所应达到的证明标准另有规定的,从其规定。

(一)"高度盖然性"的证明标准

《最高人民法院关于适用〈中华人民共和国民事诉讼法〉的解释》(以下简称《解释》)第108条第一款规定:"对负有举证证明责任的当事人提供的证据,人民法院经审查并结合相关事实,确信待证事实的存在具有高度可能性的,应当认定该事实存在",可称之为高度可能性或者高度盖然性的证明标准。在民事审判工作中,"高度盖然性"的证明标准具有一般性、原则性、普遍性,它适用于普通的民事案件,大多数民事案件的审判都适用这一标准。

那么,何谓"高度盖然性"?"盖然性"是指可能性,因为民事案件已经发生了,我们无法使其重新发生,只能通过证据尽量还原。但是,通过证据还原出来的民事案件并不能达到与原来一模一样的程度,只能在主要事实上高度相似或重合。但是,达到多大比例算是"高度"呢?德国学者埃格罗夫、马森等曾提出刻度盘理论。刻度盘从0%-100%,按25%分为四级,认为民事诉讼中的事实证明标准应定在第三级,即在穷尽了可以获得的所有证据后,如果仍然达不到75%的证明程度,法官就应当认定待证事实不存在。刻度盘理论的优点在于将证据证明的程度进行了数学上的量化,但我们在诉讼中根本无法精确地对某个事实还原的程度进行数学上量的比例的计算,同时也无法将每一证据的证明力一一进行量化设值比对,更不可能将证据的证明力的比值相加得出一个综合证明值。

因此,我们只能进行模糊处理,即只要证据证明达到案件事实主张成立的可能大于不成立的程度时,则可认定事实主张成立;反之,则不成立。换言之,高度盖然性是在证据优势基础上法官形成的内心确信,是一方当事人提供的证据比另一方当事人提供的证据更有说服力,从而证明争执事实存在的可能性远大于其不存在的可能性。法官应当根据证据取得的方式、证据形成的原因、证据的形式以及证据提供者的情况及其与本案的关系,综合全案情况对证据的证明力进行审查判断,权衡双方当事人提供的证据的证明力大小,做出盖然性判断。这种高度盖然性的判断,是法官在全面衡量案件证据基础上做出的一种判断,是存在于法官主观之中的内心权衡的结果。

在审判实务中,运用高度盖然性证明标准要注意以下几点:(1)运用时不能违背法定的证据规则。(2)反对法官的主观臆断。(3)运用高度盖然性证明标准定案的依据必须达到确信的程度。(4)依据高度盖然性证明标准认定案件,不允许仅凭微弱的证据优势认定案件事实。(5)高度盖然性原理证明标准仍然要求最终认定的证据能够相互印证,形成一条完整的证据链,得出唯一的证明结论。

(二)"排除合理怀疑"的证明标准

在民事裁判活动中,"高度盖然性"的证明标准具有一般性、原则性、普遍性。然而,为了弥补其不足,《解释》第109条规定"当事人对欺诈、胁迫、恶意串通事实的证明,以及对口头遗嘱或者赠予事实的证明,人民法院确信该待证事实存在的可能性能够排除合理怀疑的,应当认定该事实存在"。它仅针对特定的事实,可称之为绝对盖然性,足以让怀疑者缄默。《解释》规定了两个不同层次的证明标准,至少表明司法实务领域认识了证明标准的性质——具有弹性、层次性。

排除合理怀疑,通常适用于刑事诉讼,可将其描述为,当没有合理理由去相信事实不存在,则事实被认定为存在。如果根据理性和常识在仔细和公正地审查了所有证据之后,出现了真正的怀疑,或发现缺乏证据,那么就没有达到该证明标准。该标准高于"盖然性权衡",后者不要求完全排除其他可能性。法律对欺诈、胁迫、恶意串通行为规定了比一般民事证明标准更严格的排除合理怀疑标准,旨在维护法律秩序的稳定性以及保障交易安全。

该证明标准对于民事诉讼制度的重要性主要体现在:

1.该证明标准有利于当事人对是否采取司法救济进行判断。当事人在自己的权利受到侵犯时,必然对几种存在的权利救济方式进行利益权衡。如果法律没有规定证明标准,当事人对应如何履行证明责任不明确,无法判断自己将在司法救济过程中投入多少资源;如果法律规定的证明标准太高,当事人经过分析后发现自己根本无法通过司法救济来保护自己的权利,就会转向其他救济成本较低的救济方式。

2.该证明标准是法官认定事实的准则。对于当事人的主张,由于法官处于不知情者的角度,他只有通过双方当事人提交的证据来判定曾经发生的事实。面对纷繁复杂的证据,法官以法定的证明标准为尺度判断当事人主张的事实已经得到证明还是仍然处于真伪不明的状态。

3.该证明标准是对法官自由裁量权的限制。由于证明标准的存在,当事人能够对自己主张的事实进行判断,能够在法官徇私枉法时提出异议或者上诉。这样,法官对于当事人所主张的事实就不能完全依据自己的主观意愿想认定就认定,不想认定就不认定。

五、行政诉讼中的证明标准

(一)行政诉讼证明标准概述

行政诉讼证明标准,是指在行政案件中依据行政诉讼法的规定,当事人履行举证责任、证明案件事实所应达到的程度,是人民法院查明行政案件事实,特别是被诉具体行政行为是否符合客观真实的标准,具体包括行政诉讼证据所应达到的质和量两方面的要求。

1.从当事人的角度来理解,行政诉讼证明标准首先是行政诉讼当事人履行举证责任、证明其诉讼主张成立的标准,它与行政诉讼主体、举证责任、诉讼主张和诉讼后果紧密联系。

2.从审判人员角度来理解,行政诉讼证明标准是法官对行政诉讼当事人证明的案件事实形成确信的标准。当事人是否切实履行了其举证责任,最终的衡量标准是法官是否被说服,是否形成了内心确信。

3.行政诉讼证明标准是法官在审理行政诉讼中,主观理念正确认识客观事实的必然要求。

(二)行政诉讼证明标准

行政诉讼的证明标准具有多元化的特征,即根据案件的不同性质和情况采用不同的证明标准,以采用明显优势证明标准为原则,以优势证明标准和"排除合理怀疑"证明标准为补充。

1.明显优势证明标准——行政诉讼的一般证明标准

明显优势的证明标准,是指在行政诉讼中,法院按照证明效力具有明显优势的一方当事人提供的证据认定案件事实的标准。《行政诉讼法》第34条规定:"被告对做出的行政行为负有举证责任,应当提供做出该行政行为的证据和所依据的规范性文件。"第37条规定:"原告可以提供证明行政行为违法的证据。原告提供的证据不成立的,不免除被告的举证责任。"

在行政程序中,行政主体始终居于领导、支配、主导地位,享有某种管理特定事物的职权,行政主体更易于全面调查收集相关证据,以保证其所做出的处理决定事实清楚,证据确凿充分。行政相对人也可能提供相关证据,但多数情况下均不如行政主体提供的证据全面、系统。所以,行政诉讼原则上采用明显优势证明标准既符合我国行政诉讼法的立法本意,又能体现公正、公开、公平的原则。

该标准包括以下内容:(1)行政机关用来定案的证据必须确实,这是对证据个体"质"的要求;(2)行政机关认定案件事实的要点是明确的、清楚的;(3)证据与认定结论之间的证明关系是清楚的;(4)认定结论是可信的,虽然从相同的证据中得出的结论不止行政机关认定的一个,但从现有证据中应当能够令人信服地得出行政机关的认定结论。

2.优势证明标准——接近民事诉讼证明标准的行政诉讼证明标准

优势证明标准是指一方当事人的证据的证明力及其证明的案件事实比另一方当事人提供的证据证明的事实更具有可能性,相应的诉讼主张成立的理由更为充分。这里的"优势",并不是指证据本身的分量而是指证据质量的差额,而是指一方当事人提供的证据较其他当事人提供的证更具说服力。该标准适用的案件包括：行政机关适用简易程序做出具体行政行为的案件，涉及预测性事实的行政案件，行政裁决案件以及行政机关采取临时保全措施的案件。

优势证明标准为补充，是行政诉讼中针对涉及财产权和人身权争议的行政裁决案件的一般应适用的证明标准。这种证明标准的适用不仅包括涉及财产权和人身权争议的行政案件，同时还包括不作为案件和行政赔偿诉讼的案件。因为财产权和人身权争议的行政案件，在性质上属于经过行政机关处理的平等主体之间的民事权利义务争议的案件，所以基本上可参照民事诉讼的证明标准适用优势证明标准。

3.排除合理怀疑标准——接近刑事诉讼证明标准的行政诉讼证明标准

排除合理怀疑标准又称案件事实清楚、证据确实充分标准，是刑事诉讼中适用的证明标准。这里的"怀疑"，是一种两可或多可的意识状态，具有正常理智的人、一般的人在选择其中一种时，不能排除其他的可能性和可行性。"合理"，是指怀疑需有理由而非纯粹出于想象或幻想。《最高人民法院关于行政诉讼证据若干问题的规定》第54条："法庭应当对经过庭审质证的证据和无须质证的证据进行逐一审查和对全部证据综合审查，遵循法官职业道德，运用逻辑推理和生活经验，进行全面、客观和公正地分析判断，确定证据材料与案件事实之间的证明关系，排除不具有关联性的证据材料，准确认定案件事实。"

"排除合理怀疑"的证明标准是针对涉及行政拘留等剥夺或限制人身自由、较大数额罚款的行政处罚以及强制措施、责令停产停业和吊销许可证和执照等对行政相对人人身或者财产有重大影响的行政案件参照刑事诉讼的证明标准而适用的又一种更加严格的证明标准。因为责令停产停业、吊销许可证和执照是对行政相对人在某种行为或能力上的处罚，行政拘留等则是对行政相对人人身自由的剥夺或限制，其处罚的严厉程度仅次于刑罚。

所以，在行政诉讼中除了适用明显优势证明标准这一一般标准外，还应适用排除合理怀疑标准。适用排除合理怀疑标准，有一个前提性的条件，即必须是对行政相对人人身或财产权益有重大影响的行政案件。排除合理性怀疑可具体适用于下列四种行政案件：剥夺人身自由权的行政案件，行政机关适用听证程序做出具体行政行为的案件，人民法院做出变更判决和履行判决的案件以及行政机关适用一般程序做出具体行政行为的案件。

（三）行政诉讼证明标准与民事、刑事诉讼证明标准的区别

行政诉讼证明标准与刑事、民事诉讼证明标准相比，既有联系又有区别，其不同主要表现在以下三个方面：

1.证明对象不同。我国《行政诉讼法》第6条规定:"人民法院审理行政案件,对具体行政行为是否合法进行审查。"从这一条的规定我们可以看出行政诉讼整体对象是具体行政行为,而不是行政相对人的行为;刑事诉讼整体证明对象是刑事案件事实;民事诉讼整体证明对象是民事争议。

2.证明范围不同。行政诉讼的证明对象是具体行政行为。具体行政行为是否证据确实充分,适用法律、法规是否正确,是否符合法定程序等;刑事诉讼的证明对象是刑事被告人的行为是否构成犯罪以及罪轻、罪重等刑事案件事实;民事诉讼的证明对象是当事人双方是否存在民事权益争议或者一方的行为是否侵犯另一方合法权益,以及各方应承担的民事责任的事实。

3.证明程度不同。行政诉讼的客体是具体行政行为,它对行政相对人的利益和公共利益的影响是复杂的,甚至直接涉及行政相对人的人身权。相比较之下,行政诉讼对公共利益和个人利益的影响的严重程度要高于民事诉讼,低于刑事诉讼。因此,行政诉讼的证明标准没有必要像刑事诉讼那样严格,也不能像民事诉讼那样低,应当处于中间地带。但是,具体行政行为的多样性决定了行政诉讼对象的多样性,因此,行政诉讼不能采用单一的证明标准。

证明对象的不同决定了证明方式不同。行政诉讼中要求行政主体在行政程序对行政相对人行为事实的审查,只要主要证据具备且能够证明法律要求的行为事实即可,而不必弄清行政相对人行为的所有事实细节。对行政相对人行为的详细审查,有些应当是行政机关在行政程序中的事情,有些是行政机关在行政程序中也没必要查清的事情。

本章思考题

一、什么是证明,应该从哪些方面来理解这一概念?

二、证明由哪些要素构成?

三、三大诉讼的证明有哪些不同?

四、证明的意义是什么?

五、什么是证明对象,应如何理解?

六、刑事、民事和行政诉讼的证明对象分别是什么?

七、三大诉讼法对于证明责任各是如何规定的?

八、三大诉讼法规定的证明标准各是什么?

第三章

证据规则

―― 本章导读 ――

　　广义上的证据规则是国家制定的审查证据材料的真实性、关联性以及合法性必须遵守的各种规范的总称,狭义上的证据规则,即关于审查证据材料是否具有关联性与合法性的规范,抑或关于审查证据能力的规范。中国证据法针对证据能力和证明力分别确立了限制性规则,如此一来,我国的证据规则就分为两种:即"证据能力规则"和"证明力规则"。其中,那些旨在限制证据能力的规则,即用以审查和判断证据的合法性和关联性的规则,可以被称为"证据能力规则",例如最佳证据规则、被告人自白规则和当事人自认规则、非法证据排除规则、最佳证据规则;而那些适用于证明力的规则,即用以审查和判断证据的真实性的规则,则被称为"证明力规则",例如意见证据规则、交叉询问规则、补强证据规则。

第一节 证据规则的概念和功能

一、证据规则的概念

一项证据最后要被法官所采用,必须具备真实性、关联性和合法性。如果一项证据材料不符合证据的特征而被法官采用来认定案件事实,极有可能造成冤假错案。为了保证法官最后采用的证据具备上述三个特征,为了保证法官最后认定的事实是真实存在的,必须对证据材料进行严格、全面和细致地审查。但是,不同的特征审查的难易程度不同,有的证据特征比较容易识别,例如关联性和合法性。而有的特征则识别的难度较大,必须通过相应的程序和方法才能审查确定其是否可靠。因此,我们不能将三个特征的审查全部放在一个程序当中完成,那样会降低诉讼效率,影响诉讼的顺利进行。

为了提高诉讼效率,保证最后采用的证据材料真实有效,我们一般分两步对证据材料进行审查:第一步,审查证据材料是否具备关联性和合法性。关联性和合法性相对比较容易识别,而且关联性和合法性也是证据的基本特征。如果一项证据材料连关联性和合法性都不具备,那么该项证据材料就没有成为证据的资格。我们将证据材料具有关联性和合法性作为其成为证据的资格,又称为证据能力。换言之,证据能力即证据材料成为证据必须具有的资格,资格就是关联性和合法性。如果一项证据材料没有证据能力,那就直接弃之不用,根本不需要进行下一步的审查。

第二步,审查证据材料是否具备真实性。如果一项证据材料具有关联性和合法性,说明其具有证据能力,亦即具有成为证据的资格。但是,具有成为证据的资格并不意味着一定能够成为证据并被法院所采用。因为具有关联性和合法性的证据材料可能并不真实,而不真实的证据是不能用来证明案件事实的。一旦用以证明案件事实,则极有可能导致冤假错案。例如,原告向法院提供被告签名的借条一张,以此证明两者存在债权债务关系。这个证据与原告主张的事实具有关联,而且是由原告本人自己提供,并不存在违法的情况,因此该借条也具有合法性。但后经鉴定,借条上的签名并非被告所写,因此该借条就是一项虚假的证据材料,因其不具有真实性而未被法院采用。

为了保证审查的科学和合理,为了贯彻国际通行的人权保护原则,为了保证案件裁判的客观和公正,在对证据材料的关联性和合法性进行审查时,国际上很多国家都对审查行为进行了相关的规范,这些规范日渐增多而形成系统,即我们今天所谓的证据规则。因此,证据规则即关于审查证据材料是否具有关联性与合法性的规范,抑或关于审查证据能力的规范。证据能力是大陆法系证据法中的概念,而英美法系一般使用"可采性"这个概念。在证据法中,存在证据能力、证明力、可采性以及相关性四个容易发生混淆的概念。对于这些概念之间的关系,我们必须梳理清楚,否则容易使用错误。

"可采性"与"证据能力"的内涵有着明显的区别。作为英美证据法的核心概念,可采性既包含了法律政策方面的要求,也包含了限制证据相关性的规则。而相关性是指证据证明案件事实成立或不成立的能力,它显然与证据的证明价值或证明作用有着密切的联系。在某种程度上,对证据相关性的限制,也就等于对证据证明力的限制。这显然是考虑到作为法律外行的陪审员,容易对证据的相关性问题做出错误的认识,或者受到控辩双方的误导,因此从法律上对一些证据的相关性问题做出限制性的规定。

相反,大陆法中的"证据能力"属于单纯的法律问题,则主要是指证据的合法性,也就是证据在取证手段、证据形式以及证据调查程序等方面的法律资格。证据能力与证明力是截然不同的两个概念,两者不具有任何形式的包容关系。对于一个证据的相关性大小和强弱问题,大陆法一般将其视为证明力问题,交由法官、陪审员依据经验、理性和良心进行自由裁断,而一般不在法律上做出限制或规范。大陆法即便对某些证据的证明力做出了一些限制,也与该证据的证据能力没有必然的联系。①

同时,我国的刑事证据规则在围绕着各类证据的证据能力确立排除性规则的同时,还建立了一系列旨在限制证据证明力的规则。这与大陆法国家的证据理念显得有些不同。例如,为解决被告人翻供问题,两个《证据规定》针对自相矛盾的被告人供述和辩解确立了采信规则;针对证人证言前后自相矛盾的问题,两个《证据规定》确立了证言印证规则;针对那些精神上、生理上有缺陷以及与被告人有密切关系的人所提供的证言,司法解释确立了慎重使用的规则,等等。

因此,中国证据法针对证据能力和证明力分别确立了限制性规则。其中,那些旨在限制证据能力的规则,可以被称为"证据能力规则";而那些适用于证明力的规则,则可以被称为"证明力规则"。可以说,"证明力规则"的存在,使得中国刑事证据法与那种建立在自由心证基础上的大陆法国家的证据法具有明显的区别。当然,这些"证明力规则"几乎很少涉及证据的相关性问题,而主要是旨在防止法官错误采信证据的

---

① 陈瑞华:"关于证据法基本概念的一些思考",载于《中国刑事法杂志》2013年第3期。

真实性规则。[1]

因此，我国的证据规则并非只是针对证据能力设立的，除了针对证据能力而设立的规则之外，还有针对证明力而设立的规则。如此一来，我国的证据规则就分为两种：即"证据能力规则"和"证明力规则"。那么，证据规则的概念就应有所变化，证据规则是国家制定的审查证据材料的真实性、关联性以及合法性必须遵守的各种规范的总称，这是广义上的证据规则。狭义上的证据规则，即关于审查证据材料是否具有关联性与合法性的规范，抑或关于审查证据能力的规范。

二、证据规则的功能

（一）查明案件事实真相的功能

证据规则旨在确定证据材料的证据能力，即确定证据材料是否具有相关性和合法性。如果对证据材料不经审查而直接采用的话，那么可能导致有些没有相关性的证据材料被采用证明案件事实，如此极有可能造成认定案件事实错误。如果我们通过证据规则预先确定了证据的相关性和合法性，就能在很大程度上避免认定案件事实的错误。

（二）侧重保护其他社会价值的功能

证据规则还有保护其他社会价值的功能。例如，证人的特权规则。很多国家的证据法都规定了证人具有免证的特权，即在案件事实查证过程中具有证人资格的公民在法定的条件下享有拒绝充当证人证明案件事实的诉讼权利。证人免证权的适用范围包括涉及职业秘密的事项、有可能导致自证其罪的事项、关于公务秘密的事项以及不利于近亲属利益的事项。这些规则对于保持特殊职业的存在，维护国家安全以及家庭的完整发挥了重要的作用。

（三）兼有发现真实和保护人权的功能

证据规则能够保证查明案件事实，因此对于发现案件真实具有重要意义。除此之外，证据规则兼有保护人权的功能。例如，非法证据排除规则。《中华人民共和国刑事诉讼法》第52条规定："严禁刑讯逼供和以威胁、引诱、欺骗以及其他非法方法收集证据，不得强迫任何人证实自己有罪。"该条规定严禁刑讯逼供，可以避免犯罪嫌疑人、被告人受到肉刑或变相肉刑，从而最大限度地保护犯罪嫌疑人、被告人的人权。

---

[1] 陈瑞华："关于证据法基本概念的一些思考"，载于《中国刑事法杂志》2013年第3期。

(四)追求诉讼效率的功能

如果不按照证据规则对证据材料的证据能力进行审查,提前排除那些没有关联性和合法性的证据材料,那么对于证据材料的三性的审查势必都要在法庭上完成,以此必然延长法庭审判的时间,降低审判的效率。此外,如果不按照证据规则对于证据材料的证据能力进行审查,极有可能导致有些没有关联性和合法性的证据材料被采用证明案件事实,如此一来就会造成冤假错案发生。对于错案的纠正更要花费很多的时间和人力,也会降低诉讼效率。

第二节　我国主要的证据规则

一、被告人自白规则和当事人自认规则

(一)被告人自白规则

1.概念

被告人自白规则,又称自白任意规则,或称非任意自白排除规则,是指在刑事诉讼中,只有基于被追诉人自由意志而做出的自白(即承认有罪的供述),才具有可采性;违背当事人意愿或违反法定程序而强制做出的供述不是自白,而是逼供。不具有可采性,必须予以排除。

2.依据

《刑事诉讼法》第52条规定:审判人员、检察人员、侦查人员必须依照法定程序,收集能够证实犯罪嫌疑人、被告人有罪或者无罪、犯罪情节轻重的各种证据。严禁刑讯逼供和以威胁、引诱、欺骗以及其他非法方法收集证据,不得强迫任何人证实自己有罪。必须保证一切与案件有关或者了解案情的公民,有客观地充分地提供证据的条件,除特殊情况外,可以吸收他们协助调查。

《刑事诉讼法》第56条:采用刑讯逼供等非法方法收集的犯罪嫌疑人、被告人供述和采用暴力、威胁等非法方法收集的证人证言、被害人陈述,应当予以排除。收集物证、书证不符合法定程序,可能严重影响司法公正的,应当予以补正或者做出合理解释;不能补正或者做出合理解释的,对该证据应当予以排除。

3.价值

自白的对立面是强迫供述,亦即采取暴力等犯罪嫌疑人、被告人非自愿的方式逼取供词。通过非自愿的方式逼取犯罪嫌疑人、被告人的供词,内容很可能是虚假的。有些案件中,侦查人员开始确定的犯罪嫌疑人其实并非案件真正的凶手,如果侦查人员通过暴力等方式折磨犯罪嫌疑人、被告人而使得其意志削弱,被迫按照讯问人员的意思进行供述的话,那么供述的内容必然就是虚假的。如果到了法庭审判阶段,审判人员依照这些虚假的供述认定案件事实的话,那么必然会导致事实认定出现错误。事实是法院判决的基础,事实错误必然导致判决错误。

当然,强迫之下所做的供述并非都是虚假的,也有可能是真实的。司法实务中开始确定的犯罪嫌疑人有些就是案件的真正凶手,但因其存在侥幸心理而一直拒不交代,此时使用暴力等非自愿的方式逼取的供词也有可能是真实的。不过,只要有虚假的情况存在,我们就应该最大限度地予以避免。

那么,怎样保证其供述真实呢?首先保证犯罪嫌疑人、被告人是在自愿的情况下进行供述,在自愿的情况下进行的供述真实的可能性要远远大于强迫情况下进行的供述。当然,自愿的情况下进行的供述也有虚假的可能,例如犯罪嫌疑人、被告人为了获得从轻处罚,而故意避重就轻陈述案件情况;或者为了替别人顶罪,自己明明没有犯罪,却说自己实施了犯罪行为。但是,这样的情况在司法实务中毕竟属于少数。大部分犯罪嫌疑人、被告人在自愿情况下进行的供述是真实的,而大部分犯罪嫌疑人、被告人在强迫情况下进行的供述是虚假的。因此,我们要想获得真实的情况,必须在犯罪嫌疑人、被告人自愿的情况下进行讯问。只有这样,才能保证案件事实的认定正确,从而为法院做出正确的裁判奠定坚实的基础。

(二)当事人自认规则

1.概念

所谓自认,是指在民事诉讼中一方当事人对不利于己的案件事实的承认,自认的事实人民法院可以直接认定,并免除对方当事人的证明责任。

自认的要求:一是必须在诉讼中做出;二是必须向审判人员做出;三是就案件事实所做的承认;四是自认应当以积极的方式做出。

自认的效力:一是对当事人的效力。首先对自认的相对方对自认的事实不承担举证责任;其次自认者在自认后不得随意撤回自认。二是对法院的拘束力。即一旦当事人之间对事实做出了自认,法院必须视自认事实为真实,以其作为裁判的依据,而不得动用职权进行调查,更不得做出与自认事实相反的事实认定。

2.依据

《最高人民法院关于民事诉讼证据的若干规定》第3-8条是关于自认的规定,具体条文如下:

第三条 在诉讼过程中,一方当事人陈述的于己不利的事实,或者对自己不利的事实明确表示承认的,另一方当事人无须举证证明。

在证据交换、询问、调查过程中,或者在起诉状、答辩状、代理词等书面材料中,当事人明确承认于己不利的事实的,适用前款规定。

第四条 一方当事人对于另一方当事人主张的于己不利的事实既不承认也不否认,经审判人员说明并询问后,其仍然不明确表示肯定或者否定的,视为对该事实的承认。

第五条 当事人委托诉讼代理人参加诉讼的,除授权委托书明确排除的事项外,诉讼代理人的自认视为当事人的自认。

当事人在场对诉讼代理人的自认明确否认的,不视为自认。

第六条 普通共同诉讼中,共同诉讼人中一人或者数人做出的自认,对做出自认的当事人发生效力。

必要共同诉讼中,共同诉讼人中一人或者数人做出自认而其他共同诉讼人予以否认的,不发生自认的效力。其他共同诉讼人既不承认也不否认,经审判人员说明并询问后仍然不明确表示意见的,视为全体共同诉讼人的自认。

第七条 一方当事人对于另一方当事人主张的于己不利的事实有所限制或者附加条件予以承认的,由人民法院综合案件情况决定是否构成自认。

第八条 《最高人民法院关于适用〈中华人民共和国民事诉讼法〉的解释》第九十六条第一款规定的事实,不适用有关自认的规定。

自认的事实与已经查明的事实不符的,人民法院不予确认。

《最高人民法院关于适用〈中华人民共和国民事诉讼法〉的解释》第92条:一方当事人在法庭审理中,或者在起诉状、答辩状、代理词等书面材料中,对自己不利的事实明确表示承认的,另一方当事人无须举证证明。

对于涉及身份关系、国家利益、社会公共利益等应当由人民法院依职权调查的事实,不适用前款自认的规定。

自认的事实与查明的事实不符的,人民法院不予确认。

3.理由

首先,民事诉讼主要是为了解决民事纠纷,而要正确地解决纠纷必须查清案件事实。根据"谁主张,谁举证"的原则,提出事实主张的一方当事人必须举出证据证明自己主张的事实成立,而且对方对于证据可以进行质证。如果发生了当事人自认,表明当事人对自认范围内的事实不存在争议,事实主张的一方不需举证,亦不存在质证,因此可以节省法院审判的时间,提高诉讼效率。

其次,一方当事人承认对方提出的事实为真实,即使产生对自己不利的认定,但也是其自由处分权的表现,根据民事诉讼法处分原则亦应加以保护。

当然由于当事人的自认可能直接导致某些事实的成立,产生一些法律上的效果,而影响到第三方的利益,因此也要加以必要的限制。如上述法条规定的,对于涉及身份关系的案件就不在自认之列。同时对于有可能损害到国家、集体和他人合法利益的自认,也应该加以干涉。

二、意见证据规则

(一)概念

意见证据是英美法系国家证据制度中特有的概念。英美法系国家将证人区分为行为证人(也有人称外行证人或普通证人)与专家证人,并规定证人必须以口头方式出庭作证,并且所陈述的证言以自己亲身经历的事实为准。关于意见证据的定义,现列举英美法系国家学者的观点。证人在其直接感受到的事实的基础上,推论争议事实是否存在,法律上称为意见,证人以此推论所做的陈述,称为意见证据。

意见在证据法上的意义,是从观察到的事实所做的推论。证据法上的意见,是"从观察事实所得出的结论"。可以看出,意见证据是基于证人所感知到的事实而做出的猜测性、评论性、推断性的言论。意见证据规则,是指证人只能陈述自己亲身感受和经历的事实,而不得陈述对该事实的意见或者结论。

(二)排除的理由

1.证人发表意见侵犯了审理事实者的职权。法官作为案件的审判者,承担着查清案件事实和做出正确裁判的任务。查清案件事实的前提是确保证据的真实性、关联性和合法性,法官采用之前必须首先对证据材料进行审查并发表判断意见。因此,对于一项证据材料究竟能够得出什么事实以及事实之真伪发表意见属于法官的职责,证人不应发表意见或进行评价。否则,即侵犯了法官的职权。

2.证人发表意见有可能对案件事实的认定产生误导。证人发表的意见并不一定正确,特别涉及专业问题时更是如此。例如,证人看到受害人家门前有一串脚印向着村外树林方向而去,他就推断说脚印应该是王五留下的,因为王五是护林员,只有他经常往树林里去。但是案件最后查明,实际上留下脚印者并非王五,而是李四。如果公安司法人员听信了证人的证言,极有可能误侦误判。

3.普通证人缺乏发表意见所需要的专门性知识或者基本的技能训练与经验。如上所举案例,证人并不具有脚印鉴定的专门知识,只是凭空或根据其他经验进行猜测,因此其发表的意见没有科学依据,正确性无法保证。对于案件中出现的专门性问题,必须具有专业知识、技能和经验的人发表意见,才能够保证意见的科学,进而保证事实认定的准确无误。

4.普通证人的意见证据对案件事实的认定没有价值,证人的职责只是把事实提供给法院,而不是发表对该事实的意见。综上所述,由于普通证人不具有专业的知识、经验和技能,其所发表的意见通常没有科学的根据,正确性往往无法保证。因此,在司法实务中要求证人只能对于案件事实进行客观地陈述,而不能对事实发表意见。

(三)我国的立法规定

我国将证人和鉴定人予以区分,鉴定意见是一种独立的证据种类,作为某一方面专家的鉴定人的意见可以作为诉讼中的证据。最高人民法院、最高人民检察院、公安部、国家安全部和司法部联合发布的《关于办理死刑案件审查判断证据若干问题的规定》对作为专家证人的鉴定意见的审查,做了较为详细的规定;同时,该规定关于普通证人的意见证据,第12条第3款也做了规定,即证人的猜测性、评论性、推断性的证言,不能作为证据使用,但根据一般生活经验判断符合事实的除外。

《最高人民法院关于民事诉讼证据的若干规定》第72条第一款规定:"证人应当客观陈述其亲身感知的事实,作证时不得使用猜测、推断或者评论性语言。"

三、非法证据排除规则

(一)概念

非法证据排除规则,是对非法取得的供述和非法搜查扣押取得的证据予以排除的统称,也就是说,司法机关不得采纳非法证据,将其作为定案的证据,法律另有规定的除外。

各国规定非法证据排除规则的目的,一是为了保证所有的法律都能得到遵守。如果因为收集证据而可以不遵守法律,那么国家立法的目的就无法实现,法治秩序更加无法形成;二是为了保护一切公民的合法权益。在收集证据的过程当中,如果采用非法手段,极易侵害公民的合法权利,刑讯逼供即是典型例子。三是为了防止公安司法机关的权力滥用。因为公安司法机关掌握着国家权力,处于强者地位,容易侵犯诉讼参与人的权利,所以有必要进行法律规制。如果规定使用非法手段取得的证据要予以排除,他们的工作就不会取得成效,而且还会追究相关人员的责任。为了避免这种结果的发生,他们必须依法侦查,依法取证。

因此,为了保证法律的遵守、保护公民的权利和防止公安司法机关的权力滥用,必须制定非法证据排除规则。从这个角度或意义来讲,任何通过非法或违法手段取得的证据都属非法证据,都应该被排除于证据之外。非法证据排除的范围包括:1.执法机关违反法定程序制作的调查收集的证据材料;2.在超越职权或滥用职权时制作或提查收集证据材料;3.律师或当事人采取非法手段制作或调查收集的证据材料;4.执法机关以非法的证据材料为线索调查收集的其他证据。

(二)依据

《刑事诉讼法》第52条:审判人员、检察人员、侦查人员必须依照法定程序,收集能够证实犯罪嫌疑人、被告人有罪或者无罪、犯罪情节轻重的各种证据。严禁刑讯逼供和以威胁、引诱、欺骗以及其他非法方法收集证据,不得强迫任何人证实自己有罪。必须保证一切与案件有关或者了解案情的公民,有客观地充分地提供证据的条件,除特殊情况外,可以吸收他们协助调查。

《刑事诉讼法》第56条:采用刑讯逼供等非法方法收集的犯罪嫌疑人、被告人供述和采用暴力、威胁等非法方法收集的证人证言、被害人陈述,应当予以排除。收集物证、书证不符合法定程序,可能严重影响司法公正的,应当予以补正或者做出合理解释;不能补正或者做出合理解释的,对该证据应当予以排除。

在侦查、审查起诉、审判时发现有应当排除的证据的,应当依法予以排除,不得作为起诉意见、起诉决定和判决的依据。

《最高人民法院关于适用〈中华人民共和国民事诉讼法〉的解释》第106条:对以严重侵害他人合法权益、违反法律禁止性规定或者严重违背公序良俗的方法形成或者获取的证据,不得作为认定案件事实的根据。

《最高人民法院关于适用〈中华人民共和国民事诉讼法〉的解释》第109条:当事人对欺诈、胁迫、恶意串通事实的证明,以及对口头遗嘱或者赠予事实的证明,人民法院确信该待证事实存在的可能性能够排除合理怀疑的,应当认定该事实存在。

《最高人民法院关于民事诉讼证据的若干规定》第68条:以侵害他人合法权益或者违反法律禁止性规定的方法取得的证据,不能作为认定案件事实的依据。

《最高人民法院关于适用〈中华人民共和国民事诉讼法〉的解释》第106条规定:"对以严重侵害他人合法权益、违反法律禁止性规定或者严重违背公序良俗的方法形成或者获取的证据,不得作为认定案件事实的根据。"

《最高人民法院关于民事诉讼证据的若干规定》中"侵害他人合法权益"的标准,

在解释中被表述为"严重侵害他人合法权益",即对侵害他人合法权益提出了程度上的条件即要达到严重的程度,一定程度上体现了利益衡量的因素。这意味着对他人合法权益造成一般性侵害的,不会导致证据被排除,因此,非法证据的判断标准有所放宽。同时,增加了"严重违背公序良俗"的情形。

四、交叉询问规则

(一)概念

交叉询问是由一方当事人或其律师在法庭上对另一方证人进行的盘诘性询问。《布莱克法律词典》对这个概念的解释是:"在审判或听证中由与传唤证人出庭作证的一方相对立的一方对该证人进行的讯问。"

交叉询问的主要目的是对对方证人提供的证言进行质疑,以便降低甚至消除该证言在事实裁判者心目中的可信度。在诉讼实践中,实现交叉询问目的的基本途径是攻讦对方证据的弱点或缺陷。美国著名证据法学家华尔兹教授概括道:"诉讼律师在对出庭作证的证人进行交叉询问中使用的质疑技术主要涉及以下六种情况:(1)感觉缺陷;(2)证人的品格;(3)证人的精神状态;(4)证人的重罪前科;(5)该证人以前的自相矛盾的陈述;(6)证人一方的利益或偏见。"

(二)交叉询问的规则

交叉询问作为质证的基本方式,有利于调动当事人进行质证的主观能动性,有利于实现质证的目的和功能,也有利于保障庭审调查的程序公正。但是,交叉询问也容易出现一些问题,如拖延诉讼、侵犯证人权利等。因此,诉讼各方在法官主持下进行交叉询问时,应当遵守以下规则:(1)交叉询问的问题应当与证人或鉴定人等陈述的案件事实或鉴定事项有关。对于不具有上述关联性的问题,证人或鉴定人可以拒绝回答,但是涉及证人资格或鉴定人资格的问题除外。(2)在对证人或者鉴定人的资格进行质疑时,可以涉及与个人信誉或品行有关的问题,但不得损害证人或鉴定人的人格尊严。(3)在交叉询问中可以使用带有诱导性质的提问方式,但是不得使用威胁、利诱等语言。(4)如果一方认为对方在交叉询问中提问的方式或内容不合适,应当及时在法庭上提出异议或反对,法官应当对异议或反对做出及时裁判。

(三)依据

《最高人民法院关于民事诉讼证据的若干规定》第62条规定,质证按下列顺序进行:(一)原告出示证据,被告、第三人与原告进行质证;(二)被告出示证据,原告、第三人与被告进行质证;(三)第三人出示证据,原告、被告与第三人进行质证。

《最高人民法院关于适用〈中华人民共和国民事诉讼法〉的解释》第103条规定:"证据应当在法庭上出示,由当事人互相质证。未经当事人质证的证据,不得作为认定案件事实的根据。

当事人在审理前的准备阶段认可的证据,经审判人员在庭审中说明后,视为质证过的证据。

涉及国家秘密、商业秘密、个人隐私或者法律规定应当保密的证据,不得公开质证。"

《最高人民法院关于民事诉讼证据的若干规定》第68条规定:"人民法院应当要求证人出庭作证,接受审判人员和当事人的询问。证人在审理前的准备阶段或者人民法院调查、询问等双方当事人在场时陈述证言的,视为出庭作证。

双方当事人同意证人以其他方式作证并经人民法院准许的,证人可以不出庭作证。

无正当理由未出庭的证人以书面等方式提供的证言,不得作为认定案件事实的根据。"

证据必须经当庭质证才能作为认定案件事实的依据,这是原则,但也存在不经当庭质证的证据,法官经形式和实质审核后将其作为认定案件事实的依据的例外情况。证据必须经当庭质证之后方能作为认定案件事实的依据,换言之,没有经过法庭质证的证据法院不能采用作为认定案件事实的依据。从另一角度来说,经过法庭质证或交叉询问是证据材料成为证据的基本要求,凡不符合这一要求的,即无证据能力。

五、最佳证据规则

(一)概念

所谓最佳证据规则,是指数个证据对某一特定的与案件有关的事实都有证明力,必须采用可能得到的最令人信服和最有说服力的证据予以证明的制度。

最佳证据规则的着眼点是书证的真实性、可靠性。书证的原件,其真实可靠程度显然要高于抄件和复印件。由于在抄写或复制的过程中很可能遗漏了重要内容或是故意弄虚作假,因而抄件或复制件存在虚假的可能性。

在诉讼中,对当事人所主张的事实都必须由相关的证据加以证明,这就涉及证据本身有无缺陷及证明力的大小与强弱,在没有规则限制的情况下,对同一证据在取舍上出现偏差,极易形成法官的自由心证主义。英美法系国家设置比较健全的证据规则体系,其目的在于尽量缩减法官的权限,制衡法官的任意性。

(二)依据

《民事诉讼法》第70条规定:"书证应当提交原件。物证应当提交原物。提交原件或者原物确有困难的,可以提交复制品、照片、副本、节录本。提交外文书证,必须附有中文译本。"

《最高人民法院关于适用〈中华人民共和国民事诉讼法〉的解释》第111条规定:"民事诉讼法第七十条规定的提交书证原件确有困难,包括下列情形:(一)书证原件遗失、灭失或者毁损的;(二)原件在对方当事人控制之下,经合法通知提交而拒不提交的;(三)原件在他人控制之下,而其有权不提交的;(四)原件因篇幅或者体积过大而不便提交的;(五)承担举证证明责任的当事人通过申请人民法院调查收集或者其他方式无法获得书证原件的。前款规定情形,人民法院应当结合其他证据和案件具体情况,审查判断书证复制品等能否作为认定案件事实的根据。"

六、补强证据规则

(一)概念

所谓"补强证据",是指用以增强另一证据证明力的证据。一开始收集到的对证实案情有重要意义的证据,称为"主证据",而用以印证该证据真实性的其他证据,就称之为"补强证据"。补强证据规则,是指为了防止误认事实或发生其他危险性,而在运用某些证明力显然薄弱的证据认定案情时,必须有其他证据补强其证明力,才能被法庭采信为定案根据。一般来说,在刑事诉讼中需要补强的不仅包括被追诉人的供述,而且包括证人证言、被害人陈述等特定证据。

补强证据规则是从证明标准衍生的一个证据规则。在具体案件中,各种证据的证明力强弱不等,即使是一个有很强证明力的证据也不足以定案,这就是"孤证不定案"原则。

(二)补强证据必须满足的条件:

1.补强证据必须具有证据能力。证据能力是对证据的基本要求,是作为证据的一种资格。凡是证据必须具有证据能力,才有可能用来证明案件事实。补强证据也是证据,也必须具有证据能力,否则就要被排除于证据之外。

2.补强证据本身必须具有担保补强对象真实的能力,设立补强证据的主要目的就在于确保特定证据的真实性。因此,补强证据本身必须是真实的,否则无法实现增强、补充主证据真实的目的。

3.补强证据必须具有独立的来源,即补强证据和补强对象之间不能重叠,例如被告人在审前程序中所做的供述就不能作为其当庭供述的补强证据。如果补强证据和主证据两者重叠,则一假皆假,不能实现补强证据之目的。

(三)我国的立法规定

我国《刑事诉讼法》第55条规定,对一切案件的判处都要重证据,重调查研究,不轻信口供。只有被告人供述,没有其他证据的,不能认定被告人有罪和处以刑罚;没有被告人供述,证据确实、充分的,可以认定被告人有罪和处以刑罚。由此可见,我国已经设立被告人供述需要补强的规则。

对特殊重大的案件和某些证明力薄弱的证据,要求有法定证据或补强证据加以补充。如幼年证人的证言需要补强证据。

《最高人民法院关于民事诉讼证据的若干规定》第90条:下列证据不能单独作为认定案件事实的根据:

(一)当事人的陈述;

(二)无民事行为能力人或者限制民事行为能力人所做的与其年龄、智力状况或者精神健康状况不相当的证言;

(三)与一方当事人或者其代理人有利害关系的证人陈述的证言;

(四)存有疑点的视听资料、电子数据;

(五)无法与原件、原物核对的复制件、复制品。

根据这一规则,犯罪嫌疑人、被告人的供述不得成为刑事案件定案的唯一证据,只有存在其他证据并且相互印证的情况下,才能根据犯罪嫌疑人、被告人的供述认定被告人有罪。只有对具有证据能力的证据才适用补强规则,所以需要补强的证人证言一般情况下是具有合法性、关联性的证据,只是该证人证言对待证事实的证明力较为薄弱,还达不到让人充分相信的程度,因此需要其他的证据予以佐证。

补强证据规则是指只有在具有其他证据佐证的情况下,某个证据才能作为本案定案根据使用。也就是说某些证据对案件事实的证明力不足,不能单独作为证明该案件事实的根据,必需还有其他证据佐证,因此又称为佐证规则。

本章思考题

一、什么是证据规则?

二、证据规则的功能是什么?

三、什么是意见证据,排除意见证据的理由是什么?

四、非法证据排除的范围包括哪些?

五、交叉询问的规则包括哪些?

六、补强证据必须满足哪些条件?

第四章
证据的收集和保全

本章导读

不管是刑事诉讼、民事诉讼还是行政诉讼,要想使诉讼主张得到法官的支持,必须提出证据证明案件事实是真实存在的。那么证据从哪儿来呢?通过收集而来。即相应主体依据一定的原则和要求,运用法律许可的方法和手段,通过一定的渠道搜集、提取和固定。那么在收集证据之前或者是收集证据过程中,遇到有些证据有可能灭失或者是以后难以取得的情形怎么办呢?此时就要进行证据保全,即对证据进行固定和保管的活动。保全之后再行收集。总之证据的收集和保全,首先是确保案件具有充分或一定的证据,其次是保证案件事实有证据证明。

第一节 证据的收集

一、收集证据的概念和意义

(一)收集证据的概念

收集证据,是指侦查机关、检察机关、审判机关、当事人及其诉讼代理人为了证明自己的诉讼主张或者查明案件事实,运用法律许可的方法和手段,发现、采集、提取和固定与案件有关的各种证据材料的活动。这一定义包括了以下几层含义:

1.收集证据的主体十分广泛。根据我国法律规定,收集证据的主体不仅有侦查机关、检察机关、审判机关,还有当事人及其诉讼代理人。刑事公诉案件中,侦查机关、检察机关都是收集证据的主体,刑事诉讼中自诉案件的自诉人及其诉讼代理人,刑事诉讼的被告人及其辩护人等都是法定的收集证据的主体。在民事和行政诉讼中,当事人及其诉讼代理人是收集证据的主体。人民法院在审判案件时,为了查明案件事实,也要依职权调查收集证据。

2.收集证据的目的在于证明诉讼主张或查明案件事实。无论是在刑事诉讼,还是民事、行政诉讼中,证明主体对于自己提出的诉讼主张都要提供证据加以证明,否则就有可能承担不利的诉讼后果。因此,当事人及其诉讼代理人应积极主动收集证据支持自己的诉讼主张。而对于侦查机关、检察机关和审判机关,收集证据是其职责之所在,侦查机关、检察机关的主要目的是证明指控的犯罪事实成立,审判机关收集证据的主要目的是为了查明案件事实。

3.收集证据的程序和方法必须合法。收集证据的主体应当遵循相关法律规定,按照法定的程序和方法收集证据。如果证据是通过非法的方法所取得的,那么将很有可能成为非法证据而被排除,从而无法成为定案的根据。

4.收集证据的活动内容是通过一定的渠道、采取必要的方法获取和收集证据。三大诉讼法各自规定了证据的种类,总体上来看大同小异,大部分证据种类是相同的,个别证据存在差别。证据收集的渠道因案件的不同而有所区别,包括询问被害人,讯问犯罪嫌疑人、被告人、现场勘查、搜查和侦查方法,深入调查群众,机关、单位或公民主动提供证据。

此外,对于不同的证据应当结合其特点采用不同的方法予以收集,根据法律规定以及司法实践,证据收集的主要方法有:询问、讯问、辨认、勘验和检查、实验、鉴定等。

(二)收集证据的意义

1.为正确适用法律提供可靠的事实基础

收集证据是正确认定案件事实的基础,要正确认定案件事实,必须认真对待收集证据问题。证明主体依照法律积极主动采取措施,运用各种方法,开展深入、细致的调查研究,以发现和提取与案件相关联的各种证据,这是正确处理案件的必经阶段和基本前提,只有这样才能查明案件事实。所以,收集证据对查明案件事实,正确处理案件,具有重要意义。

2.规范执法程序,制约和保障执法机关履行职责,保护公民合法权益

收集证据是保证当事人实体权益的手段,执法人员在收集证据过程中,正确运用法律许可的方法和手段,依照法定程序规范自己的执法活动,因为执法人员的职责行为具有直接强制性,容易对当事人的合法权益造成伤害,所以,规范执法程序,制约和保障执法机关履行职责,有利于保护公民的合法权益和诉讼活动的顺利进行。

二、收集证据的范围和渠道

(一)收集证据的范围

证据收集的范围,总的来说,凡是同案件事实有关联,可以证明案情的客观事实都是收集的范围。大致有:

1.有关能证明案件的证明对象的事实。不管在民事、刑事还是行政诉讼中,都要通过证据来证明案件事实,包括实体法的事实和程序法的事实,这些事实都属于诉讼中的证明对象。我们知道证据都是通过收集而来,不过收集的主体不同而已。那么,我们要使用证据来证明案件的发生或存在,必须将与证明对象有关的事实全部收集起来,然后使得证据与事实一一对应,那么案件事实就能非常清楚,否则案件事实可能无法查清。

2.肯定案件事实方面的证据材料(有罪证据)。一个刑事案件发生之后,如果案件确实是客观存在的,那么肯定存在或留下案件发生的相关证据。例如犯罪嫌疑人故意杀死被害人,那么肯定存在尸体、凶器、血迹等物证;犯罪嫌疑人故意杀人,应该具有证明其犯罪动机的证据,例如两人素有仇怨;犯罪嫌疑人进入案发现场,应该存在指纹、脚印或者随身物品等。这些证据都是肯定案件事实方面的证据材料,必须进行

客观全面及时地收集,否则案件事实无法查清。

3.否定案件事实方面的证据材料(无罪证据)。否定案件事实方面的证据材料,一般存在两个方面:一是否定整个案件的证据材料,有些案件虽然有人报案,公安司法机关也已受理。但是案件可能并未真实发生,即案件可能是个"假案"。如果案件是个"假案",我们还一直进行调查,就会浪费司法资源,而且根本没有必要。二是案件虽然真实存在,但是我们开始确定的犯罪嫌疑人可能并非真正的凶手,那么我们就要注意收集其没有作案的证据,排除其作案的嫌疑。

刑事诉讼的目的,一是追究犯罪,二是保障人权。如果将没有作案的人认定为凶手,就会造成冤假错案,违背"刑事诉讼法"保障人权的目的。还有,如果犯罪嫌疑人并非真正的凶手,我们还对其纠缠不放,就会错过破获案件、抓住真正凶手的良机,因此否定案件事实方面的材料也要注意收集。

4.和案件处理有关的一切证据材料。除了与案件事实相关的证据材料必须收集之外,其他一些证据材料虽然与案件本身没有关系,但是其关系到证明事实本身的证据材料的证据能力和证明力,因此也必须调查清楚。例如,被告人在法院庭审时声称公安机关对其讯问时受到了刑讯逼供,因此以前的供述笔录属于非法证据而应排除,不能作为证据使用。此时必须查明案件侦查阶段是否存在刑讯逼供的行为,并且收集相应的证据材料,因为其关系到供述笔录的证据能力问题。

(二)收集证据的渠道

三大诉讼法各自规定了证据的种类,总体上来看大同小异,大部分证据种类是相同的,个别证据存在差别。证据收集的渠道因案件的不同而有所区别,主要渠道有以下几种:

1.询问被害人。被害人大多是案件的亲身经历者,所以对于犯罪嫌疑人有过当面或直接的接触,对于案件事实有着全面、深入和清晰的认识。通过被害人陈述,能够了解案件的主要事实或者侦破案件的重要线索。被害人陈述是《刑事诉讼法》规定的一种重要证据,被害人陈述属于言辞证据和直接证据,能够单独地证明案件的主要事实。获取被害人陈述的渠道即是询问被害人。

2.讯问犯罪嫌疑人、被告人。犯罪嫌疑人、被告人是犯罪行为的实施者,对于犯罪的动机、时间、地点、经过和结果知道得最为清楚,因此犯罪嫌疑人、被告人如果愿意供述,将对破案起着重要的作用。假设犯罪嫌疑人不是案件的凶手,对于案发时间自己的行为也是最清楚的,能够进行最有力的辩解。因此,不管是从追究犯罪的目的来看,还是从保障人权的目的来看,犯罪嫌疑人、被告人的供述和辩解都是重要的证据,而获取此种证据的渠道即是讯问犯罪嫌疑人、被告人。

3.现场勘查。现场勘查的作用表现在两个方面:第一,通过勘查发现物证或其他证据。案件发生之后,案发现场一般会遗留一些重要的证据,特别是刑事案件的现场。例如被害人的尸体、作案的工具、犯罪嫌疑人的指纹或脚印、剩下的食物或饮料、用过的卫生纸或避孕套等。这些证据对于确定犯罪嫌疑人、被告人的人身,认定案件事实都有重要作用。第二,现场本身就是证据,因此需要对于现场进行勘验并做好笔录,勘验笔录是法定的证据种类之一。例如在民事诉讼过程中,有时也需要对现场进行勘验,以认定某些事实存在与否。《行政诉讼法》专门规定了"现场笔录"这种证据,获取这些证据的渠道都是现场勘查。

4.搜查和侦查方法。搜查既是刑事诉讼中发现和收集证据的一种方法,也是民事诉讼中发现被执行人财产的一种方法。刑事诉讼中犯罪嫌疑人有时将犯罪的物品藏在自己的身体、车上或家里,此时就需要通过搜查的方法找到这些物证。例如惯偷将窃取的赃物藏匿于卧室,公安人员通过搜查,在床底下发现了被盗的物品。这是认定其盗窃的重要证据,搜查是发现和收集的重要渠道。

《民事诉讼法》第248条明确规定:"被执行人不履行法律文书确定的义务,并隐匿财产的,人民法院有权发出搜查令,对被执行人及其住所或者财产隐匿地进行搜查。"在民事执行程序中,被执行人故意将贵重物品予以隐匿而逃避执行。法院的执行人员可以通过搜查找到这些贵重物品,这些贵重物品既是证明被执行人拥有财产、具有履行能力的重要证据,也是实现生效民事判决、维护申请执行人合法权益的重要财产。

至于侦查的方法,则是刑事诉讼中调查案件事实、收集犯罪证据的所有方法的总称。侦查的方法,除了上面提到的询问被害人、讯问犯罪嫌疑人和被告人、现场勘查、搜查之外,还有侦查实验、鉴定、检查、询问证人以及扣押物证、书证等。不同的方法适用收集不同的证据,鉴定适用于收集鉴定意见,询问证人适用于收集证人证言,检查适用于收集检查笔录,扣押物证、书证适用于收集物证和书证。

5.深入调查群众。人民群众有时亲眼看见了案件发生的经过,对于案件发生的过程具有一定程度的了解。此时对其进行调查询问,便会收集到证人证言这种证据;有时群众虽然没有目睹案件的发生过程,但其对于案件发生前后的情况有所了解,此时可以给公安人员进一步调查提供很多有用的线索;有时群众手中可能掌握着案件的证据,例如有些群众家里安装了监控,恰好拍摄到了案件发生的经过,此时群众的监控对于查清案件事实将会起到非常重要的作用。因此,在侦查的过程中,深入调查群众对于侦破案件和查清案件事实具有重要意义。

6.机关、单位或公民主动提供证据。在民事诉讼中,无论是根据"谁主张,谁举证"

的原则,还是根据"举证责任倒置"的原则,作为当事人的机关、单位或公民都要向法院主动提供证据;在行政诉讼中,行政机关承担举证责任,必须向法院主动提供证据。作为原告的行政相对人,在行政赔偿案件中也要向法院主动提供证据证明自己受到了行政行为的侵害以及损失的数额;在刑事诉讼中,主要由控方承担举证责任,但是犯罪嫌疑人、被告人也有证明自己无罪的权利,他们也可以向法院主动提供证据。

三、收集证据的原则和要求

正如前面我们所说的,收集证据是查明案件事实的前提,是办案的必经阶段,是完成证明任务、实现证明过程的基础,因此,根据立法精神和司法实践,收集证据应遵循正确的原则和要求。

(一)收集证据的原则

1.必须依照法律规定的程序和权限进行。通过前面章节的内容,我们知道证据具有三个基本特征,即真实性、相关性和合法性。合法性是证据的基本特征,是一项证据材料成为证据必须具有的资格,又被称为证据能力。如果一项证据是采用违背法律的手段或途径取得的,则会被作为非法证据予以排除。因此,在诉讼活动中要求诉讼主体必须依法收集证据,只有这样获取的证据才有可能被法院采用,从而使得诉讼主张得到法院的支持,或者说获得胜诉判决。

2.收集证据必须依靠群众。前已述及,很多案件中都有人民群众亲眼看见了案发的经过,对于案件情况非常熟悉或具有一定程度的了解。有些案件虽然没有群众目睹案发的经过,但是他们对于案发现场或者作案工具比较了解,因此能够给公安人员提供一些有效的线索,能够帮助公安人员找到有价值的证据。例如,案发现场发现了一辆没有牌照的农用三轮车,群众张某虽然没有看见案发经过,但是他一眼认出了三轮车,公安人员以此为线索破获了案件。

3.司法人员收集证据和要求当事人履行举证责任相结合。不同诉讼中法律规定的"举证责任"不同,刑事诉讼中控方承担举证责任,公安侦查人员必须主动收集案件证据。民事诉讼中举证责任的分配原则是"谁主张,谁举证",因此当事人必须承担举证责任,法院有权要求当事人按照举证期限向法院提交证据材料。但是根据法院的规定,当有些证据当事人无法提供时,也可以申请法院调取,法院也可以依职权调查收集证据。

(二)收集证据的要求

1.必须依照法律的要求收集证据。前已述及,证据必须具备合法性的特征,只有这样才有证据能力,亦即具有成为证据的资格。合法性其中一个方面的要求就是依照法律规定的程序和权限收集证据,否则就可能成为非法证据而被排除。

2.收集证据必须主动、及时。证据是以不同表现形式存在的犯罪痕迹,随着时间的推移,极有可能遭到外力的破坏而灭失,具有不可逆转性,所以要主动、及时收集并加以固定。

3.收集证据必须客观、全面。所谓客观,是指案件发生过程中自然形成的证据才能收集,不能为了完成"破案"任务而主观虚构证据;所谓全面,是指不能只收集一个方面的证据,而忽视了另一方面的证据。例如,刑事诉讼中既要收集有罪证据,又要收集无罪证据,等等。

4.收集证据必须深入、细致。所谓深入,即在收集证据的过程中,不能轻易放过任何一个线索,只要有一点希望,就要认真追查下去。只有这样,才能快速准确地查清案件事实,做出正确合理的裁判。例如,犯罪嫌疑人供述其将被害人尸体埋到垃圾堆里,但公安人员按照其指认的地点没有挖到,此时不能因为没有挖到就轻易停止,而应该扩大和加深挖土的范围,找不到尸体不能善罢甘休。唯有如此,才能及时找到重要证据,从而快速侦破案件。

所谓细致,即在收集证据的过程中,不能只收集容易发现的证据,不容易发现的证据也要注意收集。在很多案件中都会有一些细微的证据,例如毛发、指纹、皮屑等不容易发现,必须仔细搜索才能发现。另外,有些地方不太引人注意,但也可能存在一些证据,因此也必须仔细进行搜索。例如,在一个案件中有一个避孕套被犯罪分子扔到了窗外的阳台上,后来经公安人员仔细搜索后找到了这个重要证据,从而确定了犯罪嫌疑人。

5.收集证据必须依靠群众。前已述及,群众可能是案件发生经过的亲眼目睹者,也可能对于案发现场非常了解和熟悉,能够给公安司法机关提供一些宝贵的线索,因此收集证据时必须多向群众调查,从群众中发现案件的线索,为查清案件事实创造丰富的条件。

6.收集证据必须充分运用现代科学技术手段。随着社会的发展,现代科学技术运用得越来越广泛,例如视频监控、DNA技术、聊天软件以及各种鉴定等,这些技术的运用有时会留下案件的证据,有时能解决证据中的专门问题。因此,我们在收集视听资料、电子数据、鉴定意见等这些具有技术含量证据时应该运用技术手段,才能保证证据的真实和正确。

例如,在呼格吉勒图一案中,呼格吉勒图左手拇指指甲缝内附着物检出是O型人血,与被害人的血型相同,呼格本人则是A型血。由此办案人员认定呼格指甲缝里的人血就是被害人的血迹,把该技术鉴定作为认定呼格杀人的重要科学证据。由于当时公安人员使用了错误的鉴定方法,从而造成了重大冤假错案,致使呼格年纪轻轻就失去了宝贵的生命。

7.收集证据要抓住本质,分清主次,并要注意保密。任何事情都是通过主要矛盾和次要矛盾相互运动产生、发展和消亡的,案件亦是如此。一个案件的发生必然存在主要矛盾和次要矛盾的相互运动,一个刑事案件必然会有犯罪嫌疑人、被告人和被害人双方,一个民事、行政案件必然存在原告和被告双方。因此不管哪种案件,案件当中一定存在着主要矛盾和次要矛盾的区分,主要矛盾决定着事物的性质和发展的方向。

那么,我们在调查案件时,必须抓住主要矛盾。例如一个刑事案件,犯罪嫌疑人、被告人实施犯罪的证据是主要的,应该重点收集。但是,无罪的证据虽然是次要的,也要收集,因为刑事诉讼还有保护人权的目的,不能放过一个坏人,也不能冤枉一个好人。而且,不管属于何种证据都必须严格保密,因为一旦泄露出去被犯罪嫌疑人知道,容易打草惊蛇。犯罪嫌疑人如果听到风声逃跑了,再想抓获极为困难,因此必须注意保密。

8.在收集证据的过程中要做到高效率。收集证据必须做到快速高效,因为有些证据容易受到客观环境的影响而毁损灭失,或者受到人为的破坏而丧失本来的形状或特征,导致无法用来认定案件事实。例如,在一个盗窃案的现场遗留了几枚比较清晰的脚印,公安人员回去准备工具和材料时,案外其他人员进入现场踩踏了犯罪嫌疑人遗留的脚印,导致脚印受到人为的破坏而丧失了本有的特征,失去了收集的价值和意义,给侦破案件带来了增大了难度。

上面讲了一个主动、及时的原则,这个原则是指在证据收集之前公安司法人员必须具备的一个态度,即要求公安司法人员充分发挥主观能动性,不能被动懈怠,防止失去收集证据的最佳时机;而此处"收集证据快速高速"的原则,则是收集证据过程中对于公安司法人员的一个要求,即要求公安司法人员提前做好准备工作,尽量用最短的时间把需要收集的证据收集起来,不能拖泥带水,懒散松懈,以免错过了最佳时机。

四、收集证据的方法

对于不同的证据应当结合其特点采用不同的方法予以收集,根据法律规定以及司法实践,证据收集的主要方法有:

(一)询问

询问是任何案件中都经常使用的收集证据的措施和方法,它贯穿于整个案件调查之中。收集证据的其他方法可以不同,但询问是必不可少的。询问的对象一般为案件中的证人和当事人(刑事案件的被告人除外)。

(二)讯问

讯问是公安司法机关要求违法行为人、犯罪嫌疑人或刑事被告人如实交代案情的方法。主要是针对犯罪嫌疑人或刑事被告人而言,是由检察院或者公安机关的侦查人员负责进行,根据法律规定,讯问时,侦查人员不得少于二人。讯问所收集的证据,包括犯罪嫌疑人或被告人的有罪陈述,也包括他们的无罪辩解。

(三)辨认

辨认是要求当事人或者证人在若干类似的物品、场所或人当中,挑选出自己曾经所见所闻的部分,以确定其是否真实、准确。借助于此种方法。往往能够获取有关证据的相关性、可靠性、合法性等方面的认识,辨认与鉴定一样,也具有双重性,它本身既是一种收集证据的方法,又能够对其他证据起到验证作用。

(四)勘验和检查

勘验是执法人员亲临现场,发现和提取证据的专门活动。检查是执法机关依法对与案件有关的人身进行检查的专门活动。勘验的对象一般为与案件有关的场所、物品和尸体。检查的对象一般为活人的身体,因而又称为人身检查。在进行勘验、检查时,应当制作相应的笔录,将勘验或检查的过程记录下来,因为勘验笔录和检查笔录都是法定的证据。

(五)实验

实验,即侦查实验,多用于刑事案件的侦查过程中,是执法机关模拟再现犯罪现场、犯罪过程或者案件发生过程中的专门活动。实验笔录是其主要的证据形式。

(六)鉴定

鉴定是专门的机构或人员利用其专业技术知识和科学技术设备,对有关问题进行检测,并做出鉴定意见的活动。鉴定的对象既可以是物证,也可以是书证,既可以是活体,也可以是尸体。证据调查中常用的鉴定有物证技术鉴定、法医鉴定、司法精神鉴定、司法会计鉴定等,通过鉴定活动能揭示出各种证据的特征,辨明其真为,而且鉴定意见本身也是一种独立的证据种类,在诉讼证明过程中有极为重要的作用。

在实践中,除上述方法外,还经常采用拍照、绘图、录音、录像、提取、搜查、查封、扣押、调取等方法收集证据,无论采用何种方法收集证据,都必须注意严格遵循法律规定。

第二节　证据的保全

一、证据保全的概念和意义

诉讼案件中的争议事实随时间的推移而消逝，必须依靠证据来探究其真相。然而作为客观物质资料的证据受物理、化学和生物等因素的影响，不可能较长时间地存在或维持原状而不产生任何变化。有些证据若不采取适宜的措施及时提取，将会因毁损而不复存在；而另一些证据如果不尽快提取，则有可能难以得到，甚至无法得到。一旦出现这些情形就需要通过适当的救济手段来对该证据予以保护和存留。证据保全的规定正是这种现实需要在立法上的体现。

（一）证据保全的概念

证据保全又称证据的固定和保管，是指对有可能灭失或者以后难以取得的证据，行政机关为了办理案件的需要、公证机关在诉讼前根据当事人的申请、人民法院根据诉讼参加人的申请或者依职权主动采取相应措施，预先对于证据进行固定和保管的行为。

依据概念的含义，我们可以看出，需要证据保全的情形主要有两种：一是证据有可能灭失；二是证据难以取得。同样，从概念反映出适用证据保全必须具备两个条件：第一，要保全的证据必须能够与本案的证据对象具有关联性；第二，要保全的证据必须有灭失或以后难以取得的可能性。

由此可见，证据保全具有以下特征：

1.证据保全是一项保证证据完整和真实，不被破坏或灭失的保护性措施，这是证据保全制度设立的目的。因为在诉讼中证据要被采用，必须具有真实性、关联性和合法性。如果一项证据材料缺乏真实性，就会失去证明力，那么法院就不会采用其来认定案件事实，从而导致案件事实查不清楚，法院无法做出正确的判决，当事人的合法权益也不能得到有效的保护。

2.只有在证据可能灭失或者以后难以取得的情况下，行政机关或者司法机关才能采取证据保全的措施。根据证明责任的分配规则，当事人要想获得胜诉判决，必须举证证明自己主张的事实成立。法院虽然不承担证明责任，但是法官具有查清案件事实的职责。不管是当事人证明责任的履行，还是法官调查案件事实职责的实现，都必须建立在证据客观存在的基础之上。如果一项证据灭失了或者以后难以取得，那么上述目的都无法实现，因此必须证据保全。

但是,如果证据不存在灭失或以后难以取得的情形,也就没有必要采取保全措施。因为证据材料如果非常安全的话,当事人能够收集并且提供给法院,法院也就能够依据证据查明案件事实,这是其一;其二,证据保全是需要付出成本的,如果证据不存在灭失或以后难以取得的情形而去保全的话,就会加重当事人诉讼的成本或者浪费司法资源,从而导致降低诉讼效率。

3.证据保全的主体是司法机关、公证机关和行政机关。一般而言,证据保全是诉讼保全,即指在诉讼前或诉讼中经过当事人的申请或法院依职权而采取的固定或保管证据材料的措施。但是,在民事诉讼和行政诉讼中,有些当事人基于诉讼策略的需要,他们也可不向人民法院申请证据保全,而向公证机关提出保全的要求。

另外,在行政机关办理案件的过程中,为了以后办理案件的需要,他们也要收集证据材料。如果存在证据可能灭失或以后难以取得的情形,法律也赋予了他们采取保全措施的权力。例如自2013年1月1日起实行《公安机关办理行政案件程序规定》第七章"调查取证"的第七节专门规定了"证据保全"。由此可知,行政机关在办理案件时也可以采取证据保全措施。

4.证据保全可以依职权实施或者应申请采取。证据保全程序的启动方式有两种:一种是依职权实施,这种启动方式存在于行政机关的证据保全中和法院受理案件之后依职责采取的证据保全中;一种是应申请采取,这种启动方式存在于诉讼之前公证机关应当事人的申请采取的证据保全中和法院在诉讼之前应当事人的申请采取的证据保全中,当然诉讼过程中当事人也可以向法院提出证据保全的申请。

(二)证据保全的意义

证据保全是诉讼活动的一项措施,是取证制度的重要环节,在诉讼活动中具有重要意义。

证据的保全是收集证据和正确认定案件事实的基础。要正确认定案件事实,必须认真对待证据保全问题。特别是一些证据的获得具有紧迫性,如果不能及时收集和固定,证据就可能灭失或者难以提取,从而给认定事实带来困难,因此在收集证据时必须高度重视对证据进行保全。

证据保全是保证当事人实体权益的手段。当事人为了维护自己的合法权益,应当积极提供证据或者证据线索。当存在需要进行证据保全的情形时,应主动申请证据保全,这有利于保护他们的合法权益和诉讼活动的顺利进行。

二、证据保全的种类

证据保全,从其时间顺序来看,可以分为诉讼前的证据保证和诉讼过程中的证据保全。

诉讼前的证据保全又包括了行政机关采取的证据保全,公证机关采取的证据保全和人民法院应申请采取的证据保全。

诉讼中的证据保全包括了刑事自诉中的证据保全、民事诉讼中的证据保全和行政诉讼中的证据保全。

三、证据保全的程序和要求

(一)证据保全的程序

1. 当事人的申请

证据保全的程序是从当事人主动提起申请开始,任何一方当事人均有权提出。申请的提起须采用书面形式。

2. 审批

由于证据保全分为诉讼前保全和诉讼中保全两种,所以其审批程序也不相同。诉讼前保全一般是向公证机关提出;诉讼中保全是向人民法院提出。

(二)证据保全的要求

收集证据其目的就是为了证明案件事实,对已提取的证据材料应该妥善保管,特别是各种物证、书证和音像证据。如果因保管不当而使提取的证据材料受到损坏或损失,那么收集证据的任务就等于没有完成,而且很可能再也无法完成。所以,证据的保全必须按照要求进行。其主要的要求是:

第一,各种物证均应在可能情况下提取原物,只有原物灭失或无法搬动的情况下,方可提取副本或照片。

第二,对提取到的原物应妥善封存保管,防止其受潮或变质,以免措施不当而影响物证的客观真实性。

第三,提取、固定物证的过程应当制作笔录,应载明发现物证、提取物证、固定物证的时间、地点、物证的主要特征以及怎样发现等详细内容。

第四,物证在收集后任何人不得使用、调换、损毁或自行处理,对关系到国家秘密的物证,有关司法人员不得泄密,对不负责任的行为,将承担相应的法律责任。

本章思考题

一、收集证据的概念和含义是什么?

二、收集证据的意义是什么?

三、收集证据的渠道有哪些?

四、收集证据的原则是什么?

五、收集证据的要求有哪些?

六、收集证据的方法有哪些?

七、证据保全的特征是什么?

八、证据保全的要求有哪些?

第五章
证据的审查判断

---- 本章导读 ----

　　证据的审查判断其实就是对所收集的证据，运用概念、判断、推理进行分析、甄别的过程，是一个"去粗取精、去伪存真、由表及里、由此及彼"的逐步深入的认识过程。通过对证据进行审查判断，保证认定案件事实的所有证据都具有真实性、关联性和合法性，从而确保案件事实的真实和裁判的正确，维护当事人合法权益和法律权威。证据的审查判断要想得出正确的结论，必须通过合理的步骤和正确的方法，步骤和方法在审查判断证据中具有非常重要的意义。

第一节　证据审查判断的概念和意义

一、证据审查判断的概念

证据审查判断是指国家专门机关、当事人及其辩护人或诉讼代理人对收集的证据材料进行分析、研究和判断,以鉴别其真伪,确定其有无证据能力和证明力以及证明力大小的一种诉讼活动。证据的审查判断其实就是对所收集的证据,运用概念、判断、推理进行分析、甄别的过程,是一个"去粗取精、去伪存真、由表及里、由此及彼"的逐步深入的认识过程。根据证据审查判断的概念,我们可以看出证据的审查判断具有以下特征:

1.审查判断证据的主体既包括国家专门机关,也包括当事人及其辩护人或诉讼代理人。专门机关审查判断证据与当事人等审查判断证据,既有相同之处,也有不同之处。相同之处在于都是通过对证据材料进行分析、鉴别以确定其真伪,判断其有无证明力以及证明力的大小。

专门机关和当事人对证据的审查判断的不同之处:

(1)专门机关办案人员审查判断证据是一种职权行为,即基于侦查权、检察权和审判权而进行的活动;而当事人、辩护人、诉讼代理人等审查判断证据则属于非职权行为。

(2)专门机关办案人员审查判断证据,可以运用其在办案中积累的丰富经验,同时又具有法律赋予的必要手段和方法,以及相应的物质条件保障,相对于当事人等审查判断证据,更有其优势。

(3)专门机关审查判断证据,是为了正确地处理案件,维护国家、社会利益和当事人合法权益;而当事人等审查判断证据,主要是为了维护自身或委托人的利益。

(4)在审查判断证据的效力方面,专门机关审查判断后认定具有证据能力和证明力的,即可直接作为处理案件或者做出某种处分的依据;而当事人等对证据的审查判断,通常只是提出证据的前提,该证据能否作为认定案情的根据,还取决于专门机关是否采信该证据。

2.审查判断证据的本质是一种思维活动。收集证据是认识过程的第一阶段即感性认识,审查判断证据是认识过程的第二阶段即理论认识。虽然是两个不同的认识过程,但往往相互结合、交替进行。

3.审查判断证据的目的是确定证据是否具有证据能力和证明力以及证明力大小。司法人员、当事人等通过对证据进行分析、研究和鉴别,其目的一是为了确定证据是否具有证据能力和证明力;二是为了确定证据与案件事实联系的紧密程度和证明力大小。

4.审查判断证据有两项任务:一是对单个或多个证据的审查判断;二是对全案证据的审查判断。在世界上普遍采用证据裁判主义之后,任何社会都面临有关证据的两个必须予以解答的基本问题:其一,什么事实或什么材料应该被准许作为证据进入司法程序或审判程序,即证据能力的问题;其二,司法人员对采纳的那些事实或材料能够如何使用,即证据的证明力问题。这实际上就是任何案件中运用各种证据的两个基本范畴。

对证据能力的审查判断需要结合各国的具体证据规则,司法人员等发挥的主观能动性较小。对证明力的审查判断强调充分发挥司法人员的主观能动性。

二、证据审查判断的意义

(一)确保证据材料的证据能力,提高诉讼效率

通过对证据材料进行审查、判断,可以知道哪些证据材料有证据能力,具备成为证据的资格。这些证据材料就可以进入下一步的审查,即审查其是否真实,有无证明力;如此通过审查,发现有些证据材料没有证据能力,不具备成为证据的资格,就不需要再对其证明力进行审查。通过审查、判断,就可以将那些没有证据能力的证据材料排除出去,从而节省对其是否具有证明力审查的时间。时间节省下来,诉讼效率自然就提高了。

(二)确保证据材料的证明力,查清案件事实真相

对于证据材料的审查判断,整体上可以分为两步:一是对其证据能力的审查判断,二是对其证明力的审查判断。通过两步审查判断,基本上可以确保认定事实所使用的证据材料既具有相关性和合法性,同时又具有真实性。只有证明案件事实的证明材料是真实的,我们最后得出的案情认定才是真实的。如果用以证明案件事实的证明材料的虚假的,最后对于案情的认定肯定就是错误的。法院在错误的案情基础上进行裁判,结果自然就是冤假错案。

(三)确保案件裁判正确,维护当事人合法权益和法律权威

前已述及,通过对于证据材料的审查判断,可以保证我们所使用的证据材料具有

真实性、关联性和合法性。由于证据材料是真实的,那么通过证据材料认定的案件事实也是真实的。只有查清了案件的真实情况,法官才能做出正确的裁判,因为案件事实是裁判的基础,所谓"以事实为根据,以法律为准绳"就是这个道理。只有裁判正确,才能使得真正权利受损的人得到法律的保护。

如果裁判错误,不但真正权利受损的人得不到法律保护,而且还会冤枉无辜。不但没有保护权利受损的人,而且又损害了更多人的合法权利,近年曝光的大量冤假错案就非常深刻地说明了这个问题。另外,我们还制定了证据规则,要求依法收集证据,要求证据具有合法性,不合法的证据要被排除。这样也在一定程度上限制了公安司法机关的权力,保护了当事人的合法权利。案件裁判正确,才能获得当事人的信服,从而树立起法律的权威。

第二节 证据审查判断的内容和步骤

一、证据审查判断的内容

(一)审查判断证据的真实性

一般应从两个方面进行:一是审查判断证据的来源。包括查明证据是如何形成的,由谁提供或收集的,收集的方法是否科学,证据的形成是否受到主客观因素的影响等等。二是审查判断证据的内容。这是审查判断证据的关键,首先,要注意每个证据的不同特点。其次,要注意证据的内容本身是否一致,有无矛盾,对证据的内容互相矛盾的,在分析研究的基础上确定其真伪,对真实的内容予以采纳,对虚假的内容不予采纳。再次,要注意证据与证据之间有无矛盾,以便从中发现问题,进一步查证核实每个证据的真实性。

(二)审查判断证据的关联性

根据司法实践经验,审查判断证据的关联性,一般应从以下三个方面进行:

1.分析判断证据与案件事实之间有无客观联系,凡是与案件事实无关的事实或材料,均应从诉讼证据中剔除出去。

2.分析判断证据与案件事实之间联系的形式和性质。

证据与案件事实之间联系的形式具有多样性,既有因果联系也有非因果联系,既有必然联系也有偶然联系,还有内部与外部、直接与间接的联系。证据与案件事实之间由于联系程度不同而表现出不同的证明价值。

3.分析判断证据与案件事实之间联系的确定性程度:一般来说,证据的确定性程度与其证明价值成正比,即证据的确定性程度高,其证明价值就大;证据的确定性程度低,其证明价值就小。

判断证据的确定性程度主要依据以下两个因素:证据的种类属性。每个证据的具体情况。

(三)审查判断证据的合法性

审查判断证据的合法性,也是审查判断证据的一项重要任务。根据法律规定和司法实践经验,审查判断证据的合法性,一般应从以下三个方面进行:

1.审查判断证据是否具备法定的形式、手续是否完备。

2.审查判断收集证据的程序是否合法:证据的收集是否符合法定程序,直接影响着证据内容的真实性和证据的可采性。

审查的主要途径:①审查法律文书。②深入实际,调查取证。

3.审查判断证据的运用是否合法:证据的运用符合法律规定,也是证据合法性的一项重要内容。

二、审查判断证据的步骤

证据的审查判断是办案人员对案件中各种证据的认识活动,应由浅入深,从个别到整体,循序渐进地进行。一般应包括三个步骤:

(一)单独审查判断

单个证据的审查判断标准实际是审查证据的真实性、关联性和合法性。主要从以下几个方面着手:

1.审查判断每个证据的来源,以判明证据材料的真实性。

2.审查判断各个证据与案情事实的联系,以判明证据的关联性。

3.审查证据形成的时间、地点、条件等因素,从中发现疑点,判明真伪。

4.对各个证据事实本身进行具体分析,以判明证据本身是否存在逻辑矛盾。

5.审查证据的收集是否合法,以判明证据的真伪及可靠程度。

单独审查分为按时间顺序和主次顺序两种,前者适用于证据的时间顺序比较明确的案件,后者适用于核心事实与核心证据比较明确的案件。

(二)多个证据的审查判断

多个证据的审查判断,又称为比对审查判断,是对案件中证明同一案件事实的两个或两个以上证据的比较和对照,看其内容和反映的情况是否一致,看其能否合理地共同证明该案件事实。对多个证据进行比对审查,不仅要找出他们之间的相同点和差异点,而且要分析这些相同点和差异点,看其是否合理,是否符合客观实际。

多个证据的审查判断分为纵向比对审查和横向比对审查两种。前者是对一个人就同一案件事实提供的多次陈述作前后比对,看其陈述的内容是否前后一致,有无矛盾之处。后者是对证明同一案件事实的不同证据或不同人提供的证据作并列比对,看其内容是否协调一致,有无矛盾之处。

(三)综合审查判断

综合审查判断即全案证据的审查判断,是对案件所有证据的综合分析与研究,看其内容和反映的情况是否协调一致,能否相互印证和吻合,能否确实充分地证明案件的真实情况。综合审查判断的关键是发现矛盾和分析矛盾。

综合审查判断着眼于全案证据,既要判断证据是否确实,也要判断证据是否充分;既要注意鉴别实物证据的真伪,也要注意分析言词证据的真假;既要注意符合自己原先设想或者推断的证据,也要注意与原先设想或者推断不相符合的证据,切忌片面性和倾向性。

综合审查判断的三种方法:(1)比较印证法。就是将案件中的各个证据,互相比对印证。(2)串联排疑法。就是把所有证据串联起来,看这些证据是否已达到案件事实都有相应的证据予以证明,是否足以排除了其他可能性。(3)综合归纳法。就是将案件所有证据综合起来,看是否指向同一事实和同一个人。

第三节 证据审查判断的方法

一、个别审查

个别审查,即鉴别法,是审查判断证据最通用和最早使用的方法。就是对案内的证据逐个单一进行审查和鉴别,从事物的发生、发展、变化的一般规律和常识去辨别证据真伪的方法,辨别是否具有证明力,也是对证据的初次净化和筛选。

个别审查,主要适用于对单个证据的审查判断。

个别审查是审查判断证据最常用的方法,也往往是最先使用的方法。它可以对证据进行初次净化和筛选,为进一步的审查判断打下基础。

二、侦查实验

侦查实验,是为了确定对查明对案情有意义的某一事实或现象是否存在,或者在某种条件下能否发生或怎样发生,而参照案件原有条件将该事实或现象加以重新演示的活动。侦查实验是一种检查性的措施,一般用于鉴别证人的证言和被告人的供词是否真实可靠,审查辨认结果是否准确;审查对案件有关的说法的可信程度等。

侦查实验的任务和目的,通常是为解决以下问题:

(1)确定在某种条件下,能否听到某种声音或看到某种事物。

(2)确定在某种条件下,能否完成某种行为。

(3)确定在某种条件下,某种事实和现象是否能够发生。

(4)确定在某种条件下,使用某种工具能否形成与犯罪现场上的痕迹相一致的痕迹。

(5)确定在某种条件下,使用某种工具能否留下某种痕迹或形成某种损伤。

(6)确定某种事实或现象是否曾经发生或可能在什么条件下发生。

根据以上所要解决的问题,侦查实验一般可以分为:感知可能性实验、行为可能性实验。其中还可分为行为能力可能性、行为过程可能性和行为结果可能性等实验,自然力可能性实验几种。

三、辨认法

辨认法,是指在侦查人员的主持下,由证人、被害人及其他有关人员对犯罪嫌疑人及与案件有关的物品、尸体或场所进行的辨别和确认的方法。辨认的形式有两种,即公开辨认和秘密辨认。

辨认是一种与询问证人、询问被害人密切相关的侦查措施,是询问的一种特殊形式,也是审查判断证据的一种有效方法,不仅是刑事案件在经常使用,在民事、行政案件中,也可能通过辨认来审查判断有关的证据。

侦查中的辨认和审判中的辨认的区别:

(1)侦查中的辨认既可以公开进行,也可以秘密进行,而审判中的辨认必须公开进行;

(2)侦查中的辨认既可以是对物证、书证的辨认,也可以是对人(即犯罪嫌疑人)的辨别,而审判中的辨认只能是对物证、书证的辨认;

(3)侦查中对人或物的辨认,不管是公开进行还是秘密进行,都应采用混杂原则,即不能对被辨认对象单独进行辨认,而审判中对物的辨认,则应单独进行,不能采用混杂原则;

(4)在侦查中,辨认人为多人时,必须分别进行辨认,以免互相影响,而在审判中即使辨认人为多人,也可以共同进行辨认。

不管是侦查辨认还是审判辨认,对辨认结果的使用都应特别慎重,必须结合其他证据查证属实后,才能作为定案的根据,否则容易发生错误,甚至造成严重后果。

为了保证辨认的科学性和准确性,在组织辨认时必须遵守一定的规则:即辨认前要详细询问辨认人,分别辨认,混杂辨认,严禁暗示和诱导。

四、对质法

1.对质法,是公安司法人员按照法定的程序组织和指挥就某一案件事实提出相反陈述的两个或多个证人或犯罪嫌疑人进行互相质询和盘诘以判明其陈述真伪的方法。通过对质揭露矛盾,解决矛盾,有利于对他们陈述的真实性和证明力做出判断。

2.适用条件:双方对同一案件事实的陈述之间出现尖锐矛盾而侦查人员难以确认其真假。

3.具体适用:应在个别讯问或询问的基础上进行,具体是先由参加对质的双方分别就案件事实做出陈述,然后再组织每一对质者就对方所做的矛盾陈述提出质问,并要求对方做出回答。

4.注意事项:在刑事侦查阶段使用对质法要特别谨慎,只有在涉及案件的重要问题除了进行对质别无他法的情况下,才可以采用对质的方法。

五、技术鉴定

1.概念:技术鉴定,是指司法机关指派或聘请鉴定人就案件中涉及的某些专门性问题进行的科学检验、鉴别活动,鉴定是审查判断某些物证、书证必不可少的手段,是查明案件事实的重要手段,其鉴定的意见本身也是一种重要的诉讼证据,能够为案件事实提供科学依据,是甄别案内其他证据的科学方法。

2.种类:实践中比较常见的有法医鉴定、会计鉴定、化学毒物鉴定、文件笔迹鉴定、商品质量与性能鉴定等。

3.注意事项:对于鉴定意见,还需要和其他证据联系起来进行对比分析,经查证属实后才能作为定案的根据,绝不能单凭鉴定意见定案。

六、质证法

1.概念:质证法,是指审判人员在庭审调查中组织双方当事人围绕证据的真实性、关联性、合法性,针对证据证明力的有无以及大小,进行质疑、说明与辩驳的方法。

2.适用情形:根据三大诉讼法的规定,所有证据均应在法庭上出示,由当事人质证;未经质证的证据,不能作为认定案件事实的依据。

3.民事诉讼中的质证顺序:

(1)原告出示证据,被告、第三人与原告进行质证;

(2)被告出示证据,原告、第三人与被告进行质证;

(3)第三人出示证据,原告、被告与第三人进行质证。

七、比对法

1.概念:比对法,又称比较法或对比法,是指对证明同一案件事实的证据进行比较或对照以判断其是否具有证据能力和证明力的方法。

2.适用范围:主要用于对两个或两个以上证据的分析判断。

3.注意事项:应注意各个证据之间必须具有"可比性",即各个证据所证明的对象必须是同一事实。

八、印证法

1.概念:是指将若干个证据所分别证明的同一案件的若干事实联系起来进行考察,以判明它们之间是否互相呼应、协调一致的方法。

2.原理:某一案件发生后,不仅证据与一定的案件事实之间存在着必然的联系,而且证据与证据之间也存在着一定的联系,甚至某些证据的形成是互为条件的。

3.与对比法的区别:印证法和比对法不同,它不要求证明对象的同一,而只要求证据与证明的案件事实之间存在客观联系,因而在司法实践中被普遍使用,特别是在查明间接证据的真伪时,更要注意采用印证法来进行审查判断。

本章思考题

一、什么是证据审查判断,具有哪些特征?

二、证据审查判断的意义是什么?

三、审查判断证据包括哪些内容?

四、审查判断证据包括哪些步骤?

五、审查判断证据有哪些方法?

第六章
物证的收集与审查判断

―――― 本 章 导 读 ――――

　　虽然物证在西方国家历史上曾被称为"哑巴证据",但因其客观性最强,不易伪造和篡改,而且在司法实务中广泛存在,所以一直受到人们的重视和应用。基于以上原因,司法实务中相关主体必须重视物证的收集和审查判断。收集必须重视方法,是由法律允许的方法,例如勘验检查、搜查、扣押等,才能保证物证的真实性、关联性和合法性;而物证的审查判断,则是为了进一步保证物证没有受到损坏、伪造和篡改,最终都是为了确保物证的真实有效。

第一节　物证的收集

由于物证本身是一种无意识的证据,不能自明其义,其对案件事实的证明作用通常要通过人的能动作用去发现、识别和挖掘,因此在西方国家的历史上,曾被称为"哑巴证据。"

物证的收集是指公安司法机关、当事人及其诉讼代理人发现、提取、固定和保管物证的专门活动。

一、物证收集的主体和方法

(一)物证收集的主体

1.侦查人员、检察人员、审判人员可以凭有关证明文件向单位和个人收集、调取物证,有关单位和个人应当予以配合。

2.辩护律师可以向有关单位和个人收集、调取物证,也可以申请人民检察院、人民法院收集、调取物证。

3.民事和行政诉讼中的当事人也可以收集相关的物证,以证明自己主张的事实。

(二)物证收集的方法

依据刑事、民事、行政三大诉讼法的规定,收集、调查物证的方法主要有以下几种:

1.勘验、检查

勘验是司法人员在诉讼的过程中,对与案件有关的场所、物品等进行查看和检验,以发现、收集、核实证据的活动。我国《刑事诉讼法》第128—134条规定了侦查人员勘验现场的程序和方法。《民事诉讼法》第80条规定:"勘验物证或者现场,勘验人必须出示人民法院的证件,并邀请当地基层组织或者当事人所在单位派人参加。当事人或者当事人的成年家属应当到场,拒不到场的,不影响勘验的进行。有关单位和个人根据人民法院的通知,有义务保护现场,协助勘验工作。勘验人应当将勘验情况和结果制作笔录,由勘验人、当事人和被邀参加人签名或者盖章。"

检查是执法人员检查人身或者在特定场所进行的专门调查活动。检查必须依照法定程序进行。如检查人员不能少于两人,检查妇女的身体,应当由女工作人员进行,检查人员必须出示证件,犯罪嫌疑人和被告人拒绝接受检查的,侦查人员可以依法强制检查,检查要制作检查笔录,由参加检查的人员签名或盖章,等等。

2. 搜查

根据《刑事诉讼法》第136条的规定:"为了收集犯罪证据、查获犯罪人,侦查人员可以对犯罪嫌疑人以及可能隐藏罪犯或者犯罪证据的人的身体、物品、住处和其他有关的地方进行搜查。"《民事诉讼法》第248条规定:"被执行人不履行法律文书确定的义务,并隐匿财产的,人民法院有权发出搜查令,对被执行人及其住所或者财产隐匿地进行搜查。采取前款措施,由院长签发搜查令。"

但是,由于搜查是一种极为严肃的法律行为,它关系到公民的人身权利和财产利益,特别是刑事诉讼中的搜查,涉及人权保障的问题,因此,一要严格控制适用,二要严格依照法律规定的程序进行,特别要严格批准程序,搜查时要依法制作笔录,搜查中的扣押要开列清单,等等。

3. 扣押

扣押通常是结合勘验、检查、搜查等同时进行,它是执法机关依法暂时扣留与案件有关的物品的一种专门调查活动。物证的扣押,主要适用于刑事诉讼。在民事诉讼、协助执法中,扣押通常只是一种执行措施。由于刑事诉讼中的扣押,关系到公民的物权问题,因此,必须按《刑事诉讼法》规定的程序进行,特别是对于扣押的各种物品,或者冻结的存款、汇款,一旦查明与案件无关,必须在3日以内解除扣押、冻结,退还原主。

4. 提供与调取

根据《刑事诉讼法》第54条的规定:"人民法院、人民检察院和公安机关有权向有关单位和个人收集、调取证据。有关单位和个人应当如实提供证据。行政机关在行政执法和查办案件过程中收集的物证、书证、视听资料、电子数据等证据材料,在刑事诉讼中可以作为证据使用。对涉及国家秘密、商业秘密、个人隐私的证据,应当保密。凡是伪造证据、隐匿证据或者毁灭证据的,无论属于何方,必须受法律追究。"

公安司法机关有权向有关单位和个人收集、调取证据。有关单位和个人也应当如实提供证据,凡是隐匿证据的,必须受法律追究。民事诉讼中物证的提取应当是原物,只有在特定情况下,才可以是复制品或照片。行政诉讼中,对物证的提供应当符合下列要求:(1)提供原物。提供原物确有困难的,可以提供与原物核对无误的复制件或者证明该物证的照片、录像等其他证据;(2)原物为数量较多的种类物的,提供其中的一部分。

二、注意事项

（一）物证应当收集和提供原物

根据《最高人民法院关于适用〈中华人民共和国刑事诉讼法〉的解释》第83条的规定：据以定案的物证应当是原物。原物不便搬运、不易保存、依法应当由有关部门保管、处理，或者依法应当返还的，可以拍摄、制作足以反映原物外形和特征的照片、录像、复制品。必要时，审判人员可以前往保管场所查看原物。物证的照片、录像、复制品，不能反映原物的外形和特征的，不得作为定案的根据。物证的照片、录像、复制品，经与原物核对无误、经鉴定为真实或者以其他方式确认为真实的，可以作为定案的根据。

（二）对于导致案件事实存疑的物证，人民法院可以要求检察院依法补充收集、调取证据或者做出合理说明

根据《最高人民法院关于适用〈中华人民共和国刑事诉讼法〉的解释》第85条规定："对与案件事实可能有关联的血迹、体液、毛发、人体组织、指纹、足迹、字迹等生物样本、痕迹和物品，应当提取而没有提取，应当鉴定而没有鉴定，应当移送鉴定意见而没有移送，导致案件事实存疑的，人民法院应当通知人民检察院依法补充收集、调取、移送证据。"

三、实务演示

（一）案例导引

在杜某某冤案中，警方于1998年4月22日在路边的面包车内发现被枪杀的王某波（男）和王某湘（女），二人均为警务人员。凶器"七七"式手枪去向不明。办案人员认为王某湘的丈夫杜某某有重大作案嫌疑。被带到公安局后，对杜某某进行连续疲劳式的审讯，主要是让其不准睡觉，杜某某一直否认案件是其所为。

检察院向一审法院提起公诉称，杜某某因怀疑其妻王某湘与王某波有不正当两性关系，而对二人怀恨在心。1998年4月20日，杜某某与王某湘、王某波约定会面，骗得王某波携带的"七七"式手枪，并用枪将王某波、王某湘枪杀于中排座位。以上犯罪事实，有现场勘验笔录、尸检报告、枪弹痕迹检验鉴定书、查获的杜某某所穿长袖警服衬衣、衬衣手袖射击残留物和附着泥土、作案车上泥土的鉴定和分析报告、有关的技术鉴定结论和证人证言等证据为证，被告人亦有供述在卷。

律师一审对杜某某做无罪辩护认为：

第一,指控杜某某犯故意杀人罪的取证程序严重违法。其一,刑讯逼供后果严重。杜某某在法庭陈述了被刑讯逼供的事实以及细节,并展示伤口等,要求法院确认杜某某供述无效。其二,存在虚构"刹车踏板""油门踏板"上有足迹附着的泥土的证据,误导侦查视线。现场勘查笔录及"现场照片"仅记载该车"离合器踏板"附着有足迹遗留泥土,根本没有"刹车踏板"及"油门踏板"上附着足迹遗留泥土的记载,所以用警犬闻嗅杜某某鞋袜气味和"刹车踏板""油门踏板"上附着的足迹遗留泥土作气味鉴定,得出的"警犬反应一致"存在疑问。现场勘查并未出现"刹车踏板""油门踏板",根本没有嗅源,正确的鉴定结果也无从谈起。而且用警犬进行气味甄别在案发三个月后。此外,律师还认为,公诉机关只出示了部分有罪供述的笔录,而且笔录之间杜某某在表述同意犯罪事实上不一致,让人质疑。另外,在本案的勘验、鉴定中,没有看到见证人的签名或盖章,也没有看到犯罪嫌疑人得知鉴定结论的说明。

第二,主观上没有证据证明杜某某具备故意杀人动机。起诉书指控杜某某因怀疑其妻王某湘与王某波有不正当两性关系而对二人怀恨在心,继而将王某湘、王某波两人枪杀。庭审质证的情况可以看出,所谓怀疑之说只是依靠被刑讯逼供后的供述,没有其他证据印证,不能认定具有杀人的主观动机。

第三,在客观上没有证据能够证明杜某某实施了故意杀人行为。其一,杜某某没有作案时间。其二,案发地点不明确,根据现有指控的证据,车内杀人不能成立。其三,即使气味鉴定取证程序合法,但是两条警犬鉴定结论并不一致,无法有力证明杜某某上过车。其四,作案工具手枪去向不明。一种可能是被杜某某隐藏去向,另一种可能是他没有实施犯罪,不知道枪支去向。公诉机关声称称杜某某老实交代,也就侧面否认其作案的可能,其根本不知道枪支去向,其没有实施犯罪。

杜某某庭审时拿出被打烂的一套沾有血迹的衣服,来证明自己受到刑讯逼供,但受到法官的忽视。1999年2月5日,昆明市中级人民法院以故意杀人罪判处死刑立即执行。杜某某不服上诉。同年11月12日,云南省高级人民法院判处杜某某死刑并宣告缓期两年执行。2000年在破获杨某某杀人盗车团伙后,有一案犯供述,王某湘和王某波被害案是其团伙所为,后经核实供述内容属实。2000年7月6日云南省高级人民法院再审改判杜某某无罪。

(二)案例分析

杜某某案件对物证的收集程序、方式存在问题:

第一,物证收集要求遵守法定程序。根据《刑事诉讼法》第133条规定,勘验、检查的情况应当写成笔录,由参加勘验、检查的人和见证人签名或者盖章。在本案中的勘验笔录的制作,没有见证人,见证人不在场更无从谈起让见证人签名或者盖章;根据《刑事诉讼法》第148条规定,侦查机关应当将用作证据的鉴定意见告知犯罪嫌疑人、被害人。在本案中侦查机关并没有对犯罪嫌疑人告知鉴定结论的说明;根据《刑事诉讼法》第56条规定,采用刑讯逼供等非法方法收集的犯罪嫌疑人、被告人供述和采用暴力、威胁等非法方法收集的证人证言、被害人陈述,应当予以排除。在侦查、审查起诉、审判时发现有应当排除的证据的,应当依法予以排除,不得作为起诉意见、起诉决定和判决的依据。第58条规定,法庭审理过程中,审判人员认为可能存在本法第56条规定的以非法方法收集证据情形的,应当对证据收集的合法性进行法庭调查。当事人及其辩护人、诉讼代理人有权申请人民法院对以非法方法收集的证据依法予以排除。申请排除以非法方法收集的证据的,应当提供相关线索或者材料。本案庭审过程中杜某某拿出血衣,法官却直接忽视,严重违反法定程序。

第二,物证收集时间不及时。物证由于时间过久难以保证自身维持原状,难以保证是否遭到破坏或者人为更改,有些本身收集难度很大的物证如指纹、毛发、车内易挥发的油渍、细小的痕迹等很可能已经灭失。在本案中,制作的补充现场勘验笔录补足了原来没有的"刹车踏板""油门踏板"的笔录,但是已经距离案件发生已八个月;又如,警犬对泥土气味的甄别也是在案件发生后近四个月做出的。收集物证的时间距离案件发生间隔过久,像遗留的泥土、泥土气味等物证是否仍然存在,本身就值得怀疑。

(三)经验总结

物证的收集是指公安司法机关、当事人及其诉讼代理人发现、提取、固定和保管物证的专门活动。应当在收集的过程中依法收集,遵循相关法律规定。比如,上述案件便违反了《刑事诉讼法》第133条的程序性规定。此外,不仅仅是物证,其他证据若属于应当排除的证据的,根据《刑事诉讼法》第56条规定,在侦查、审查起诉、审判时发现有应当排除的证据的,应当依法予以排除,不得作为起诉意见、起诉决定和判决的依据。

物证往往有随着时间的推移而存在收集困难的情况出现,因此收集应当及时,防止证据消失。如果有犯罪现场,更应及时收集物证,因为自然原因和人为原因都可能使物证收集变得极为困难。

第二节 物证的审查判断

一、物证审查判断的内容

（一）审查认定物证的来源是否合法。在诉讼中，公安司法机关对物证的证据力进行认定之前必须彻底清查物证的来源，是否经正当途径获取的，是否为伪造、变造的。是否因疏忽而搞错的，特别是来源的程序是否合法，这些因素或情形都直接影响到物证的证据能力。因此，在勘验、检查、搜查过程中提取、扣押的物证，未附笔录或者清单，不能证明物证、书证来源的，不得作为定案的根据。

但是，根据《最高人民法院关于适用〈中华人民共和国刑事诉讼法〉的解释》第86条的规定，下列物证的收集程序、方式虽有瑕疵，经补正或者做出合理解释的，可以采用：（一）勘验、检查、搜查、提取笔录或者扣押清单上没有侦查人员、物品持有人、见证人签名，或者对物品的名称、特征、数量、质量等注明不详的；（二）物证的照片、录像、复制品，书证的副本、复制件未注明与原件核对无异，无复制时间，或者无被收集、调取人签名、盖章的；（三）物证的照片、录像、复制品，书证的副本、复制件没有制作人关于制作过程和原物、原件存放地点的说明，或者说明中无签名的；（四）有其他瑕疵的。对物证、书证的来源、收集程序有疑问，不能做出合理解释的，该物证、书证不得作为定案的根据。

（二）审查物证的外部特征，以确定其同案件事实的关联性。只有同案件事实有关联性的物品或痕迹才会储存案件有关信息，对证明案件事实情况才有实际意义。如果误把同案件没有联系的物品、痕迹当成本案的证据，就不能正确查明案情。在审查认定物证的关联性时应注意：1.审查该物证的一些显著特征，通过物品的颜色、外形、有无特殊痕迹等，对物证进行综合审查确定关联性；2.审查物证的鉴定意见，进而判断在案的物证是否与本案事实有一定的关联性；3.审查物证与案内其他证据的联系，进而判断物证是否与案件存在客观联系。

（三）审查认定物证是否真实可靠，主要是判断该物证是否具有真实性，在审查认定物证的真实性时应注意：1.要查明为待证事实所要求的物证的本质特征或内在属性，是否已发生了实质性的变化，以及是否达到了足以影响其证明力的程度。2.要查明物证是否为原物。一般而言，物证具有不可替代性，在司法证明中如采用的是复制品或替代品将影响到其证明力。当然，基于法律上所规定的特殊情形，则可作为一种例外对待。3.要确认物证是否经过伪造。凡伪造的物证除了影响物证的证据能力外，同时将导致该物证在客观属性上丧失证明力。

司法实践表明,大凡物证出现伪造产生于以下的两种情形:(1)犯罪嫌疑人或民事、行政诉讼的当事人基于逃避法律的制裁或受利己主义所驱使,而对物证加以伪造或变造;(2)基于诬告、陷害他人或实现某种利益而告发他人或使他人处于不利的境地,而伪造或变造物证。

识别物证是否伪造的方法:当估计某物证有被伪造的可能后,通常除了进行肉眼识别外,还可以借助一些必要的方式与手段,如辨认、鉴定以及比对等。

二、审查判断物证的方法

审查判断物证的方法,通常采用交付辨认、技术鉴定和比较印证等方法。

辨认是指在司法机关的主持下,由有关诉讼法律主体对提供、收集到的物证材料进行识别、判断,辨明其真伪以及阐述与案件事实是否具有关联性的认识活动,通过辨认能够帮助司法人员对证据进行审查确认。

科学技术鉴定是指鉴定人运用自己专门的技术知识、技能、工艺以及各种科学仪器、设备等,根据法庭的指派或聘请对在诉讼中出现的物证材料所涉及的专门性问题进行分析、鉴别后提供的结论性意见。

比较印证是指司法机关在审查物证过程中,当发现物证与其他证据以及证据与案件事实出现矛盾时,应当进行全面、细致的分析。

三、评断物证的证明价值

评断物证的证明价值如何,主要是认定的物证本身及其与其他证据构成的组合,对案件事实的关联程度如何,即认定某一物证的内在属性、外部形态、空间方位等能否足以影响到特定的案件事实所呈现的实际状态,凡是某一物证以内在属性、外部形态、空间方位等体现对案件事实的存在产生有效的影响,便是具有证明价值的物证。

物证同案件事实的关联性分为直接的方式和间接的方式。但通常来说,单一的物证不能起证明案件事实的作用,必须与包括其他物证在内的证据综合证明,互为依存条件,互为证明关系,才能体现某一物证的证明价值。

四、实务演示

(一)案例导引

1990年12月3日,徐某某的邻居尚某家中发生一起入室强奸案件。犯罪分子在尚某家中被褥留有精斑,根据被害人陈述和被害人女儿所作证言,公安机关认为邻居徐某某有重大嫌疑。

1990年12月5日,河南疃镇派出所来人了解情况。案件发生后,曲周县公安局采集现场遗留精斑进行化验。此后,徐某某接到多次传唤。在第三次传唤时,曲周县公安局法医对徐某某进行了抽血化验。公安局并没有告诉徐某某血型检验结果,只对其说明徐某某血型和现场遗留的精斑血型不一致。1991年4月30日,县公安局刑警队对徐某某进行逮捕,理由是经办案人员抽血化验,邯郸地区公安处、曲周县公安局、涉县公安局等三位法医做出法医物证检验报告,做出犯罪现场的精斑和徐某某血型同为B型的鉴定意见,确定徐某某就是犯罪嫌疑人。

1991年9月11日,曲周县人民法院依据徐某某血型与精斑血型一致以及被害人陈述和其女儿的证言为主要判案依据,对徐某某定罪并判处有期徒刑八年。徐某某后上诉,邯郸中级人民法院受理上诉后维持原判。徐某某依法服刑完毕,予以释放后,2006年7月28日,河北曲周县人民法院判决徐某某无罪。

(二)案例分析

本案一审,由于对徐某某的血型鉴定意见存在错误,致使对徐某某的血型存在客观上的误认,加之仅依据被害人陈述及其女儿的证言定罪,显然存在问题。

一审认定血型型号一致,犯罪嫌疑人的精斑与"案件事实"有关联性,是有证明价值的物证。但是徐某某的血型鉴定不是DNA鉴定,难以确定精斑是徐某某所留,精斑这一物证对于证明徐某某是犯罪嫌疑人的证明力很弱。另外,其他证据仅有被害人的供述和其女儿的证言,证人与案件当事人具有利害关系,存在这类关系,就可能影响证人证言的真实性,以致削弱证明力的程度。综上所述,难以排除合理怀疑,难以达到定罪标准。

再审中,认定徐某某的血型是O型,犯罪场所遗留的精斑通过科学技术鉴定,认定犯罪嫌疑人是B型血。虽然物证的收集程序和鉴定程序合法,应当知道,物证应当审查外部特征来确定是否与案件事实具有关联性。只有同案件事实有关联性的物品或痕迹才会储存案件有关信息,对证明案件事实情况才有实际意义,这也是证明徐某某无罪的有力证据。

(三)经验总结

第一,据以定案的证据必须查证属实,确保证据形式和内容上合法。根据《刑事诉讼法》第50条规定,证据必须经过查证属实,才能作为定案的根据。在本案中,作为定案主要依据的物证的鉴定存在问题,并没有做到证据查证属实,最后导致了冤案、错案的发生。

第二,物证是通过自身的物质特征证明案件事实,物证所反映出往往只是案件的部分事实,必须借助其他证明手段。正如上述案件,即使徐某某抽血鉴定的血型果真和犯罪嫌疑人的精斑血型一致,也不能得出徐某某就是犯罪嫌疑人的结论。通常来说,单一的物证不能起证明案件事实的作用,必须与包括其他物证在内的证据综合证明,互为依存条件,互为证明关系,才能体现某一物证的证明价值。因为反映血型一致,并不能确定犯罪嫌疑人的同一性,必须借助其他证明手段证明案件事实。

第三,《刑事诉讼法》第55条规定,证据确实、充分,应当符合以下条件:1.定罪量刑的事实都有证据证明;2.据以定案的证据均经法定程序查证属实;3.综合全案证据,对所认定事实已排除合理怀疑。上述案件,不仅物证鉴定存在问题,证人与案件当事人或案件本身具有利害关系。存在这类关系,就有可能影响证人证言的真实性,以致削弱证明力的程度。

本章思考题

一、什么是物证的收集,物证收集的主体有哪些?

二、物证收集的方法有哪些?

三、收集物证时应注意哪些事项?

四、物证审查判断的内容有哪些?

五、审查判断物证有哪些方法?

第七章
书证的收集与审查判断

本章导读

　　书证是以相关载体上的文字、符号、图画所反映的思想和内容来证明案件事实的证据。书证有两个优点:一是客观性较强,不易伪造或篡改;二是书证很多能够独立证明案件的主要事实,属于直接证据。因此,书证在司法实务中的应用也非常广泛。故而,书证的收集和审查判断就显得特别重要,为了确保书证的真实性、关联性和合法性,对于书证的收集必须符合法律的要求。审查判断时,也应从书证的真实性、关联性和合法性三个方面严格进行。

第一节 书证的收集

一、书证收集的含义

书证收集是指在诉讼过程中,诉讼参加人寻找、获取与本案有关的书证的诉讼活动。

对于书证的收集应当明确以下三点:

(一)书证收集是一种诉讼中的诉讼活动。它不同于日常生活中普通民众对书证的收集。前者没有相应的法律对其调整,不会因此而产生相应的法律后果。而后者是一种诉讼行为,这种行为是否行使或是否正确行使将产生相应的法律后果。

(二)书证收集以不同的标准可以进行不同的分类。根据我国三大诉讼法的规定,以书证收集主体的不同,可分为当事人及其代理人的收集活动及司法人员的收集活动两种。

(三)由于诉讼性质的不同,三大诉讼法对书证收集程序的规定应有一定的差异。从一般意义上讲,由于刑事诉讼的最终结果涉及公民的人身权利、财产权利的丧失,甚至生命权利被剥夺而比民事和行政诉讼更具有严厉性,从而应更加重视并强调司法人员对证据收集程序的合法性及对诉讼证据的全面收集。在书证的收集程序规定上,应当比民事和行政诉讼更为具体详细。在刑事案件中,大量的书证主要由公安、检察等司法机关依职权获取。法院作为案件的审判机关,处于消极仲裁地位,其主要职责是审判案件而非收集证据,法院依职权收集书证的情况较少,仅限于法律规定的少数情形如当事人申请或涉及国家秘密等。而立法对被告人及其辩护人收集书证的行为除了申请收集的规定外,几乎没有其他任何规定。

在民事、行政诉讼中,法院的消极裁判地位比刑事诉讼更显突出,法院一般不会主动收集书证,只有在法律有规定的情况下才收集,对书证的收集主要由当事人及其代理人自行收集。因而,民事、行政诉讼法对法院收集书证的程序规定比刑事诉讼更少,且主要集中在当事人及其代理人的申请收集和法院的依职权收集两个方面。而另一方面,在民事、行政诉讼中存在的书证通常比刑事诉讼中存在的书证多,这在客观上又要求民事、行政诉讼对法院收集书证的行为规定详细。

二、收集书证的要求和法律依据

(一)书证应当提交原件

无论是《民事诉讼法》《刑事诉讼法》还是《行政诉讼法》都要求书证应当提供原件,否则书证就失去证明力,除非符合法律规定的例外情况。

1.民事诉讼中的规定

《民事诉讼法》第70条:书证应当提交原件。物证应当提交原物。提交原件或者原物确有困难的,可以提交复制品、照片、副本、节录本。

《最高人民法院关于民事诉讼证据的若干规定》第61条:对书证、物证、视听资料进行质证时,当事人有权要求出示证据的原件或者原物。但有下列情况之一的除外。

(1)出示原件或者原物确有困难并经人民法院准许出示复制件或者复制品的。

(2)原件或者原物已不存在,但有证据证明复制件、复制品与原件或原物一致的。

《最高人民法院关于适用〈中华人民共和国民事诉讼法〉的解释》第111条规定:民事诉讼法第七十条规定的提交书证原件确有困难,包括下列情形:

(一)书证原件遗失、灭失或者毁损的;

(二)原件在对方当事人控制之下,经合法通知提交而拒不提交的;

(三)原件在他人控制之下,而其有权不提交的;

(四)原件因篇幅或者体积过大而不便提交的;

(五)承担举证证明责任的当事人通过申请人民法院调查收集或者其他方式无法获得书证原件的。

前款规定情形,人民法院应当结合其他证据和案件具体情况,审查判断书证复制品等能否作为认定案件事实的根据。

2.刑事诉讼中的规定

《最高人民法院关于适用〈中华人民共和国刑事诉讼法〉的解释》第84条规定:据以定案的书证应当是原件。取得原件确有困难的,可以使用副本、复制件。书证有更改或者更改迹象不能做出合理解释,或者书证的副本、复制件不能反映原件及其内容的,不得作为定案的根据。书证的副本、复制件,经与原件核对无误、经鉴定为真实或者以其他方式确认为真实的,可以作为定案的根据。

3.行政诉讼中的规定

《最高人民法院关于行政诉讼证据若干问题的规定》第40条:对书证、物证和视听资料进行质证时,当事人应当出示证据的原件或者原物。但有下列情况之一的除外。

(1)出示原件或者原物确有困难并经法庭准许可以出示复制件或者复制品。

(2)原件或者原物已不存在,可以出示证明复制件、复制品与原件、原物一致的其他证据。

视听资料应当当庭播放或者显示,并由当事人进行质证。

(二)书证必须具有合法来源

《最高人民法院关于适用〈中华人民共和国刑事诉讼法〉的解释》第86条规定:在勘验、检查、搜查过程中提取、扣押的物证、书证,未附笔录或者清单,不能证明物证、书证来源的,不得作为定案的根据。对物证、书证的来源、收集程序有疑问,不能做出合理解释的,该物证、书证不得作为定案的根据。

但是,法律规定了例外情况,物证、书证的收集程序、方式有下列瑕疵,经补正或者做出合理解释的,可以采用:(1)勘验、检查、搜查、提取笔录或者扣押清单上没有侦查人员、物品持有人、见证人签名,或者对物品的名称、特征、数量、质量等注明不详的;(2)物证的照片、录像、复制品,书证的副本、复制件未注明与原件核对无异,无复制时间,或者无被收集、调取人签名、盖章的;(3)物证的照片、录像、复制品,书证的副本、复制件没有制作人关于制作过程和原物、原件存放地点的说明,或者说明中无签名的;(4)有其他瑕疵的。

三、实务演示

(一)案例导引

2016年10月,法院受理某进出口公司(以下简称A公司)提起的诉讼案件,A公司诉称:要求某餐饮公司(以下简称B公司)支付2015年9月至次年6月从其处采购海鲜价款未付的52万余元。

法院审理中,A公司提供B公司储运部核算单93份(均系复印件),向法院证明公司的供应货物总金额价值为674万余元,并承认B公司付清款项合计621万余元。

B公司以公司近期调整变动,内部成员流动较大导致部分入库单无法核实为由进行抗辩,且根据公司账目显示,所欠A公司款项已全部付清,不存在拖欠欠款的情况。为此B公司向法院提供清单及付款凭证,用以证明2015年9月9日至次年5月20日共付款A公司621万余元。B公司2月至6月的入库总金额为435万余元,但是2月之前的收货凭证不能提供

法院审查认为,A公司提供的书证不是原件,但按照A公司主张,自2015年9月至

次年1月的送货清单和B公司提供的付款金额完全相符,能确认在此期间送货总金额238万余元。A公司自2016年2月起供货与B公司清单中确认送货的金额也能对应,B公司已经自认收款435万余元。据此,可以证明A公司自2015年9月起的供货总计价款为674万余元。法院对A公司提供证据的证明力予以认可,并做出支持A公司诉请的判决。

B公司不服上诉,二审法院维持原判。

(二)案例分析

在民事诉讼中,对于书证的收集和提供主要是当事人及其代理人自行负责收集。司法实践上,也是由当事人、第三人主动向法院提交书证,其原因在于民事诉讼法遵循"谁主张,谁举证"原则,《民事诉讼法》第64条规定,当事人对自己提出的主张,有责任提供证据。原告对其诉讼请求或者被告对其答辩理由依据的事实应当承担证明责任。在本案中,A公司、B公司分别就其主张的事实提供书证,也是基于此原则。

此外,本案中诉讼双方所提交的证据较少,A公司提交的B公司储运部核算单对于本案事实的认定十分关键。根据《最高人民法院关于民事诉讼证据的若干规定》第90条规定,无法与原件核对的复印件,不能单独作为认定案件事实的依据。《民事诉讼法》第70条规定,书证应当提交原件。物证应当提交原物。提交原件或者原物确有困难的,可以提交复制品、照片、副本、节录本。本案中,A公司提供93份核算单的复印件,确实无力提交原件,A公司可以向法院提供复印件。

(三)经验总结

在民事诉讼中遵循"谁主张,谁举证"原则,当事人对自己的主张,要自己提出证据予以证明。这就要求诉讼主体积极主动地收集证据,比如,在本案中,原告需要对其主张和维护主张的依据提出证据证明,A公司想要回B公司尚欠的钱款,必须拿出证据来证明B公司仍有尚未支付的钱款。同理。被告B公司也应对自己的否认、反驳等主张提供证据。

与民事诉讼有区别的是,刑事诉讼一般由公诉人承担证明责任;行政诉讼一般由被告即国家行政机关承担证明责任。根据案件性质,由不同的当事人承担证明责任,意味着证据收集的主体也是不相同的。

第二节 书证的审查判断

书证的审查审判,应从书证的真实性、关联性和合法性三个方面进行。三个方面都符合的才能作为定案的根据,否则就不能用来证明案件事实。

一、审查书证的真实性

造成书证缺乏真实性或可靠性的原因:第一,制作人出于种种目的故意歪曲事实;第二,因某种原因对书证所载明、表述的内容事项缺乏了解或在认识上缺乏全面性,造成书证内容不能客观、全面地反映实际情况。第三,由于制作时书证的内容受到暴力胁迫或利益驱使的不良影响;第四,由于当事人之间对某一事实在认识或表述上存在的分歧,其中一方在记载表述时擅自断章取义,删除了对其不利的有关内容。

书证真实性的审查判断,应从以下两个方面着手:

(一)应当审查书证的获取过程,包括书证的制作主体以及条件。所提交的是否原件,在提取过程中是否遭到破坏等。司法人员应当安排书证的制作者及其他相关人员对所提交的书证进行辨认,以确保书证的真实性。

(二)应当识别书证有无伪造、变造的痕迹,还可以根据书证的保管情形进行全面衡量。所谓伪造就是模仿他人的笔迹或以其他手段制造假书证,所谓变造就是以涂改、加字、减字、剪贴等手段以改变书证内容所表现的外部特征来达到篡改书证内容的目的。识别方法通常是,对书证的痕迹、印章进行鉴定;也可以向书证的记录人、保管人进行查询、核对;根据书证相关手续是否正常、完备进行评估。

二、审查书证的关联性

在实际生活中,有些书证所记载的内容与案件事实之间的关系显得牵强附会或模棱两可、似是而非。因此,对此类书证与案件事实所涉及内容的关联性,必须结合其他证据,加以相互衔接、印证,方能作为证据使用,以防止不当采用证据而造成误判的发生。例如,在一起杀人案中,被害人是一未婚女子,经尸检查明已怀孕6个月。经判断奸情杀人的可能性较大。在收集到的被害人日记中所记载的内容后可以了解到,被害人与某工厂青年职工存在恋爱关系,且已有7个月,在时间上正好吻合。如果不与其他证据相互衔接或印证,这段日记所记载的内容有可能作为证据证明该青年职工杀人的事实。但如果仅凭该证据,显然还不足以证明案件事实。

三、审查书证的合法性

由于各种复杂原因所致,所制作的书证在内容上可能会出现与国家法律、法规相抵触的情形,如果证明的书证在内容上与国家法律、法规相抵触,那么该书证就无证明价值。首先,应当查明书证的制作人,确认该制作人是否有制作该种书证的资格。如查明制作人的主体身份是否合法;书证的内容与制作人的主体身份是否相当、吻合;是否是制作人亲自所为;有无存在暴力、威胁、利诱、欺骗的情形等。其次,应当查明书证是否符合法律要求的格式,是否具备法律要求的要素。

四、实务演示

(一)案例导引

与第一节案例导引中所示案例相同。

(二)案例分析

在本案中,A、B公司陈述的付款金额相同,而且B公司付款清单和A公司从2015年1月开始提供的核算单据,在金额款项上完全相同,并且每笔付款均在供货之后,并保持顺序一致。可以推导出A公司提供证据的真实性,足以排除合理怀疑。两家公司对2016年2月后的供货均无异议这一事实,根据逻辑推理和日常经验法则得出,A公司主张的事实完全达到高度可能性的认定标准,因此最后法院支持A公司的诉讼请求。

A公司提供的有关B公司储运部核算单93份的书证即使不是原件,但是B公司在法庭审理过程中的陈述和举证,恰恰能印证A公司提供书证记载内容的真实性。根据对《最高人民法院关于民事诉讼证据的若干规定》第90条规定的理解,书证复印件与其他有效证据结合,可以作为认定案件事实的依据。

值得注意的是,B公司如果没有在庭审过程中对A公司主张的事实做出任何实质性的回复,并且对A公司所提供复印件的真实性不予认可,那么仅仅凭借A公司提交的证据难以认定案件事实,法官对本案证据的认证工作也丧失了存在的基础。

(三)经验总结

商事交易过程中,书面形式相对于口头形式来说较为烦琐,当事人往往习惯采用口头形式沟通和交流,方便快捷。但是在交易产生纠纷的时候,往往很难拿出证据证明对自己有利的主张,特别是民事诉讼经常出现证据收集和提供困难的情形,但是举证困难并不是减轻原告的举证责任合法理由。根据"谁主张、谁举证",诉讼双方可能因为证据收集不及时、不充分,难以承担证明责任而败诉。诉讼是客观事实还原的过程,应认识到对证据的收集和保存重要性,针对书证而言,当事人提供证据原件是极为重要的。

审查判断书证,还应当结合其他证据进行综合判断。应当审查书证与其他证据所证明的对象是否同一,是否证据之间存在矛盾,分析证据之间的矛盾等,需要仔细分析,综合判断。比如,在上述案件中,被告的陈述对于法官印证原告书证的真实性进而对本案进行判决起到重要作用。

本章思考题

一、书证收集的含义是什么?

二、书证收集的要求有哪些?

三、书证审查的内容有哪些?

四、书证真实性的审查判断,应从哪些方面着手?

第八章

证人证言的收集和审查判断

本章导读

　　证人证言属于直接证据,能够独立全面地反映案件的主要事实,对于认定案件事实起着非常重要的作用。除此以外,通过证人证言还能够发现案件的其他线索,从而帮助相关人员发现、收集其他的证据,因此证人证言在司法实务中也有重要的作用,必须重视证人证言的收集。但是,由于证人证言属于言辞证据,主观性较强,证人可能受到本身条件的限制,导致反映的案件事实不全面或失真,甚至存在故意作伪证的情况,从而使其真实性难以保证。所以在司法实务中必须重视对证人证言的审查判断,确保其真实性。

第一节　证人证言的收集

收集证人证言一般采用询问证人的方式进行。这样便于司法人员随时向证人提出案件中需要查明的问题,弄清证人所谈情况的来源,以及使证人证言中不清楚或矛盾的地方得到澄清,因为询问证人是和具有各种心理、生理特征的人接触,所以这是一项十分复杂的工作。如果要做到正确地、有效地收集证人证言,就要注意兼顾法律、策略、方法等方面的问题,因而收集证人证言,必须严格依法进行。

一、收集证人证言的一般要求

《最高人民法院关于适用〈中华人民共和国刑事诉讼法〉的解释》第89条和第90条对于证人证言的收集进行了相应的规定,我们在收集证人证言时,必须符合这两个条文的要求,否则就有可能导致证人证言失去效力。

第八十九条　证人证言具有下列情形之一的,不得作为定案的根据:

(一)询问证人没有个别进行的;

(二)书面证言没有经证人核对确认的;

(三)询问聋、哑人,应当提供通晓聋、哑手势的人员而未提供的;

(四)询问不通晓当地通用语言、文字的证人,应当提供翻译人员而未提供的。

第九十条　证人证言的收集程序、方式有下列瑕疵,经补正或者做出合理解释的,可以采用;不能补正或者做出合理解释的,不得作为定案的根据:

(一)询问笔录没有填写询问人、记录人、法定代理人姓名以及询问的起止时间、地点的;

(二)询问地点不符合规定的;

(三)询问笔录没有记录告知证人有关权利义务和法律责任的;

(四)询问笔录反映出在同一时段,同一询问人员询问不同证人的;

(五)询问未成年人,其法定代理人或者合适成年人不在场的。

(一)询问证人要选择适当的时间地点

司法人员既可以到证人工作地点或证人住处进行询问,也可以通知证人到司法机关接受询问。通知证人接受询问,必须使用通知,而不能使用传票,必须是在正常的工作时间。对证人进行非法拘禁,使用戒具、引诱、套取、逼迫提供证言都是违法的。

(二)询问证人的有关内容应当是证人掌握和了解的内容

不能强迫证人回答他不了解和没有掌握的情况,同时要保证证人能够客观、公平、如实地提供证言。询问未成年人,应当根据实际情况,选择在未成年人熟悉的地方或环境中进行。必要时,可以邀请未成年人的家长或教师参加,以消除或减少未成年人的紧张情绪。

询问时所提的问题应当通俗易懂,使未成年人容易理解,便于回答,有的问题也可以通过在场的家长或老师进行询问;询问生命垂危的证人时,司法人员应当抓紧时间,必要时应当有医生、家属或其他见证人在场,并让见证人在笔录上签字。

(三)询问证人应当个别进行

在同一案件中,司法人员可能会向数个证人询问,不能采取集中询问的方式,以避免证人之间相互影响。证人也不能参加开庭审理的旁听,在审判过程中,有的法院通知证人出庭作证,证人参加了庭审的整个过程,这对其他人作证是有一定影响的,司法人员应当将证人与法庭隔离,只有需要证人作证时,才能让其出庭作证。

(四)询问证人时不得进行暗示性的提问

询问证人的目的是为了查清案件事实,只有证人公正、真实地陈述事实,才能使证人证言具有证据的价值,所以司法人员不能对证人进行暗示性的提问,否则,其证人证言就会影响案件的公正审理。询问应以口头方式进行。因为这样做可以使证人证言中不清楚或矛盾的地方及时予以澄清,但在某些特殊条件下,证人也可以用书面形式提供证人证言。

(五)询问证人时应当制作笔录

询问证人应当制作笔录,证言笔录是固定证人证言的主要形式,是司法人员认定案件事实的重要根据,因此,记录证人证言必须是实事求是。证言笔录应当交证人核对,如果证人没有阅读能力,应当向他宣读,如有遗漏、差错,证人可以提出要求进行补充、修改,如果证人认为没有差错,应当在笔录上签名盖章,司法人员也应当同时签名或盖章。

此外,司法人员询问证人时,应由两人以上共同进行,不得单独一个人自问自记。如果遇到特殊情况,可以由一名司法人员进行询问,但应有一名无任何利害关系的见证人在场,而且在询问后由其在笔录上签名或盖章。

二、收集证人证言时特殊情况的处理

(一)处于醉酒、中毒或者麻醉等状态的证人所做的证言不能使用

《最高人民法院关于适用〈中华人民共和国刑事诉讼法〉的解释》第88条规定:处于明显醉酒、中毒或者麻醉等状态,不能正常感知或者正确表达的证人所提供的证言,不得作为证据使用。证人的猜测性、评论性、推断性的证言,不得作为证据使用,但根据一般生活经验判断符合事实的除外。

因此,侦查人员在收集证人证言时,注意不能在其处于明显醉酒、中毒或者麻醉等状态,因为处于这个状态的证人他的感知与正常状态可能存在一定的差距,因此这个时候往往不能正确的表达,也就无法反映案件的真实情况。

(二)当庭证言与庭前证言相矛盾时,应当分别情况采信

《最高人民法院关于适用〈中华人民共和国刑事诉讼法〉的解释》第91条规定:证人当庭做出的证言,经控辩双方质证、法庭查证属实的,应当作为定案的根据。证人当庭做出的证言与其庭前证言矛盾,证人能够做出合理解释,并有相关证据印证的,应当采信其庭审证言;不能做出合理解释,而其庭前证言有相关证据印证的,可以采信其庭前证言。经人民法院通知,证人没有正当理由拒绝出庭或者出庭后拒绝作证,法庭对其证言的真实性无法确认的,该证人证言不得作为定案的根据。

三、实务演示

(一)案例导引

2013年8月30日,安徽省太和县大刘自然村的刘某中、刘某帅、刘某彪、刘某辉等人在城关镇街上吃饭,在吃饭饮酒后,刘某中对刘某帅说,约刘某帅同学徐某龙唱歌,并给徐某龙打了电话,打电话的过程中徐某龙与刘某中发生口角。之后,在城关镇镇政府门口相约见面后,刘某中与徐某龙再次发生口角,被人劝开,双方各自离开。刘某中认为徐某龙没有给他留情面,再次致电徐某龙,让他到大刘庄来。半小时后徐某龙驾车到城关镇大刘庄的村民刘某刚家门前的东西水泥路上,双方见面吵骂厮打,刘某帅等劝阻不住,刘某中用砖头砸徐某龙的头部两下,徐某龙倒地后,头部大量出血。后被送往医院,经检查徐某龙已死亡。法医分析认为,徐某龙头部是由具有一定接触面的钝器造成的淤血和损伤,徐某龙因严重颅脑损伤而死亡。

证人基本情况和证言的整理如下:

本案中,证人刘某彪15岁,为未成年人;其他证人有黄某、刘某帅、刘某凯、刘某

彪、刘某辉、刘某刚，均为成年人。刘某帅是刘某中的同村邻居，是徐某龙的初中同学；刘某中和刘某凯是叔侄关系；刘某中和刘某彪是父子关系；其余证人和案件当事人没有特殊关系。

1.证人刘某帅的证言整理：8月30日下午五点多，我从大刘庄开刘某中的车子，与刘某中、刘某彪、刘某辉到镇上去喝酒，大约两斤白酒，刘某中、刘某辉喝的多点，由我开车。吃完饭后，刘某中提议由他找人请我们几个到KTV练歌，刘某中就问我，前段时间他认识的有一个叫徐某龙的是否我同学，我承认了他是我同学。刘某中就拿出手机给徐某龙打电话，电话内容：喊徐某龙出来唱歌，徐某龙说有事要忙来不了，刘某中以很强硬的口气让他过来唱歌，后来也说了一些脏话。觉得情况不对我就提议大家回去。刘某中没有挂断通话，我听刘某中说我们很快到镇政府了。到镇政府门口发现徐某龙已经开车到了，我准备驾车直接走，刘某中不让走让我停车，说没事要和徐某龙谈谈。他下车后，徐某龙问刘某中骂他的原因，刘某中说脏话道："骂你怎么了?"说脏话要打死他，要去打徐某龙，我和刘某辉在旁拉住他，旁边还有其他人拉他，才没有打到徐某龙。后来我们一块驾车从镇政府回大刘庄的路上，刘某中说徐某龙太猖狂，非要弄死他，刘某中再次给徐某龙打电话上去就骂，说脏话并说到，有种过来大刘庄。果不其然徐某龙开车过来，刘某中下车之后捡起砖头就往徐某龙头上狠拍两下，徐某龙倒在地上，头上流血不止，之后就死了。

2.对证人刘某凯进行询问是在案发第二日后进行的，其所做的证言和刘某中的供述高度吻合。

证人刘某凯的证言整理：案件发生的那一天晚上，吃完饭后刘某中给徐某龙打电话要一块唱歌，我听到两人电话里发生争吵，后来刘某中对徐某龙说在镇政府那里讲和，见面后徐某龙要打刘某中，被人拉开。在回去的路上，徐某龙又给刘某中打电话挑衅说要揍刘某中。在大刘庄头见面后，徐某龙要扑上前打刘某中，刘某中捡起砖块反击砸中徐某中的头部，其流血倒在地上。

3.证人刘某辉，37岁，系刘某中的同村人，和刘某中没有亲属关系。侦查人员在讯问过程中对其大声呵斥，加之刘某辉性格胆小，导致其异常紧张，几乎拒绝了作证。并且犯罪嫌疑人刘某中的妻子和长子刘某虎多次找过刘某辉，案件发生后，犯罪嫌疑人刘某中的家人在向其了解事发情况后，就嘱托甚至威胁刘某辉道，"你就说是对方（死者）没事找事，后来要打刘某中，刘某中无奈失手把他砸伤。"刘某辉没有答应。而且侦查人员询问刘某辉之后，刘某中的家人都会准时询问作证情况和证词内容。

证人刘某辉的证言整理：我那天喝多了，听到刘某中给人打电话，内容记不住了，后来上车我就睡着了，在大刘庄头，等我下车后发现一个男子头流血躺在地上，我没看清是怎么回事。

4.证人刘某彪,是高一学生。侦查人员对其单独询问的时候,刘某彪由于过于紧张和害怕,泣不成声,对于案件的情况沉默不语,因而无法完成询问。后安排其班主任进行规劝和陪同询问,其做出相对客观的证言。

5.证人刘某刚被看到在案件发生的时候,刚从家里走出来(刘某帅和刘某彪提到),但证人刘某刚开始予以否认,说没看到打架过程,他出来后就看到一男子躺在地上流了很多血。后经多次做刘某刚的思想工作后谈到,因刘某中平时在村里就仗势欺人,因害怕日后被找麻烦所以不敢说,经过侦查人员的思想工作,打消了作证顾虑。

证人刘某刚的证言整理:晚上8点多,看到门口路上来了两辆车,其中一辆车上下来几个人,分别是刘某中父子、刘某辉、刘某帅、刘某凯,另外一辆车上下来一个人,这个男子面熟。这个男子和刘某中谩骂并扭打在一起,其他几个人就去拉,结果刘某中拿起砖头拍向那个男子,拍了一两下。因为当时站的比较远,没走太近看不清楚。只是看到那个男子倒在地上,因为心里害怕我就回家了,后来警察来了,我过去看那个男子已经死了。补充询问中刘某刚说道:我也看到大高个子刘某彪在村头前殴打了死者,用手击打胳膊和胸部。

6.证人黄某是大刘庄临村黄庄人,是被害人父亲徐某仁提供的证人。黄某在案发时骑自行车路过大刘庄。公安机关考虑到黄某家人众多,担心在其家中询问会影响其作证,但是黄某家离派出所又比较远,侦查人员认为黄某军也不是重要的证人,就让到警车上接受询问。

证人黄某的证言整理:证人除证实刘某中的行为外,还看到一个高个子(几人中只有刘某彪一人身高超180厘米)拉扯殴打那个倒地的人。

(二)案例分析

本案对证人证言的收集,有以下几点值得注意:

第一,侦查人员没有遵循对未成年人的证言收集程序、方式所做的规定。

在本案中作为证人之一的刘某彪,年龄15岁,属于未成年人。《刑事诉讼法》第281条规定,对于未成年人刑事案件,在讯问和审判的时候,应当通知未成年犯罪嫌疑人、被告人的法定代理人到场。无法通知、法定代理人不能到场或者法定代理人是共犯的,也可以通知未成年犯罪嫌疑人、被告人的其他成年亲属,所在学校、单位、居住地基层组织或者未成年人保护组织的代表到场,并将有关情况记录在案。询问未成年被害人、证人,适用该相关规定。现行《公安机关办理刑事案件程序规定》也有类似规定,第323条规定,讯问未成年犯罪嫌疑人,应当通知未成年犯罪嫌疑人的法定代理人到场。无法通知、法定代理人不能到场或者法定代理人是共犯的,也可以通知未成年犯罪嫌疑人的其他成年亲属,所在学校、单位、居住地基层组织或者未成年人保护组织的代表到场,并将有关情况记录在案;第326条规定询问未成年被害人、证人,适用本规定第323条的规定。《未成年人保护法》第110条也规定,公安机关、人民检察院、人民法院讯问未成年犯罪嫌疑人、被告人,询问未成年被害人、证人,应当依法通知其法定代理人或者其成年亲属、所在学校的代表等合适成年人到场,并采取适当方式,在适当场所进行,保障未成年人的名誉权、隐私权和其他合法权益。依据现行法律规定,对证人刘某彪询问应当通知其法定代理人到场,侦查人员没有进行通知,并且对刘某彪进行单独询问的做法程序违法。

第二,侦查人员未做好对证言的保存和保密工作,对其他证人证言的真实性造成影响,增加了查明案件事实的难度。

侦查人员为图方便,在车内对黄某进行询问。黄某坐在警车后排座位,两名侦查人员分别坐在驾驶和副驾驶位置。证人黄某案发时因为距离原因实际并未看清案发现场情况,只是模糊看到刘某彪对被害人的动作。由于侦查人员的疏忽,将对询问刘某刚的笔录放在副驾驶位置背后的网袋中,被黄某阅读后导致在描述刘某彪对被害人的行为时同刘某刚的证言如出一辙。

侦查人员没有保守工作秘密,使徐某仁得知刘某刚的证言内容,导致其坚信刘某彪也是害死儿子凶手。刘某彪经多次讯问拒不供述。侦查人员又反复询问刘某帅、刘某辉,也均未看到刘某彪有加害行为,被害人身体相应部位也未发现有伤痕,后仔细对比刘某刚和黄某的笔录排除提前商议的可能,但是笔录内容又十分接近。才推测黄某阅读过刘某刚的笔录,经对黄某询问,黄某予以承认。

第三,侦查人员询问证人没有选择合适的时间,收集证据不及时。

根据《刑事诉讼法》第52条规定,审判人员、检察人员、侦查人员必须依照法定程序,收集能够证实犯罪嫌疑人、被告人有罪或者无罪、犯罪情节轻重的各种证据。侦查人员对刘某凯的询问是在案件发生后的第二天进行的,没有及时询问刘某凯,导致了刘某凯与刘某中在言词证据上的串通。

(三)经验总结

第一,收集证人证言应当注意特殊情形,包括《刑事诉讼法》在内的法律规范已经对证言收集规定了较为详细的程序和方式。比如,出现未成年人作为证人的情形,应当按照规定进行询问。

第二,应当保证证言的真实性,保证证人公正、真实地陈述事实。比如,应当为询问证人提供合适的时间、地点;又如,保证证人之间没有相互影响,保证证人就自己所知道的与案件有关的情况如实陈述。

第三,办案人员应当严格遵守法定程序,注意保守秘密。在固定证据的同时,注意对证据的妥善保存,遵守法律规定,保守秘密。在本案中由于侦查人员的疏忽,黄某阅读到刘某刚的笔录进而做出证言,黄某违反了如实作证的义务。问题的发生也是侦查人员没有遵守法定程序,对证据没有妥善保管导致的。

第二节 证人证言的审查判断

《最高人民法院关于适用〈中华人民共和国刑事诉讼法〉的解释》第87条规定了对证人证言应当着重审查的内容:(一)证言的内容是否为证人直接感知;(二)证人作证时的年龄、认知、记忆和表达能力,生理和精神状态是否影响作证;(三)证人与案件当事人、案件处理结果有无利害关系;(四)询问证人是否个别进行;(五)询问笔录的制作、修改是否符合法律、有关规定,是否注明询问的起止时间和地点,首次询问时是否告知证人有关权利义务和法律责任,证人对询问笔录是否核对确认;(六)询问未成年证人时,是否通知其法定代理人或者刑事诉讼法第二百八十一条第一款规定的合适成年人到场,有关人员是否到场;(七)有无以暴力、威胁等非法方法收集证人证言的情形;(八)证言之间以及与其他证据之间能否相互印证,有无矛盾;存在矛盾的,能否得到合理解释。这是我们审查判断证人证言有无证据能力和证明力,能否采用认定案件事实的法律依据。

一、审查判断证人的作证能力

证人的作证能力主要取决于证人智力的发育程度或状态,而非完全取决于证人的年龄,我国诉讼法对证人的年龄没有明确的限制性规定,主要是从证人的智力状态来判断的。我国《民事诉讼法》第72条规定:"不能正确表达意思的人,不能作证。"显然,那些凡是知道案件情况并有作证能力的人,都可以作为证人,那些完全丧失正常理智,大脑神经功能已完全失调的精神病患者,对于客观事物分不清是非,不能正确反映,不能正确表达思想,不能够提供对查明案件事实有意义的证言,他们不具有作为证人的资格。

《最高人民法院关于民事诉讼证据的若干规定》第67条第二款规定,待证事实与其年龄、智力状况或精神健康状况相适应的无民事行为能力和限制民事行为能力人,可以作为证人,这就保证了那些在生理上或精神上虽然有某种缺陷,但是还能够辨别是非,能够正确表达的人,仍然可以作证。

对于证人能力的认证,应当根据案件的复杂程度,作证能力对证人智力发育的要求程度,结合证人的生理、心理、性格、受教育状况等因素,综合判断。对证人作证能力的判断,主要是审查证人以下两个方面的能力:

(一)感知、记忆和回忆能力。证人的感知、记忆和回忆能力是由生理能力和精神能力两个部分组成的。证人的生理能力是一个易于检验的问题,因此,证人的精神能力就成为问题的关键。由于一个完全没有精神能力的证人是难以想象的,通常情况下精神能力所影响的是证人证言的证明力,而不是排除其可采性。因此,精神能力问题是一个特别适合于由裁判者来加以判断的证明力和可信性问题。除非证人的精神能力已经影响到了其辨别是非的能力和正确表达的能力,否则,不能以精神能力为理由否定证人作证的适格性,这表明,在证人感知能力问题上,从强调证人要表现出相应的感知能力,转移到了强调法庭要具备听取并审查有关证言的能力。

(二)辨别是非的能力和正确表达的能力。辨别是非的能力和正确表达的能力是对证人感知结果外具有直接影响的两个因素。因此,许多国家和地区在立法上对此进行了明确规定:1.辨别是非的能力。所谓辨别是非的能力,实际上就是要求证人具有认识其如实作证的责任的能力。在西方国家,这一能力一般是通过宣誓或郑重陈述程序加以检验的。2.表述能力是指证人就其感知的案件事实进行交流的能力。这种表述能力的实质就是要求证人具有交流能力,因此,即使这种交流需借助相应的人员、器具,如翻译人员、助听设备,仍然不能否定其交流能力的存在。许多国家在立法中对证人的表述能力做了明确规定。

二、审查判断证人证言的真实性

(一)应当从证人证言的来源方面展开审查

证人证言的来源涉及该证人对案件事实的了解是其亲眼看见,还是道听途说。如果证人证言是直接来源于证人亲身的感受,显然其就具有较强的真实性,否则其在真实性方面显然有所削弱,进而也会影响其证明力。需要指出的是,之所以我们认为间接证据来源于他人转述得来的证人证言只是降低证明力,而不丧失证据能力,是因为我国不宜确立英美法系的传闻证据排除规则,相反更适宜构建大陆法系盛行的直接言词原则。

(二)应当审查证人证言的形成过程

即使一个如实提供证言的人,其陈述的内容也有不符合客观事实的可能,这主要是因为,证言的形成过程是一个复杂的、主观能动地反映客观事物的感知、记忆和陈述过程。在对事物的感知阶段,证人在生理、心理、神经、精力上是千差万别的。同时还与证人社会经历、出身、知识结构等所构成的综合观察、识别能力有很大关系。并反映在证人的大脑的记忆以及语言表达方面的各种差异。

(三)应当审查证人与案件当事人或案件本身是否具有利害关系

从广义上而言,这种利害关系包括亲属关系、朋友关系以及相互敌视的对立关系等。如果存在这类关系,就有可能影响证人证言的真实性,以致削弱证明力的程度。

(四)审查认定证人的品格、操行对其证言是否产生影响

证人的证言陈述往往受其品格、操行的影响。凡是品格、操行一贯优良的证人,其证言具有更大的真实性和可靠性,反之,则真实、可靠性较弱,当然,我们也不能一概而论,不应以证人的身份、地位等作为认定其证言证明力的唯一标准,要具体情况具体分析,只有这样,才能依据证据对案件做出正确判断。

三、审查判断证人证言的关联性

证人证言同案件事实的关联性就是指证人证言同案件事实有某种联系,并因此对证明案件具有实际意义,这种联系主要包括因果联系、条件联系、时间联系、空间联系、必然联系和偶然联系等。证人证言与需要证明案件事实之间的关联性大小对证人证言的证明力大小有决定作用。有关联则有证明力,无关联则无证明力,关联的形式和性质不同,证据证明力的大小也有不同,因此,审查判断证人证言的证明力就要分析该证人证言是否与案件事实之间的关联性。对证人证言关联性的认识,要从以下两个方面说明:

(一)证人证言关联性属于证人证言的内容或实体问题

证人证言关联性属于证人证言的实质分量与本体证明意义,与其存在的形式或表现的形式无关,这与合法性与其他证据排除规则不同。例如,证人某甲向法庭所做的证言陈述是从证人某乙处获悉的,而某乙才是事件的目击者,虽然某甲向法庭所做的证言陈述与待证事实具有关联性,但是某甲向法庭作证的形式属于传闻证据,因此,不具有可采性。

(二)证人证言的关联性与证人证言的证据能力和证明力

证人证言的关联性包括可以作为证据使用的资格与证明力问题。前者指证据能力。没有证据能力,就意味着要被排除规则排除,所以就不存在法庭采信问题,也没有证明力大小问题,从而,缺乏关联性的证据,即欠缺证据能力,法庭不必调查,因此,在审查判断证据的时候,一般要做到分析判断:证人证言与案件事实之间有无客观联系。凡是与案件事实无关的证人证言均应通过质证剔除出去。证人证言与案件事实之间联系的形式和性质。证人证言与案件事实之间的联系多种多样,十分复杂。要想准确地弄清证据证明作用的大小,就必须认真地分析他们之间联系的形式和性质。

由于证人证言与案件事实之间联系的形式具有多样性,既有必然联系,也有偶然联系,既有因果联系,也有非因果联系,还有内部与外部、直接与间接的联系,由于联系程度不同而表现出不同的证明力。证人证言与案件事实之间联系的可确定程度,一般地说,证人证言与案件事实之间的可确定度是由证人证言的可确定度决定的,可确定度高的证人证言往往可以单独认定某一案件事实,而可确定度低的证人证言必须与其他证人证言结合在一起,才能认定某一件事实。

此外,还必须审查证人证言与其他证据之间的联系,才能甄别真伪,确定证人证言的证明力。一个证人证言同其他证据加以对照、印证,进行综合分析,如果所有的证据协调一致指向同一事实,可以认定该证人证言为真,如果通过分析当事人的陈述之间,当事人陈述和证人证言之间,不同证人证言之间,有无矛盾,并把经过质证的全部证据与案件事实联系起来进行认定。在综合审查判断过程中,不能为证据之间、证据与案件事实之间的表面一致所迷惑,要善于发现问题,善于分析和解决矛盾,去伪存真。

四、审查判断证人证言的合法性

证据的合法性,又称证据的法律性,是指证据的形式以及证据的收集和运用必须符合法律的规定,作为认定案件事实依据的证据必须符合法律规定的形式和要求,具有合法性,否则可能因不符合证据能力方面的要求而丧失证人资格,不能作为诉讼证据采纳。证人证言作为证据的一种,它的合法性是指证明案件真实情况的证人证言必须符合法律规定的要求,它主要表现在以下两个方面:

(一)审查判断收集证人证言的程序是否合法

证人证言必须是法定人员依照法律规定的程序和方法进行收集。我国《民事诉讼法》对各种证据的收集、调取都规定了具体的程序。证人证言的收集是否符合法定程序,直接影响着证人证言的真实性和可靠性,因此在审查证人证言的合法性,应着重查明收集证人证言的程序是否合法。在审判实践中,审查证人证言一般应着重从以下几方面进行:(1)证人是否出于不良动机,提供虚假的证言。例如证人是否因与当事人有亲属、恩怨等关系而提供虚假证言。(2)证人是否因生理上、心理上、认识上、表达上等原因提供了不实的陈述,如证人是否因年幼无知或因生理缺陷而在感知上、记忆上、表达上产生差错,或者因知识水平所限,对发生的案件事实不能正确理解,因而提供的证言与事实不符。(3)是否因其他主观上或客观上的因素,影响了证据的确实性。如证人是否在感知有关案件事实时,因距离较远、空间障碍、光线太暗、音响太小或者因事情发生的突然与短暂等,影响其感知的准确性和全面性。(4)司法人员收取的证人证言是否正确、合法、确定。如在记录过程中,是否客观、准确,有无遗漏、错记等。

(二)审查判断证人证言是否具备法定的形式,手续是否完备

我国《民事诉讼法》规定,收集证人证言要有指定的办案人员进行,询问证人时不能少于两名办案人员,要向证人出示证件,介绍自己的身份,同时查明证人的身份及基本情况,告知作伪证应承担的后果。证人证言如果是书面的,要有证人签名或盖章,如果是口头的,要制作询问笔录,并由证人和询问人签名或盖章,手续不全的证人证言不具备合法性,不能作为定案证据使用。

(三)审查判断证人证言的运用是否合法

证据的运用符合法律规定,也是证据合法性的一项重要内容。为保证证据具有证据能力和证明力,《民事诉讼法》规定,证据必须经过查证属实,才能作为定案的依据,证人证言必须经过质证等。因此,我们在审查证人证言时,要把握的就是证言的形式、来源和运用是否符合法律规定。

五、实务演示

(一)案例导引

与第一节案例导引中所示案例相同。

另补充,犯罪嫌疑人刘某中供述和辩解,整理如下:

刘某中供述,自己和徐某龙是老乡,没有特别深的交情也没有其他纠纷。8月30日喝过酒吃完饭后,给徐某龙打电话是想让他请唱歌一起娱乐,正好知道他也是刘某帅的同学,让他请唱歌也能显示自己社会地位,让别人觉得我混得不错。结果打电话

时说"该怎么混还怎么混,出了事都是我的"等大话,徐某龙就说脏话,说我算老几,于是我俩就在电话里吵起来并约他到镇政府门口,目的是问他为什么骂我、训斥他。结果到镇政府徐某龙上来就骂我,并且想动手打我,我想对打但被人拉开了。在回大刘庄的路上,徐某龙给我打电话仍说脏话侮辱我,我也言语挑衅约他到大刘庄,说他来了我非打他不可。目的是说一说解解气,没想到徐某龙果真开车过来,下车就要打我,他年轻我害怕斗不过他,就随便从路边捡起砖头自卫,结果一下子砸他头上了,他倒地流了很多血,我就吓跑了。

(二)案例分析

在证人证言收集过程中,侦查机关对相关证人的询问,出现过拒绝作证的情形,如沉默不语或者应付侦查人员等,比如像最初对刘某彪、刘某辉和刘某刚的询问,但是应当开展相应工作鼓励证人积极作证。最后三位证人的证言对案件事实的查清和认定起到重要作用。

证人刘某帅和刘某凯有关该案件所做的证言有很大出入,证人之间证言存在矛盾。比如,有关第二次谁给谁打的电话这一问题,刘某帅说是刘某中给徐某龙打过去的,刘某凯说是徐某龙主动打过去的,证言之间存在这矛盾,后来查明是刘某中主动给徐某龙打电话。又如,在大刘庄头,是哪一方主动动手,还是二人相互纠打在一起的这一问题,刘某帅说刘某中扑上去打徐某龙,而刘某凯的说法却恰恰相反,经查实是两个人主动相互去厮打。证人的证言明显偏袒某一方。这就需要侦查人员仔细辨别。

本案主要是通过依靠刘某帅、刘某辉、刘某凯、刘某刚等人的证言排除刘某彪的犯罪行为。最终采信刘某帅、刘某辉、刘某凯、刘某彪、刘某刚、黄某等证人证言推翻了犯罪嫌疑人刘某中称其是自卫的辩解,认定刘某中属于故意伤害而非故意杀人,进而对其定罪判刑。

(三)经验总结

在本案例中发现了以下问题并进行经验总结:

第一,应当审查判断证人证言的真实性。比如,审查证人与案件当事人或案件本身是否具有利害关系、亲属关系、朋友关系以及对立关系等。存在这类关系,就有可能影响证人证言的真实性,以致削弱证明力的程度。证人不如实陈述,在某种情况下,可能缩小、掩盖某种事实,又可能扩大、虚构某种事实,遇到此种情况应反复查证核实。证人刘某帅和刘某凯有关该案件所做的证言有很大出入,就是由于存在立场问题导致的。

第二,审查判断证人证言的关联性。有关联则有证明力,无关联则无证明力,关联的形式和性质不同,证据证明力的大小也有不同。比如,证人黄某案发时自己实际并未看清案发现场情况,只是模糊看到刘某彪对被害人的动作。由于黄某阅读过侦查人员对刘某刚的询问笔录,导致在描述刘某彪对被害人的行为时同刘某刚的证言如出一辙。此时黄某的证言就存在问题,不具有可采性。

另外,需要通过审查证人证言与其他证据之间的联系,甄别真伪,确定证人证言的证明力。也需要通过审查证据之间的关系,同其他证据加以对照、印证,进行综合分析,去伪存真,认定案件事实,比如,采信刘某帅、刘某辉、刘某凯、刘某彪、刘某刚、黄某等证人证言推翻了犯罪嫌疑人刘某中称其是自卫的辩解。

第三,审查判断证人证言的合法性。比如,针对未成年人证人刘某彪询问应当通知其法定代理人到场,侦查人员没有进行通知,并且对刘某彪进行单独询问的做法存在程序违法。证人证言的收集是否符合法定程序,直接影响着证人证言的真实性和可靠性,因此在审查证人证言的合法性时,应着重查明收集证人证言的程序是否合法。

本章思考题

一、收集证人证言一般有哪些要求?

二、收集证人证言时可能遇到哪些特殊情况,应如何处理?

三、审查判断证人证言是应从哪些方面着手?

四、如何审查判断证人证言的真实性?

五、应如何理解证人证言的关联性?

六、证人证言的合法性表现在哪些方面?

第九章

被害人陈述的收集与审查判断

本章导读

　　被害人是遭受犯罪行为直接侵害的对象,是案件的亲身经历者,通常与犯罪分子有过当面的接触或交流,从而决定了其对案件事实或犯罪分子的了解应该是非常清楚的。因此,我们通过被害人的陈述,首先可以了解案件事实,查清案件事实;其次,我们可以通过被害人的陈述发现案件的其他线索,以此去寻找、收集案件的其他证据。所以,在司法实务中收集被害人陈述对于查明案件事实是非常重要的,也是非常关键的。但是被害人在陈述时往往具有一定的报复心理,有可能会故意夸大案件的事实或情节,从而导致事实失真。这个特征决定了我们在使用被害人陈述来认定案件事实时,必须注意对其进行仔细的审查判断,以确保其真实性。

第一节　被害人陈述的收集

被害人陈述主要分为两种情况：一是与犯罪分子有直接接触或者在犯罪现场亲眼看见犯罪行为发生的被害人的陈述。这类情形常见于伤害、抢劫、强奸、杀人等暴力犯罪案件中。二是与犯罪分子没有直接接触或没有亲眼看见犯罪行为发生的被害人的陈述。

这种证据的优点主要体现在证明方式上的直接性、具体性、生动性和形象性。刑事案件中，如果能够收集到被害人陈述，对于确定侦查方向，快速侦破案件，查明案件事实具有重要作用。因此，对于被害人陈述应该予以认真细致的收集。

一、被害人陈述收集的程序

根据刑事诉讼法的规定，对被害人陈述的收集，主要是通过询问的方式，适用询问证人的程序，制作询问笔录或制作录音、录像加以固定和保全。

（1）审判人员、检察人员、侦查人员以及人民检察院或者人民法院许可的辩护律师有权对被害人进行询问。询问的时候不得少于2名办案人员。

《刑事诉讼法》第52条规定："审判人员、检察人员、侦查人员必须依照法定程序，收集能够证实犯罪嫌疑人、被告人有罪或者无罪、犯罪情节轻重的各种证据。严禁刑讯逼供和以威胁、引诱、欺骗以及其他非法方法收集证据，不得强迫任何人证实自己有罪。必须保证一切与案件有关或者了解案情的公民，有客观地充分地提供证据的条件，除特殊情况外，可以吸收他们协助调查。"

需要说明的是，只有承办本案件的公安、司法人员才有权利询问该案的被害人，非本案的办案人员，即使是公安、司法人员未经组织安排也不允许询问被害人。《刑事诉讼法》第43条规定："辩护律师经人民检察院或者人民法院许可，并且经被害人或者其近亲属、被害人提供的证人同意，可以向他们收集与本案有关的材料。"当然，如果被害人不同意，则这种询问无法进行，从这种意义上来说，辩护律师对被害人的询问是有限的，而且不具有法律上的强制作用。

（2）出示证明文件。如果公安、司法机关将询问被害人地点确定在被害人所在单位或者住处进行,则进行询问的公安、司法人员必须向被害人及其所在的单位出示证明文件,以便该单位安排被害人接受询问和被害人对有权调查案件的公安、司法人员进行陈述。关于《刑事诉讼法》规定的"证明文件"应当指什么文件,《刑事诉讼法》未予以明确规定。我们认为,证明文件必须明确两个问题:一是公安、司法人员对已经发生的刑事案件有权调查;二是参与询问的公安、司法人员是受公安、司法机关指派承担该案的调查任务。

(3)确定询问的地点。根据《刑事诉讼法》的规定,询问被害人的地点主要有三个:一是被害人的所在单位;二是被害人的住处;三是公安机关、人民检察院和人民法院的办公地点。应当说,公安、司法人员在上述三个地点中的任何一个地点询问都是可以的。但是由于客观上情况比较复杂,有的被害人是个体商户或者农民,没有工作单位,或者到住处询问比较不方便,或者有利于调查就只能到公安、司法机关提供陈述。

(4)告知权利、义务。根据《刑事诉讼法》第108条第2项规定,被害人是刑事诉讼中的当事人。因此,被害人有权利依据《刑事诉讼法》第29—32条规定,要求审判人员、检查人员、侦查人员以及书记员、翻译人员回避。上述人员也有义务自行回避以确保被害人的回避权,消除被害人的不信任心理,积极进行陈述,也可以保证公安、司法人员客观公正地查处案件。但是,《刑事诉讼法》第31条第二款也规定:"对侦查人员回避做出决定之前,侦查人员不能停止对案件的侦查。"

二、被害人陈述收集需要注意的问题

首先,为了保证收集的被害人陈述的真实性,证据收集人员应当严格依法进行,具体包括:(1)有关机关应依法接受被害人的控告。被害人在受到犯罪行为侵害后,会向有关机关提出控告,这是被害人陈述的重要内容之一,对此,有关机关应当依法接受并依法处理。(2)接受控告的工作人员,应当向提出控告的被害人说明其法律责任,即诬告应负的责任及其拥有的权利。(3)在侦查期间,应当对提出控告的被害人提供人身保护,以确保其安全。(4)侦查人员对被害人进行询问时,应当严格遵照《刑事诉讼法》的规定进行。(5)对同一案件的数名被害人应分别询问,分别制作笔录。

其次,被害人陈述的收集人员应当采取恰当的方法来收集证据。具体包括:(1)鉴于被害人陈述的不可替代性,收集被害人陈述应当收集其本人的陈述。(2)在询问被害人之前,应当调查、了解被害人的情况,针对具体情况在必要时做好思想工作和法制宣传工作,使被害人能充分配合证据收集人员客观真实地陈述案件情况。(3)在证据收集时,收集人员应当注意遵守法律规定,尊重被害人,不能采取威胁、利诱、欺骗等不正当方法收集被害人陈述。(4)在进行被害人陈述的收集时,收集人员询问应明确简要、通俗易懂,询问态度应当和蔼、平易近人,要有耐心,并在具体询问时须针对特定人士采取合适的方式进行。

三、实务演示

(一)案例导引

被害人王某在其乡下河边于晚上7时许被人扒去衣服并实施了强奸,被害人的陈述中说到,被害人曾经激烈反抗过,因此自己的上身被犯罪嫌疑人抓伤;在被侵害后在河边停留了4个小时才回家。

经查明,河边的案件发生地点与被害人的住处并不远,被害人陈述在河边停留4个小时的行为,十分反常。法医鉴定认为,被害人王某上身的抓痕有自残痕迹。通过进一步询问和调查,查明王某与李某通奸时因衣服被人拿走而不敢回家,因此在河边停留4个小时,深夜才回。王某被家人发现后,怕事情败露便抓伤上身,控告有人对其实施了强奸。

(二)案例分析

在王某报案后,经过确定好询问的时间、地点,询问的时候由2名办案人员进行询问。公安机关在正式询问被害人之前告知了被害人询问主体身份和其应当享有的权利、义务。比如,向提出控告的王某说明其法律责任,即诬告应负的责任及其拥有的权利。

在本案中,被害人陈述称,犯罪嫌疑人抓伤了自己,遵循征得本人同意非强制的规则,为了确定被害人的身体特征、伤势或生理状态,在征得王某本人同意后可以对其进行人身检查。后查明,实则是王某自己造成的伤痕,王某有意伪造证据,因此对这类被害人陈述,侦查机关进行了谨慎审查。

在本案中,被害人在河边停留4个小时,深夜才回。待在被害地点,既没有求救,也没有选择立刻回家,与一般的强奸案件不同,属于反常行为,与一般常识不相符合。这也反映了当事人陈述的特点,陈述具有真实性和虚假性并存的特征,当事人与案件结果有着直接的利害关系,由于趋利避害的心理作用,当事人的陈述往往既有真实性的一面,又有虚假性的一面。

经验总结

被害人陈述具有较强的主观性和复杂性,被害人由于受到犯罪侵犯,情绪往往激动,所做的陈述可能模糊不清,也可能被夸大失实;另外被害人出于担忧等,可能像上述案件被害人做出虚假陈述一样,编造谎言、污蔑他人,被害人陈述又不能被他人替代,其更了解案件发生的过程,对案件具有重要的证明作用。

因此,要求不仅应当保证侦查人员依法收集被害人陈述,被害人陈述的收集人员还要做到采取恰当的方法。我们在运用被害人陈述证明案件事实时,必须认真审查核实。

第二节 被害人陈述的审查判断

一、被害人陈述真实性的审查

被害人陈述作为证据使用时,必须保证真实可靠,如此方能保证案件裁判的客观和公正。但是被害人陈述作为言辞证据,由于受到主观和客观条件的影响,具有真实性和虚假性并存的特征。如果陈述的内容不加仔细审查而存在虚假时,便有可能误导侦查方向,浪费时间和精力。一旦采用认定案件事实时,更会导致裁判出现错误,造成冤假错案,因此对于被害人陈述真实性的审查非常必要。

对于被害人陈述真实性的审查,应从以下几个方面着手。

(1)被害人陈述的来源。有些事实可能是被害人亲自感受的,但有些事实就可能是事后听他人转述得知或被害人通过他所亲历的事实而想象、推测出来的,如某被害人陈述他被犯罪分子用一木棒打昏在地后,另外两人用刀将其手、背各砍两刀,这一陈述中,显然被害人被打昏过后所发生的情况,就不是他直接感知的,而是他人转述的,就应审查是什么人在什么情况下转述的,如果是被害人推理的,就应审查推理根据、前提条件是否成立。

(2)审查分析被害人陈述的内容是否合情合理,是否符合一般常理。对违背一般规律或内容前后矛盾,就应进一步询问或采取其他方法核实。

(3)被害人陈述与其他证据有无矛盾。如发现存在矛盾,应分析矛盾的内容,或再行收集证据来肯定或否定被害人陈述。

(4)被害人与被告人、犯罪嫌疑人的关系。一般情况下,被害人与犯罪嫌疑人、被告人素不相识或关系正常,则故意捏造事实,提供虚假陈述可能性小,如有冤仇或原先关系密切,则较容易作虚假陈述,可能夸大事实情节,甚至捏造事实,加重罪责,也可能缩小、隐瞒事实真相,为犯罪分子开脱罪责。

(5)查清被害人的身份、平常的思想品质、作风及一贯表现。如果一个人平常思想品质良好,作风正派,一贯表现都能得到所在单位或居委会及居民的肯定,这种情况的被害人,在司法机关所做的陈述及报案材料的可信度就较高,反之,司法机关就必须十分谨慎,以防止步入伪证的陷阱,出现冤假错案。当然绝不能简单地认为被害人品质有问题,其陈述就假,而应当根据案件的有关证据,去综合分析判断。

二、被害人陈述关联性的审查

任何事物的发生、发展和消亡都有其内在的本质规律。自然界的演变、进化同样要合乎自然规律。社会事物的存在必须遵循其社会规律。作为刑事案件的被害人的陈述,同样必须合乎自然规律和人们有史以来的生活规律和生活习惯。违背自然规律,反常于人们的生活习惯,不合乎情理的陈述,往往就会使被害人陈述出现问题,造成虚假信息,误导办案人员。如果办案人员不具备起码的证据识别能力,就必然走进误区,被被害人的陈述或报案材料所迷惑,让被害人牵着办案人员的鼻子走,最终使办案人员步入冤假错案的泥潭而不能自拔。

三、被害人陈述合法性的审查

(1)是否遵循了严禁以威逼、利诱、欺骗以及其他非法方法收集的规则,是否保证了被害人客观的充分的陈述条件。这是收集刑事诉讼证据必须遵守的共同规则。结合被害人陈述的特点,在收集时应注意既不能利用被害人主动控告、急于惩罚犯罪的心理对其进行"诱导",也不能在被害人对诉讼持消极被动态度,不愿积极配合时而急于求成,对他施加压力,从他嘴里硬掏"材料"。

(2)询问被害人是否遵循了应分别进行的规则。这一规则与收集证人证言相同,当一案有数个被害人时,应分别地进行询问,以免他们互相"统一口径",人为地形成"异口同声"。询问的地点,既可以在被害人住处或单位,也可以在司法机关。有的案件在审判之前或不应公开审理的,还要注意为被害人保密。例如,前些年就有报载,某强奸案在审理阶段有审判人员三番五次乘摩托车到其住处取证询问,弄得街巷邻居议论纷纷,被害人为顾全面子,索性否认了原控告的事实,这样的教训必须汲取。在开庭审理时,如有的被害人确实有正当理由不愿出庭作证,亦不可勉为其难,可用宣读他的陈述笔录或放他的录音资料代替。

(3)是否遵循了征得本人同意非强制的规则。为了确定被害人的身体特征、伤势或生理状态,可以对其进行人身检查,但应当征得本人同意,不得强制进行。这一规则也适用于被告人,但对被告人有强制性。对被害人进行人身检查之所以要坚持自愿原则,是因为他已经遭受了犯罪侵害,身心受到摧残,不应再由人身检查而增强其受辱感。如强行检查,有时会引起意外事件,导致被害人反抗或自杀等严重后果。尤其对妇女被害人,进行人身检查、鉴定更要特别慎重,严格依法进行。

(4)是否遵循了保障被害人诉讼权利充分行使的规则。被害人除有控诉权外,对不予起诉的决定有申诉权;在法庭审理中还有向被告人、证人发问和参加辩论的权利,有提起附带民事诉讼的权利。在收集被害人陈述时,应当保障被害人这些权利的充分行使,不得剥夺或限制。但是,也应防止被害人滥用这些权利无理取闹,胁迫司法机关满足其不合理的要求。对被害人的要求,既要坚持依法办事,决不无原则迁就,又要耐心地引导教育搞好善后工作,防止意外事件的发生。

四、实务演示

(一)案例导引

2011年夏天至2012年10月,被告人齐某在担任班主任期间,利用午休、晚自习及宿舍查寝等机会,在学校办公室、教室、洗澡堂、男生宿舍等处多次对被害女童A(10岁)、B(10岁)实施奸淫、猥亵,并以带女童A外出看病为由,将其带回家中强奸。齐某还在女生集体宿舍等地多次猥亵被害女童C(11岁)、D(11岁)、E(10岁),猥亵被害女童F(11岁)、G(11岁)各一次。

齐某供述与被害人及其家长没有矛盾,承认曾到女生宿舍查寝,为女生揉肚子,单独将女生叫出教室问话,带女生外出看病以及回家过夜。被害人对基本事实和情况的陈述基本一致,但是有一被害人在第一次和第二次询问时存在被"猥亵"和被"强奸"的不同表述。

经过法院两次审理,检察院认为终审判决确有错误,提请最高人民检察院抗诉启动审判监督程序。最高人民检察院经审查,认为该案适用法律错误,量刑不当,应予纠正,依法向最高人民法院提出了抗诉。2018年7月27日,最高人民法院做出终审判决,认定原审被告人齐某犯强奸罪,判处无期徒刑,剥夺政治权利终身;犯猥亵儿童罪,判处有期徒刑十年;决定执行无期徒刑,剥夺政治权利终身。

(二)案例分析

第一,综合认定排除诬告的可能。被害人均为未成年人,被害人的陈述内容自然、合理,可信度高,同时有其他同学的证言相互印证。被害人对于细节的描述符合正常记忆认知、表达能力,如齐某实施性侵害的大致时间、地点、方式、次数等内容基本一致。被害人对基本事实和情况的描述是稳定的。根据被害人陈述和其他证据佐证,齐某和被害人及被害人家长在案发前并没有矛盾。报案也很及时,可以排除诬告的可能性。

第二,未成年被害人的陈述客观、真实。某一被害人在第一次陈述中讲到被"猥亵",第二次又讲到被"强奸",前后有矛盾。但是,由于距离案发时间较长、被害人年幼等,存在语言表达的差别之处,实属正常。其一,被害人陈述的情形,比如强奸的地点、姿势等,结合被害人年龄及认知能力,如果不是确实发生,以被害人的自身情况难以编造。其二,犯罪嫌疑人性侵次数多、间隔时间长,被害人且属于未成年人,前后陈述有些细节上的差异和模糊是正常的,恰恰符合未成年人的记忆特征。其三,被害人年龄小,对案件的性质没有很深的认识,被害人在第一次询问时没有陈述被强奸,但此后对其进行了解释,因为学校老师在场不敢讲,也难于说出口。这一理由符合孩子的心理。

第三,结合全案证据看,齐某犯罪事实、情节符合客观实际。在本案中,被害人家长与原审被告人之前不存在矛盾,案发过程自然。被害人陈述及同学证言符合案发实际和儿童心理,证明力强。虽然客观证据少,但是证据之间相互印证,足以排除合理怀疑,能够认定原审被告人强奸、猥亵儿童的犯罪事实。

(三)经验总结

被害人的陈述应从真实性、关联性和合法性上审查判断。其一,对被害人陈述真实性的审查。分析被害人陈述的来源,针对未成年人被性侵案件,分析被害人陈述的内容合情合理,符合一般常理。结合被害人年龄及认知能力,如果不是确实发生,以被害人的自身情况难以编造;考虑到被害人与被告人、犯罪嫌疑人的关系,结合双方关系不存在诬告可能。其二,对被害人陈述关联性的审查。被害人记忆存在细节的差异和模糊之处,符合未成年人的记忆规律。其三,对被害人陈述进行合法性审查。保障被害人诉讼权利充分行使。未成年人不同于成年人,他们的认知和心理尚不成熟。应当根据未成年人的身心特点,按照有别于成年人的标准予以判断。

未成年人的性侵案件具有特殊性,犯罪过程往往比较隐蔽,证据形式比较单一,除了重点审查被害人陈述,还应当重点考察犯罪嫌疑人的供述和辩解的合理性。本案中犯罪嫌疑人承认仅仅带着女生外出看病以及回家过夜。带女学生回家过夜不属于正常的师生之间行为,而且与被害人陈述、其他证人证言均不一致,被害人的供述和辩解不足以排除作案嫌疑。

总之,审查言词证据,要结合全案情况综合分析。本案以被害人陈述为核心,配合其他证据,结合生活经验对全案证据进行审查,能够形成完整证明体系,可以认定案件事实。

本章思考题

一、被害人陈述的收集程序有哪些规定?

二、为了保证被害人陈述收集的真实性,收集人员应当注意哪些事项?

三、收集被害人陈述的方法有哪些?

四、如何审查被害人陈述的真实性?

五、如何审查被害人陈述的合法性?

第十章

犯罪嫌疑人、被告人供述与辩解的收集与审查判断

本章导读

犯罪嫌疑人、被告人往往都是犯罪行为的实施者,他们对自己实施犯罪行为的动机、过程、后果应该是最为清楚的。当然,如果犯罪嫌疑人、被告人没有实施犯罪行为,那么在犯罪行为发生时,自己在什么地方,干什么事情,也是最为清楚的。因此,犯罪嫌疑人、被告人如果能够如实供述或者辩解,对于公安司法机关查明犯罪事实以及发现其他犯罪线索都具有不可替代的作用。因此,依法对犯罪嫌疑人、被告人进行讯问,收集犯罪嫌疑人、被告人的供述与辩解就显得特别重要。但是,由于犯罪嫌疑人、被告人经常存在侥幸心理,意图蒙混过关,千方百计逃避法律的制裁。因此,他们在供述时往往只供述对自己有利的事实,或者进行虚假的辩解,从而导致供述和辩解与案件的真实情况不符。甚至,在有些案件当中存在刑讯逼供的情况,也会导致与案件的真实情况严重不符。故而,我们必须重视对犯罪嫌疑人、被告人供述与辩解的审查和判断,确保供述和辩解的真实性,为最后法院的正确裁判奠定坚实的基础。

第一节　犯罪嫌疑人、被告人供述与辩解的收集

关于被告人供述和辩解的收集,我国《刑事诉讼法》规定:侦查过程中,侦查人员讯问被告人时,应首先讯问被告人是否有犯罪行为,让他陈述有罪的情节或者无罪的辩解,然后向他提出问题。被告人应如实回答,但对与本案无关的问题,有拒绝回答的权利。讯问应作成笔录,由被告人、侦查人员签名。法庭审理中,由审判长主持对被告人讯问,被告人有义务就起诉指控他的罪行进行供述,有权辩解,并有权做最后陈述。

《最高人民法院关于适用〈中华人民共和国刑事诉讼法〉的解释》也做了更加具体的规定,第94条:"被告人供述具有下列情形之一的,不得作为定案的根据:(一)讯问笔录没有经被告人核对确认的;(二)讯问聋、哑人,应当提供通晓聋、哑手势的人员而未提供的;(三)讯问不通晓当地通用语言、文字的被告人,应当提供翻译人员而未提供的;(四)讯问未成年人,其法定代理人或者合适成年人不在场的。"第95条:"讯问笔录有下列瑕疵,经补正或者做出合理解释的,可以采用;不能补正或者做出合理解释的,不得作为定案的根据:(一)讯问笔录填写的讯问时间、讯问地点、讯问人、记录人、法定代理人等有误或者存在矛盾的;(二)讯问人没有签名的;(三)首次讯问笔录没有记录告知被讯问人有关权利和法律规定的。"

一、讯问犯罪嫌疑人的程序和方法

(一)讯问人员

讯问犯罪嫌疑人必须由公安机关或者人民检察院的侦查人员负责进行。为了提高讯问效率,保证讯问质量,防止违法乱纪,确保讯问安全,讯问的时候,侦查人员不得少于2人。讯问同案的犯罪嫌疑人,应当分别进行。

(二)讯问地点

对于不需要逮捕、拘留的犯罪嫌疑人,可以传唤到犯罪嫌疑人所在市、县内的指定地点或者到他的住处进行讯问,但是应当出示公安机关或者人民检察院的证明文件。对在现场发现的犯罪嫌疑人,经出示工作证件,可以口头传唤,但应当在讯问笔录中注明。犯罪嫌疑人被送交看守所羁押以后,侦查人员对其进行讯问,应当在看守

所内进行。

传唤、拘传持续的时间最长不得超过12小时,案情特别重大、复杂,需要采取拘留、逮捕措施的,传唤、拘传持续的时间不得超过24小时。两次传唤间隔的时间一般不得少于12小时,不得以连续传唤、拘传的形式变相拘禁犯罪嫌疑人。传唤、拘传犯罪嫌疑人,应当保证犯罪嫌疑人的饮食和必要的休息时间。

对于已经被拘留或者逮捕的犯罪嫌疑人,应当在拘留或者逮捕后的24小时以内讯问,在发现不应当拘留或者逮捕的时候,必须立即释放。

(三)讯问程序

侦查人员在讯问犯罪嫌疑人的时候,应当首先讯问犯罪嫌疑人是否有犯罪行为。如果犯罪嫌疑人承认有犯罪行为,即让其陈述有罪的情节;如果犯罪嫌疑人否认有犯罪事实,则让其陈述无罪的辩解,然后根据其陈述,向犯罪嫌疑人提出问题。

犯罪嫌疑人对侦查人员的提问,应当如实回答。但是对与本案无关的问题,有权拒绝回答。是否与本案无关,应以是否对查明本案的全部事实情节,即时间、地点、方法、手段、动机、目的、作案人的情况等有实际意义或有证据价值为准。

侦查人员在讯问犯罪嫌疑人的时候,应当告知犯罪嫌疑人如实供述自己罪行可以从宽处理的法律规定。

二、讯问犯罪嫌疑人的注意事项

(1)讯问聋、哑犯罪嫌疑人,应当有通晓聋、哑手势的人参加,并且将这种情况记明笔录。因为如果讯问聋、哑犯罪嫌疑人的侦查人员不懂聋、哑手势,肯定不能知道犯罪嫌疑人所要表达的意思,那么就不能从聋、哑犯罪嫌疑人的陈述中了解到案件事实,也就无法以此为基础进一步掌握其他的证据。反过来说,如果犯罪嫌疑人通过聋、哑手势为自己进行了辩解,那么侦查人员也就无法了解其辩解的内容,也就不能排除其作案的嫌疑,不能实现保障人权的目的。

(2)讯问犯罪嫌疑人应当制作讯问笔录。笔录应当如实记载提问、回答和其他在场人的情况。笔录应当交犯罪嫌疑人核对,对于没有阅读能力的,应当向他宣读。如果记载有遗漏或差错,犯罪嫌疑人可以提出补充或改正。犯罪嫌疑人承认笔录没有错误后,应当签名或者盖章。侦查人员也应当在笔录上签名。犯罪嫌疑人请求自行书写供述的,应当准许。必要时,侦查人员也可以要求犯罪嫌疑人亲笔书写供词。

(3)讯问录音录像。《刑事诉讼法》第123条规定:"侦查人员在讯问犯罪嫌疑人的时候,可以对讯问过程进行录音或者录像;对于可能判处无期徒刑、死刑的案件或者其他重大犯罪案件,应当对讯问过程进行录音或者录像。录音或者录像应当全程进行,保持完整性"。

(4)讯问严禁刑讯逼供,也不准诱供、骗供、指名问供。对于实行刑讯逼供的人,犯罪嫌疑人有权提出控告;构成犯罪的,应当依法追究其刑事责任。

三、实务演示

(一)案例导引

被告人赵某某于1999年5月9日因涉嫌故意杀人犯罪被柘城县公安局刑事拘留,同年6月19日被逮捕。

审讯人员采取不让赵某某休息、饿饭、木棍敲头、手枪砸头等刑讯逼供手段对赵某某进行轮流审讯,最终赵某某前后九次有罪供述,供述了杀害赵振晌后碎尸抛尸的犯罪事实。

在刑讯逼供情况下,法院采纳了公诉人的事实认定:被告人赵某某和被害人赵振晌均与本村妇女杜某某有通奸关系。1997年10月30日夜,赵某某在杜某某家与杜某某通奸时被赵振晌碰见,赵振晌持刀将赵某某面部砍伤。赵某某逃离杜家后,赵振晌追赶至赵某某家院内,赵某某持刀将赵振晌杀死并将尸体肢解、隐藏。

商丘市中级人民法院以故意杀人罪判处赵某某死刑,缓期二年执行,剥夺政治权利终身。河南省高级人民法院核准了赵某某的死缓判决。

2010年5月6日,商丘市中级人民法院报告河南高院,本案的被害人赵振晌又回到村中,请求河南高院审查处理。在得知"亡者归来"后,河南高院于5月8日启动再审程序,核实相关证据,做出再审决定,采取赔偿措施。5月9日上午,河南高院向赵某某送达了再审判决书,宣告被告人赵某某无罪,赵某某被无罪释放。

(二)案例分析

赵某某案件在审讯过程中存在问题:

第一,案件中存在严重刑讯逼供情节。案件发生后,赵某某曾被刑讯逼供33天,办案人员将审讯组分为三个组,三组审讯人员采取不让赵某某休息、饿饭、木棍敲头、手枪砸头等刑讯逼供手段对赵某某进行轮流审讯。根据《刑事诉讼法》第52条规定:"审判人员、检察人员、侦查人员必须依照法定程序,收集能够证实犯罪嫌疑人、被告人有罪或者无罪、犯罪情节轻重的各种证据。严禁刑讯逼供和以威胁、引诱、欺骗以及其他非法方法收集证据,不得强迫任何人证实自己有罪。"本案中,不仅赵某某受到了残酷的刑讯逼供,赵某某的妻子赵晓起以及被认为与赵某某存在暧昧关系的杜某某也被非法关押,并被暴力取证。公安机关采取的性质恶劣的刑讯逼供,严重违反了法定程序。

第二,法院采用了刑讯逼供等非法方法收集的犯罪嫌疑人陈述。根据《刑事诉讼法》第56条规定:"采用刑讯逼供等非法方法收集的犯罪嫌疑人、被告人供述和采用暴力、威胁等非法方法收集的证人证言、被害人陈述,应当予以排除。收集物证、书证不符合法定程序,可能严重影响司法公正的,应当予以补正或者做出合理解释;不能补正或者做出合理解释的,对该证据应当予以排除。在侦查、审查起诉、审判时发现有应当排除的证据的,应当依法予以排除,不得作为起诉意见、起诉决定和判决的依据。"本案中,公安机关、检察院和法院均采用了刑讯逼供等非法方法收集的犯罪嫌疑人陈述,导致了冤假错案的发生。

(三)经验总结

关于被告人供述和辩解的收集对于案件的侦办极为重要,并且刑事诉讼本质上是个收集和运用证据的过程。在刑事诉讼中,即便诉讼程序的运作存在违法或不当之处,如刑讯逼供、暴力取证、地方政法委不当协调等,但如果参与诉讼的各方能严格遵守证据收集和运用的基本规则,也不至于发生冤案。在赵某某案件中,公、检、法机关以及政法委不仅违反法定的诉讼程序,而且无视证据收集和运用的基本规则,结果导致发生冤案。

刑讯逼供之恶在于其对人性的摧残,是专制司法的残余,是与法治文明格格不入的。无论是造成了冤案的刑讯逼供还是没有造成冤案的刑讯逼供,都是应当绝对禁止的。正所谓:"重杖之下,何求不得。"冤案就是如此造成的。赵某某的冤案虽然最终获得了平反,当年刑讯逼供的侦查人员也被刑事追究。但是,如果仅仅满足于此,那么,这只是恶性循环的开始。只有从制度上杜绝刑讯逼供,才能防止类似赵某某这样冤案的再度发生。

第二节 犯罪嫌疑人、被告人供述与辩解的审查判断

鉴于被告人对自己是否犯罪、如何犯罪知道得最清楚,被告人如实供述和辩解,对查明案情具有重要作用。但由于被告人和案件处理结果有直接利害关系,他往往

为了逃避罪责而虚伪陈述;而有的被告人,又可能出于各种动机,承认自己并没有触犯的罪行。犯罪嫌疑人、被告人的供述和辩解具有真实性与虚伪性并存的特点,对这种证据的审查评断也必须采取有针对性的策略和方式。

《最高人民法院关于适用〈中华人民共和国刑事诉讼法〉的解释》第93条、第96条为审查判断犯罪嫌疑人、被告人的供述与辩解提供了法律依据。第93条规定:"对被告人供述和辩解应当着重审查以下内容:(一)讯问的时间、地点,讯问人的身份、人数以及讯问方式等是否符合法律、有关规定;(二)讯问笔录的制作、修改是否符合法律、有关规定,是否注明讯问的具体起止时间和地点,首次讯问时是否告知被告人有关权利和法律规定,被告人是否核对确认;(三)讯问未成年被告人时,是否通知其法定代理人或者合适成年人到场,有关人员是否到场;(四)讯问女性未成年被告人时,是否有女性工作人员在场;(五)有无以刑讯逼供等非法方法收集被告人供述的情形;(六)被告人的供述是否前后一致,有无反复以及出现反复的原因;(七)被告人的供述和辩解是否全部随案移送;(八)被告人的辩解内容是否符合案情和常理,有无矛盾;(九)被告人的供述和辩解与同案被告人的供述和辩解以及其他证据能否相互印证,有无矛盾;存在矛盾的,能否得到合理解释。必要时,可以结合现场执法音视频记录、讯问录音录像、被告人进出看守所的健康检查记录、笔录等,对被告人的供述和辩解进行审查。"第96条规定:"审查被告人供述和辩解,应当结合控辩双方提供的所有证据以及被告人的全部供述和辩解进行。被告人庭审中翻供,但不能合理说明翻供原因或者其辩解与全案证据矛盾,而其庭前供述与其他证据相互印证的,可以采信其庭前供述。被告人庭前供述和辩解存在反复,但庭审中供认,且与其他证据相互印证的,可以采信其庭审供述;被告人庭前供述和辩解存在反复,庭审中不供认,且无其他证据与庭前供述印证的,不得采信其庭前供述。"

一、犯罪嫌疑人、被告人供述与辩解真实性的审查

(一)首先注意审查被告人的供述是否稳定、是否自愿认罪

犯罪嫌疑人、被告人在诉讼中处于一种特殊的地位,案件的结果与其存在直接的利害关系,从而他们可能为了达到逃避责任、掩盖罪行的目的,采取避重就轻、嫁祸于人或诬陷他人的手段,甚至编织、捏造案件事实,对他们的供述和辩解不可轻易相信。但是,如果被告人的供述一直稳定,且认罪态度一直较好,其供述的可靠性、可采性较大。如果被告人的供述不稳定,面对铁证仍不认罪,还提出许多辩解,那么其供述因真假难辨而要谨慎。

(二)审查被告人供述和辩解是否符合案情和常理

被告人的陈述,无论是认罪的供述还是无罪的辩解,均是对于已经发生的案件有关事项的事后追忆,由于人的记忆必然伴随一定程度的模糊性,因此,被告人未必能完全准确地回忆起一切细节,或者与其他人陈述的并非完全相符,这是可以理解的。但是倘若被告人的陈述明显与其他证据证明的案情不符,或者被告人的陈述过于清晰,以致难以从常理上理解,则辩护律师要警惕:被告人的陈述可能是不可信的,或者被告人的陈述另有隐情。

(三)审查被告人供述和辩解与其他证据是否能够相互印证

在我国,孤证不能定案已成为一项重要定案规则,特别是被告人的供述更是如此,《刑事诉讼法》第55条明确规定:"对一切案件的判处都要重证据,重调查研究,不轻信口供。只有被告人供述,没有其他证据的,不能认定被告人有罪和处以刑罚;没有被告人供述,证据确实、充分的,可以认定被告人有罪和处以刑罚。"这一规定把被告人的供述与其他证据在定案中的关系讲得非常明确。基于此,《办理死刑案件证据规定》第18条第(七)项要求:要注意审查"被告人的供述和辩解与同案犯的供述和辩解以及其他证据能否相互印证,有无矛盾"。

就被告人供述和辩解而言,其对被指控的犯罪行为无论是供述还是辩解,具体内容必然涉及案件发生的时间、地点、周边环境、方式、进展、结果、其他人员是否介入、相关的证据如何等各个方面的内容。对一个案件的证明而言,绝不可能只有被告人供述和辩解能够证明,必然还会有其他证据予以证明。所谓"相互印证",就是看不同的证据之间是否对同一案件事实有共同的指向,能否相互佐证。

此外,还可以结合对被告人讯问时所做的录音录像资料,审查被告人供述和辩解。

二、犯罪嫌疑人、被告人供述与辩解的关联性审查

犯罪嫌疑人、被告人供述与辩解的内容,必须与案件中所要证明的情况具有关联性。明显不具有关联性或关联性极小的口供,不可采纳。对于犯罪嫌疑人、被告人供述与辩解来讲,关联性就是要求犯罪嫌疑人、被告人的供述与辩解应当对案件事实具有实质性的证明作用。这里所说的案件事实既包括全案事实或者主要事实,也包括作案时间、作案地点、作案手段、作案后果等具体情节。如果犯罪嫌疑人、被告人的供述与辩解与待证事实明显不具有关联性,或者关联性很小,就不能采纳。

在犯罪嫌疑人、被告人仅仅承认其实施了犯罪行为,但缺乏对犯罪行为的具体描述,或者是不发一言的场合以及犯罪嫌疑人、被告人仅仅否认其实施了犯罪行为,但

提不出其在犯罪发生时进行其他行为的具体描述,或者提不出其行为不构成犯罪的具体描述,或者是不发一言的场合,无法认定口供与待证事实之间存在着关联性,这两种场合的口供都没有证明力。

三、犯罪嫌疑人、被告人供述与辩解合法性的审查

(一)审查侦查人员对被告人的讯问在形式上是否合法

前已指出,司法实践中被告人的供述和辩解一般是通过侦查人员对犯罪嫌疑人的讯问取得的。因此讯问活动本身是否符合法律的规定,对被告人的供述和辩解的证据资格会产生直接影响。根据有关法律规定,讯问被告人(犯罪嫌疑人)必须在法定的时间、地点,由依法获得授权的公安、司法人员个别进行。辩护律师审查被告人供述和辩解,首先就是要审查对被告人的讯问在形式上是否合法。其包括以下内容:

1.讯问的时间是否合法

《刑事诉讼法》第119条第2款规定:"传唤、拘传持续的时间不得超过十二小时;案情特别重大、复杂,需要采取拘留、逮捕措施的,传唤、拘传持续的时间不得超过二十四小时。"《公安机关办理刑事案件程序规定》第79条第2款规定:"犯罪嫌疑人到案后,应当责令其在拘传证上填写到案时间。讯问结束后,应当由其在拘传证上填写讯问结束时间。犯罪嫌疑人拒绝填写的,侦查人员应当在拘传证上注明。"第80条规定:"拘传持续的时间不得超过十二小时,不得以连续拘传的形式变相拘禁犯罪嫌疑人。"第128条规定:"对于被拘留人,应当在拘留后二十四小时内进行讯问。"第144条规定:"对被逮捕的人,必须在逮捕后的二十四小时内进行讯问。"

《人民检察院刑事诉讼规则》有与上述公安机关完全相似的规定。

由此表明,侦查人员对犯罪嫌疑人的讯问如果是在拘传情况下或拘留、逮捕后首次讯问,应当符合上述规定。

2.讯问的地点是否合法

《刑事诉讼法》第119条第1款规定:"对不需要逮捕、拘留的犯罪嫌疑人,可以传唤到犯罪嫌疑人所在市、县内的指定地点或者到他的住处进行讯问,但是应当出示人民检察院或者公安机关的证明文件。对在现场发现的犯罪嫌疑人,经出示工作证件,可以口头传唤,但应当在讯问笔录中注明。"《公安机关办理刑事案件程序规定》和《人民检察院刑事诉讼规则》对于不需要逮捕、拘留的犯罪嫌疑人的讯问,也有同样且具体的规定。《公安机关办理刑事案件程序规定》第198条规定:"公安机关对于不需要拘留、逮捕的犯罪嫌疑人,经办案部门负责人批准,可以传唤到犯罪嫌疑人所在市、县公

安机关执法办案场所或者到他的住处进行讯问。"第199条规定:"传唤犯罪嫌疑人时,应当出示传唤证和侦查人员的工作证件,并责令其在传唤证上签名、捺指印。犯罪嫌疑人到案后,应当由其在传唤证上填写到案时间。传唤结束时,应当由其在传唤证上填写传唤结束时间。犯罪嫌疑人拒绝填写的,侦查人员应当在传唤证上注明。对在现场发现的犯罪嫌疑人,侦查人员经出示工作证件,可以口头传唤,并将传唤的原因和依据告知被传唤人。在讯问笔录中应当注明犯罪嫌疑人到案方式,并由犯罪嫌疑人注明到案时间和传唤结束时间。对自动投案或者群众扭送到公安机关的犯罪嫌疑人,可以依法传唤。"《人民检察院刑事诉讼规则》第84条规定,人民检察院拘传犯罪嫌疑人,应当在犯罪嫌疑人所在市、县内的地点进行。犯罪嫌疑人的工作单位与居住地不在同一市、县的,拘传应当在犯罪嫌疑人的工作单位所在的市、县进行;特殊情况下,也可以在犯罪嫌疑人居住地所在的市、县内进行。

上述这些规定表明,对未经逮捕、拘留的犯罪嫌疑人的讯问,可在犯罪嫌疑人所在市、县范围内指定的地点进行,也可在犯罪嫌疑人的住所进行。

但是对在押的犯罪嫌疑人进行讯问,一般应在看守所内进行,确有必要的时候可以在办案机关的工作场所进行。

3.讯问人员的身份是否合法

《刑事诉讼法》第118条规定:"讯问犯罪嫌疑人必须由人民检察院或者公安机关的侦查人员负责进行。讯问的时候,侦查人员不得少于二人。"据此,律师在审查时应当注意讯问人员的身份、职务,以及参与人数,他们是否符合法律的规定。

4.讯问是否个别进行

讯问应当个别进行是为了保证被告人在接受讯问时能够有自由意志,不受外界的干扰和影响。因此如果将几个犯罪嫌疑人集中在一起讯问,就是不合法的。但是应当注意,如果由于案情需要,办案人员把几个犯罪嫌疑人集中在一起就某一事实让他们进行对质则是允许的,也是合法的。因此,应当注意区别不同情况。

(二)审查讯问笔录的制作是否合法

对犯罪嫌疑人、被告人的讯问笔录,其制作、修改等有法定的程序,以保证笔录所记载的内容是犯罪嫌疑人、被告人真实的表达。为此,《刑事诉讼法》第122条规定:"讯问笔录应当交犯罪嫌疑人核对,对于没有阅读能力的,应当向他宣读。如果记载有遗漏或者差错,犯罪嫌疑人可以提出补充或者改正。犯罪嫌疑人承认笔录没有错误后,应当签名或者盖章。侦查人员也应当在笔录上签名。犯罪嫌疑人请求自行书写供述的,应当准许。必要的时候,侦查人员也可以要犯罪嫌疑人亲笔书写供词。"《公安机关办理刑事案件程序规定》第201条规定:"讯问笔录应当交犯罪嫌疑人核对;

对于没有阅读能力的应当向他宣读。如果记录有遗漏或者差错,应当允许犯罪嫌疑人补充或者更正,并捺指印。笔录经犯罪嫌疑人核对无误后,应当由其在笔录上逐页签名、捺指印,并在末页写明'以上笔录我看过(或向我宣读过),和我说的相符'。拒绝签名、捺指印的,侦查人员应当在笔录上注明。"《人民检察院刑事诉讼规则》也有类似的规定。

此外,对于首次讯问笔录,辩护律师还要审查笔录是否记载侦查人员明确告知犯罪嫌疑人享有申请回避、聘请律师等各项诉讼权利,如果被告人曾提出过回避的要求,是否给予其合法的答复;如果被告人提出过聘请律师的要求,是否将这一要求转告给其家属,或者是否向法律援助机构提出。

(三)审查对特殊犯罪嫌疑人的讯问是否符合法律的特别规定

所谓特殊的犯罪嫌疑人,是指涉嫌犯罪的聋哑人、少数民族人员、外国人以及未成年人。这些人由于语言沟通上的障碍或理解能力、表达能力所限,为保障其诉讼权利,保障其供述和辩解确系其真实意思,法律对讯问他们还做了特殊规定。根据有关法律规定,对聋哑人、少数民族人员、外国人进行讯问,侦查人员应提供通晓聋哑手语的人员或者翻译人员,以帮助他们了解讯问人员提出的问题,并准确表达其供述和辩解内容。在办案中遇到这些特殊人员时,辩护律师应该审查他们的供述和辩解笔录,是否有通晓手语的人员或者翻译人员参加讯问的记载,这些人员是否签名确认,以及被询问的聋哑人、少数民族人员、外国人等是否自行签字确认供述和辩解是其自身意愿的表示。此外,对于不满18周岁的未成年人进行讯问,法律要求侦查人员应当通知其法定代理人在讯问时到场,以保证未成年人的法定权益。

(四)审查被告人供述的取得是否存在刑讯逼供等违法情形

《刑事诉讼法》第52条规定:"审判人员、检察人员、侦查人员必须依照法定程序,收集能够证实犯罪嫌疑人、被告人有罪或者无罪、犯罪情节轻重的各种证据。严禁刑讯逼供和以威胁、引诱、欺骗以及其他非法方法收集证据,不得强迫任何人证实自己有罪。必须保证一切与案件有关或者了解案情的公民,有客观地充分地提供证据的条件,除特殊情况外,可以吸收他们协助调查。"

可见,我国《刑事诉讼法》虽然没有规定被告人(犯罪嫌疑人)的沉默权,但对被告人(犯罪嫌疑人)认罪供述的获取,严格要求必须按法定程序获取,严格禁止刑讯逼供和以威胁、引诱、欺骗以及其他非法的方法取得。因此,对被告人认罪口供的审查,这是一项重要的内容。

但是,由于我国法律上没有确立沉默权制度及讯问时律师在场制度,这就使得律师在审查被告人的认罪供述是否为非法取得的时候面临很大的困难。因为,就辩护律师而言,不可能在讯问时耳闻目睹刑讯逼供等非法情形,从讯问笔录里也很难直接发现刑讯逼供等非法手段的存在。往往是在会见被告人时,从被告人口中听到其声称其所做的认罪供述是侦查人员刑讯逼供或以威胁、引诱、欺骗等非法方式获取的。对于此处问题,律师一方面要给予重视,另一方面也要保持冷静,切不可偏听偏信。

从实践中来看,被告人声称受到刑讯逼供等非法对待的原因很复杂,有的可能确有其事;有的则可能是被告人对于此前的认罪口供想反悔,于是说有罪供述是在刑讯逼供等非法手段下做出的。在被告人向辩护律师陈述其受到刑讯逼供或其他非法对待而做出认罪口供时,律师应该详细记录被告人声称受到刑讯逼供或其他非法对待的时间、场所、刑讯人员及所在单位、刑讯逼供的具体方式方法、受到伤害的程度、是否受到治疗、治的医院、医生,以及其他可能了解这些事实的相关人员等。

此外,还应验看被告人身上是否留有伤痕等。如果被告人提供了相关的证据线索,辩护律师可以进行必要的调查,如向看守所调取被告人进出看守所的健康检查记录,了解被告人讯问前后的身体情况;了解侦查机关每次提讯被告人的记录;也可向驻看守所检察人员了解是否存在刑讯逼供的现象等。在确有必要的时候,辩护律师还可向法院或检察院申请对被告人身上明显可疑、且被告人又声称是受到刑讯逼供所遗留的伤痕进行司法鉴定,判定这些伤痕的形成原因和形成时间,以确定这些伤痕是否为刑讯逼供所致。

四、实务演示

(一)案例导引

1995年9月29日,吉林省永吉县双河镇新立屯北发现一女尸。当年10月11日,27岁的金某某被锁定为嫌犯。吉林市中级人民法院于1996年11月、1998年8月、2000年5月三次认定,通过犯罪嫌疑人的供述、证人证言、鉴定意见及勘查笔录便得出结论,认为被告人金某某用摩托车搭载李某期间起歹意,将其奸杀。故认定其犯故意杀人罪,判处死刑,缓期二年执行,剥夺政治权利终身。金某某三次上诉,吉林省高级人民法院两次将本案发回重审,皆认为事实不清,但最终在2000年8月做出终审裁定,维持原判决。吉林省高级人民法院于2018年3月26日做出再审决定,11月30日对原审被告人金某某故意杀人再审一案进行公开宣判,以证据不足、事实不清,唯有宣告撤销原审判决,改判金某某无罪。其中,吉林省高院在认定被告人金某某供述时指出,其有罪供述不稳定,多次供述前后矛盾,且无其他证据佐证,故不能成为定案依据。

(二)案例分析

本案系排除犯罪嫌疑人供述的典型案例。本案中,一审判决主要依据被告人供述认定金某某在搭载被害人李某途中因发生纠纷将被害人奸杀,尽管在庭审过程中金某某当庭翻供,否认杀人,吉林省中院仍认定了故意杀人罪的成立。金某某随即提起上诉,本案经过两次发回重审后,由吉林省高院直接审理,维持了死刑原判。

通过阅读金某某案一审、二审判决书我们不难发现,在本案犯罪动机、犯罪时间、犯罪地点及手段存疑的情况下,起诉书与一审、二审判决书并未能针对上述问题给予清楚回应。吉林省高院也因事实不清、证据不清多次发回一审法院重审此案,但效果并未得到改善。

本案中,对被告人金某某有无实施犯罪行为及犯罪行为的定性为本案审理的关键。从证据角度而言,原审法院对本案的定罪量刑主要依赖于犯罪嫌疑人、被告人金某某的供述,辅以证人证言、现场勘察笔录和法医鉴定等其他间接证据。但本案罪名认定的关键问题在于证据无法形成有效证据链条以对犯罪事实予以佐证,侦查机关和公诉机关并无直接证据及目击证人证明了被告人金某某实施了犯罪行为,并且也未在被害人阴道分泌物检材上检出精子。全案主要定罪依据于被告人的供述,在被告人多次申诉自己遭受到刑讯逼供的情况下,断然采取被告人供述定案显然违反了我国《刑事诉讼法》之规定。

上述问题皆为原审判决对认定金某某犯故意杀人罪论证中存在的重大疑问,而在后来2018年的再审判决中,这些问题也直接成了撤销原审判决的主要理由:

第一,无直接证据证明金某某实施了杀人行为,相关证人证言、勘验笔录、鉴定意见等证据仅能证明金某某与被害人李某有过接触。

第二,原审判决主要依据金某某的有罪供述定案,而并未形成完整证据链条。在本案审理过程中,金某某曾多次控诉自己受到了刑讯逼供,且金某某的有罪供述不稳定,前后矛盾。其在侦查阶段共有21次供述,其中9次供认犯罪,12次否认犯罪。此外,原审判决中所采用的有罪供述与本案鉴定意见存在多处冲突,因而无法充分认定金某某的犯罪行为。

第三,认定金某某杀人动机的事实不清。根据原审判决中金某某的有罪供述,金某某与李某发生性关系后将其杀害,但鉴定意见显示并未在死者阴道内分泌物中检出精子。

(三)经验总结

司法机关对被害人供述的司法审查不尽完善导致了金某某冤狱二十三年。金某某长达二十三年的"脱死"历程无疑让每一个司法工作者都清醒地认识到证据审查的重要意义之所在。犯罪嫌疑人、被告人作为最熟悉自己是否犯罪、如何犯罪的当事人，其如实供述和辩解，对查明案情具有重要作用。犯罪嫌疑人、被告人的供述和辩解具有真实性与虚伪性并存的特点，司法机关在收集此类证据时，务必做好证据的审查判断工作。

就本案而言，原审司法机关对被告人供述的审查判断存在以下几点失误：

第一，事实认定混乱不清，定罪主要依据于被告人的有罪供述。《刑事诉讼法》第55条明确规定："对一切案件的判处都要重证据，重调查研究，不轻信口供。只有被告人供述，没有其他证据的，不能认定被告人有罪和处以刑罚；没有被告人供述，证据确实、充分的，可以认定被告人有罪和处以刑罚。"这一规定把被告人的供述与其他证据在定案中的关系讲得非常明确。本案中尽管金某某多次做出有罪供述，承认自己曾奸杀被害人。但是公诉机关并无提出证明被告人杀害行为的直接证据，也无目击证人提供证人证言，而原审法院仅依据被告人的有罪供述，再辅以他人的证人证言、侦查笔录等间接证据认定犯罪显然违反了《刑事诉讼法》相关规定。此外还值得注意的是，因高院数次发回重审，吉林市中院在认定犯罪事实时多次表述不一，几次刑事判决书中对被告人犯罪经过、犯罪动机的表述前后矛盾，如此情况也间接印证了司法机关并未充分了解本案犯罪事实，定案依据存在疑问。

第二，被告人曾在庭审中多次翻供，控诉自己受到了刑讯逼供，如此控诉却并未受到司法机关的重视。《刑事诉讼法》第52条规定："审判人员、检察人员、侦查人员必须依照法定程序，收集能够证实犯罪嫌疑人、被告人有罪或者无罪、犯罪情节轻重的各种证据。严禁刑讯逼供和以威胁、引诱、欺骗以及其他非法方法收集证据，不得强迫任何人证实自己有罪。必须保证一切与案件有关或者了解案情的公民，有客观地充分地提供证据的条件，除特殊情况外，可以吸收他们协助调查。"金某某在多次供述中表述前后不一，供述极不稳定，此时办案机关应当重视证据收集程序的合法性，司法机关也应在庭前或庭审过程中做好对此类证据的审查工作。

如前文所言，孤证不能定案已成为我国重要的证据规则，犯罪嫌疑人、被告人作为刑事诉讼的弱势方，其供述最有可能成为误导判决的关键，也最有可能破坏刑事诉讼的公正性。对刑事诉讼中案件的处理务必要注重证据链条的构建，重调查研究，不轻信口供。只有这样，才能保证案件处理的公正性，亦可保障被告人的基本人权。

本章思考题

一、讯问犯罪嫌疑人在程序上有什么要求？

二、讯问犯罪嫌疑人有哪些注意事项？

三、如何对犯罪嫌疑人、被告人供述与辩解的真实性进行审查？

四、如何对犯罪嫌疑人、被告人供述与辩解的合法性进行审查？

第十一章

鉴定意见的收集与审查判断

―― 本章导读 ――

　　鉴定意见是具有专业知识的司法鉴定人员对于案件的专门性问题所做的科学鉴别和判定。鉴定意见解决的是案件当中的专门性问题，而非一般的法律问题，主要是从专业的角度来判断一项证据是否与案件事实存在着必然的联系。例如案发现场的脚印是否是犯罪嫌疑人所留，墙上的血迹是否是被害人的血迹等等诸如此类的问题。只有通过专业性的科学判断，才能使证据与案件事实之间联系起来，因此鉴定意见在司法实务当中是非常必要的，也是非常重要的。故而，我们必须重视对鉴定意见的收集。不过，鉴定意见虽然是使用科学的专业知识对专门性问题进行的判断，但也存在着错误的可能性，最近几年曝光的几个重大冤假错案之所以当年发生错误，就是因为其中鉴定意见发生错误。所以，我们必须重视对鉴定意见科学性、关联性和逻辑性的审查判断，确保案件事实认定的真实客观。

第一节　鉴定意见的收集

鉴定意见,是指鉴定人根据公安司法机关的指派或者聘请,运用自己的专门知识和现代科学技术手段对案件中所涉及的专门性问题进行检验、识别、分析及判断后所做出的结论性书面意见。

鉴定意见的收集对于解决案件中遇到的专门性问题是非常重要的,《最高人民法院关于适用〈中华人民共和国刑事诉讼法〉的解释》第98条和第100条为鉴定意见的收集提供了法律依据。第98条:"鉴定意见具有下列情形之一的,不得作为定案的根据:(一)鉴定机构不具备法定资质,或者鉴定事项超出该鉴定机构业务范围、技术条件的;(二)鉴定人不具备法定资质,不具有相关专业技术或者职称,或者违反回避规定的;(三)送检材料、样本来源不明,或者因污染不具备鉴定条件的;(四)鉴定对象与送检材料、样本不一致的;(五)鉴定程序违反规定的;(六)鉴定过程和方法不符合相关专业的规范要求的;(七)鉴定文书缺少签名、盖章的;(八)鉴定意见与案件待证事实没有关联的;(九)违反有关规定的其他情形。"第100条:"因无鉴定机构,或者根据法律、司法解释的规定,指派、聘请有专门知识的人就案件的专门性问题出具的报告,可以作为证据使用。对前款规定的报告的审查与认定,参照适用本节的有关规定。经人民法院通知,出具报告的人拒不出庭作证,有关报告不得作为定案的根据。"

要想获得鉴定意见,必须启动司法鉴定程序并实施鉴定。司法鉴定意见的收集包括司法鉴定申请、决定与委托、受理和实施四大阶段。

一、司法鉴定申请

(一)民事诉讼中的司法鉴定申请

民事诉讼中,当事人可以申请司法鉴定,也可以申请重新鉴定。《最高人民法院关于民事诉讼证据的若干规定》第25条规定:"当事人申请鉴定,应当在举证期限内提出。对需要鉴定的事项负有举证责任的当事人,在人民法院指定的期限内无正当理由不提出鉴定申请或者不预交鉴定费用,或者拒不提供相关材料,致使对案件的事实无法通过鉴定结论予以认定的,应当对该事实承担举证不能的法律后果。"第26条规定:"当事人申请鉴定经人民法院同意后,由当事人协商确定有鉴定资格的鉴定机构、鉴定人员,协商不成的,由法院指定。"第28条规定:"一方当事人自行委托有关部门做出的鉴定结论,另一方当事人有证据足以反驳并申请重新鉴定的,人民法院应予准许。"从以上规定可以看出,在民事诉讼中,双方当事人享有平等的鉴定请求权,一方当事人自行委托鉴定的,另一方当事人申请,可以重新鉴定,法官控制鉴定的最终决定权。

《最高人民法院关于民事诉讼证据的若干规定》第27条和第28条规定了重新鉴定的情形,第27条是针对人民法院委托的鉴定意见申请重新鉴定,第28条是针对一方当事人委托的鉴定意见申请重新鉴定。根据第27条的规定,当事人对人民法院委托的鉴定部门做出的鉴定结论有异议申请重新鉴定,提出证据证明存在下列情形之一的,人民法院应予准许:(1)鉴定机构或者鉴定人员不具备相关的鉴定资格的;(2)鉴定程序严重违法的;(3)鉴定结论明显依据不足的;(4)经过质证认定不能作为证据使用的其他情形。

根据第28条的规定,一方当事人自行委托有关部门做出的鉴定结论,另一方当事人有证据足以反驳并申请重新鉴定的,人民法院应予准许。

(二)刑事诉讼中的司法鉴定申请

我国刑事诉讼中当事人及其法定代理人、辩护人、诉讼代理人享有司法鉴定申请权,但是他们所享有的不是申请初次鉴定的权利,而是申请补充鉴定与重新鉴定的权利。我国《刑事诉讼法》第148条规定:"侦查机关应当将用作证据的鉴定意见告知犯罪嫌疑人、被害人。如果犯罪嫌疑人、被害人提出申请,可以补充鉴定或者重新鉴定。"第197条规定:"法庭审理过程中,当事人和辩护人、诉讼代理人有权申请通知新的证人到庭,调取新的物证,申请重新鉴定或者勘验。"显然这里规定的是补充鉴定或重新鉴定的申请权,并不是具有决定性的刑事鉴定启动权。

《最高人民法院关于适用〈中华人民共和国刑事诉讼法〉的解释》第238条规定:"审判长应当告知当事人及其法定代理人、辩护人、诉讼代理人在法庭审理过程中依法享有下列诉讼权利:(一)可以申请合议庭组成人员、书记员、公诉人、鉴定人和翻译人员回避;(二)可以提出证据,申请通知新的证人到庭、调取新的证据,申请重新鉴定或者勘验、检查;(三)被告人可以自行辩护;(四)被告人可以在法庭辩论终结后做最后陈述。"

(三)行政诉讼中的司法鉴定申请

根据《最高人民法院关于行政诉讼证据若干问题的规定》(简称《规定》)的规定,

行政诉讼的当事人既有申请司法鉴定的权利,也有申请重新鉴定的权利。《规定》第31条规定:"对需要鉴定的事项负有举证责任的当事人,在举证期限内无正当理由不提出鉴定申请、不预交鉴定费用或者拒不提供相关材料,致使对案件争议的事实无法通过鉴定结论予以认定的,应当对该事实承担举证不能的法律后果。"由此可知,如果当事人对需要鉴定的事项负有举证责任,应当提出鉴定的申请,具有申请的权利。

《规定》第29条规定:"原告或者第三人有证据或者有正当理由表明被告据以认定案件事实的鉴定结论可能有错误,在举证期限内书面申请重新鉴定的,人民法院应予准许。"《规定》第30条规定:"当事人对人民法院委托的鉴定部门做出的鉴定结论有异议申请重新鉴定,提出证据证明存在下列情形之一的,人民法院应予准许:(一)鉴定部门或者鉴定人不具有相应的鉴定资格的;(二)鉴定程序严重违法的;(三)鉴定结论明显依据不足的;(四)经过质证不能作为证据使用的其他情形。对有缺陷的鉴定结论,可以通过补充鉴定、重新质证或者补充质证等方式解决。"从这两条规定可以看出,当事人具有申请重新鉴定的权利。

二、决定与委托

(一)民事诉讼中司法鉴定的决定与委托

民事诉讼中司法鉴定的决定主体是人民法院。《民事诉讼法》第76条规定:"当事人可以就查明事实的专门性问题向人民法院申请鉴定。当事人申请鉴定的,由双方当事人协商确定具备资格的鉴定人;协商不成的,由人民法院指定。当事人未申请鉴定,人民法院对专门性问题认为需要鉴定的,应当委托具备资格的鉴定人进行鉴定。"

在诉讼中,虽然当事人未申请鉴定,但人民法院对专门性问题认为需要鉴定的,应当依职权委托具备资格的鉴定人进行鉴定。这是因为,当事人对自己的事实主张应当提供证据加以证明,其中包括对其事实主张,如果涉及专门性问题时,应当提出鉴定申请。但是,由于各种原因,有关当事人未提出鉴定申请时,人民法院为了查明事实真相,以便在此基础上决定如何适用法律,无论有关当事人是否同意对有关专门性问题进行鉴定,人民法院均可依职权做出委托具备资格的鉴定人进行鉴定的决定。

(二)刑事诉讼中司法鉴定的决定与委托

在刑事诉讼中,侦查、起诉、审判阶段,侦查机关、公诉机关、审判机关分别享有法律规定的司法鉴定决定权。

第一,侦查机关、检察机关的刑事鉴定决定权。《刑事诉讼法》第146条:"为了查明案情,需要解决案件中某些专门性问题的时候,应当指派、聘请有专门知识的人进行鉴定。"由此可知,侦查机关、检察机关在侦查案件的时候,可以决定对于专门性问题进行鉴定。

第二,法官的刑事鉴定启动。《刑事诉讼法》第196条第2款规定:"人民法院调查核实证据,可以进行勘验、检查、查封、扣押、鉴定和查询、冻结。"由此可知,法院在审判案件时,可以决定对于专门性问题进行鉴定。

(三)行政诉讼中司法鉴定的决定与委托

行政诉讼中司法鉴定的决定主体为当事人。《最高人民法院关于行政诉讼证据若干问题》第31条:"规定对需要鉴定的事项负有举证责任的当事人,在举证期限内无正当理由不提出鉴定申请、不预交鉴定费用或者拒不提供相关材料,致使对案件争议的事实无法通过鉴定结论予以认定的,应当对该事实承担举证不能的法律后果。"这一条明确规定当事人在行政诉讼中有完全的司法鉴定决定权。当事人提出司法鉴定的申请后,由人民法院委托或指定相关鉴定部门实施鉴定。《最高人民法院关于行政诉讼证据若干问题的规定》第30条规定:"当事人对人民法院委托的鉴定部门做出的鉴定结论有异议申请重新鉴定,提出证据证明存在下列情形之一的,人民法院应予准许:"①鉴定部门或者鉴定人不具有相应的鉴定资格的;②鉴定程序严重违法的;③鉴定结论明显依据不足的;④经过质证不能作为证据使用的其他情形。对有缺陷的鉴定结论,可以通过补充鉴定、重新质证或者补充质证等方式解决。"

三、受理

(一)概念

司法鉴定的受理是指司法鉴定机构或司法鉴定人依据有关法律规定通过对司法鉴定委托事项的审查,对符合鉴定条件的委托予以接受,同意予以鉴定并办理有关手续和交接鉴定资料,为鉴定工作的开展所做的程序性的准备工作。

一般说来,对司法鉴定的委托是否予以受理,是司法鉴定机构或司法鉴定人的权利。

(二)受理司法鉴定主体必须具备两个基本条件

1.受理鉴定的机构必须是法定鉴定机构。司法鉴定机构应当具备规定的条件,经司法行政机关核准登记,取得司法鉴定许可证,方可从事面向社会服务的司法鉴定活动。

2.受理司法鉴定的鉴定人必须是具备"两证"资格的司法鉴定执业人员。司法鉴定人实行职业资格证书制度和执业证书制度。在已实施司法鉴定人职业资格制度的领域内,未取得相应司法鉴定执业证书的人员不得从事相应的司法鉴定活动。

四、司法鉴定的实施

(一)概念

司法鉴定的实施是指司法鉴定人具体进行司法鉴定的活动,是司法鉴定程序的核心环节。

(二)司法鉴定实施内容

(1)熟悉案情与鉴定资料,明确鉴定要求,拟定鉴定方案;(2)接受委托主体的监督或协助要求;(3)提取和保存检材;(4)准备合格的鉴定器材;(5)确定适用的技术标准。

(三)司法鉴定实施原则

司法鉴定的法律属性决定了其整个活动都必须遵守我国相关法律法规的规定。同时,作为一种特殊的科学技术活动,司法鉴定必须遵循一系列基本原则。

1.合法原则

合法原则要求鉴定活动从技术手段到各项标准必须严格执行各项法律规定。司法鉴定在业务范围、鉴定程序和技术标准的统一上均要其有规范化和制度化的表现。

2.科学原则

司法鉴定是利用专门知识去解决诉讼过程中有待证明的问题,因而强调依据科学的原则。要求鉴定人尊重科学,相信科学。无论司法鉴定的程序或得出的结论都必须符合科学规律和原理。

3.客观原则

司法鉴定活动追求的是客观公正的鉴定结论,需要在鉴定的启动、鉴定活动的实施等方面保证客观公正的价值追求。

4.独立原则

司法鉴定人在不受外界干扰的情况下,独立表达鉴定意见,根据鉴定活动的实际情况做出科学判断。独立原则最核心的内容是鉴定意见应当是鉴定人独立意志的体现,鉴定人只服从科学和法律。

5.监督原则

司法鉴定活动作为一种特殊科学技术活动,应该接受不同层面的监督。法律监督和社会监督相融合,共同保证司法鉴定的合理公正。

6.保密原则

保守案件秘密,维护国家利益和委托人的合法利益是有关人员在司法鉴定活动中应重视的一条原则,同时也是鉴定人的义务之一。

7.时限原则

鉴定客体及其反映形象随时都在发生变化,改变着自身属性。需要鉴定人及时进行鉴定,才能得出合理的鉴定结果。

8.公开、公平、公正原则

公开要求社会监督的介入,最大限度防止和克服腐败。公正强调司法鉴定活动符合正义的价值目标。公平要求对不同委托主体的委托事项要一视同仁。

五、实务演示

(一)案例导引

2010年9月5日晚8时许,被害人郑叔贵在自家门口推摩托车要进其家时,被其邻居即被告人郑永生放置在巷中的一块石头阻挡,被害人郑叔贵就用脚踢开该石头,被告人郑永生看见后,双方就此发生口角并引发斗殴。双方家属听到后都先后赶到现场参与打架,在相互斗殴中,被告人郑永生持械(自行车、竹棍)将被害人郑叔贵打伤。被告人郑永生及其家人和被害人郑叔贵的家人也不同程度的受伤。

事故发生后,汕头市公安局濠江区分局于2010年9月6日对郑叔贵的损伤进行鉴定,鉴定意见为:伤者郑叔贵的损伤程度定为"轻微伤"。被害人郑叔贵不服,申请重新鉴定。汕头市公安局于2010年11月5日对郑叔贵的伤情进行重新鉴定,鉴定意见为:郑叔贵伤情属"轻微伤"。据此,汕头市公安局濠江分局于2010年12月7日做出汕公濠决字[2010]第00289号公安行政处罚决定书,决定对郑永生处以拘留十五日并处罚款500元。被害人郑叔贵对公安机关的上述鉴定意见仍然不服,并多次到有关机关信访。2011年3月11日,濠江区人民检察院委托揭阳市人民检察院司法鉴定中心对郑叔贵的损伤程度进行鉴定。揭阳市人民检察院司法鉴定中心做出揭检技鉴字[2011]02号《法医活体损伤检验鉴定书》(以下简称《鉴定书》),鉴定意见为:郑叔贵头面部等多处损伤符合钝性致伤物作用所致,属"轻伤"。据此,濠江区人民检察院做出汕濠检侦监通立[2011]01号《通知立案书》,通知濠江分局就该案立案侦查,该局据此立案并移送起诉,濠江区人民检察院以被告人郑永生犯故意伤害罪向法院提起公诉。一审期间,被害人郑叔贵到广东省公安厅信访,要求复核。广东省公安厅侦查局由大案处和技术中心组成工作组于2013年1月7日对郑永生故意伤害案进行复核,并于

2013年1月11日做出广公(刑)字[2013]51号《关于复核郑叔贵信访案的复函》,复核意见:同意汕头市公安局信访复查事项答复意见。即同意汕头市公安局对郑叔贵伤情鉴定为"轻微伤"的意见。

被告人郑永生辩称:郑叔贵先动手打人;郑叔贵的牙齿脱落多年前就存在;认可汕头市公安局濠江分局及汕头市公安局的鉴定意见,对[2011]02号《鉴定书》的鉴定意见有异议。其辩护人的辩护意见为,[2011]02号《鉴定书》不具有合法性,没有证据效力,不得作为本案定案依据,被告人郑永生不构成犯罪。

(二)案例分析

根据法律保留原则及证据合法原则的精神,司法机关的调查取证行为,必须以法律明文授权为其具有合法性的前提,凡是法律不明确授权的,都属禁止。因此,司法机关行使侦查权的方式、方法、步骤和顺序均必须依据法律进行,凡是违反了法定诉讼程序的侦查行为都属于司法机关的越权行为,其所调取的证据也因取证主体存在合法性问题而导致缺乏证据能力。本案中,汕头市濠江区人民检察院对本案并不具有立案侦查权,在对本案依法享有立案管辖权的汕头市公安局濠江区分局决定立案侦查之前,其享有的职权应属于立案监督权。但汕头市濠江区人民检察院在汕头市公安局濠江区分局未依法进行立案侦查之前,委托司法鉴定机构对被害人郑叔贵的伤情进行司法鉴定,根据1996年《中华人民共和国刑事诉讼法》第二编第二章第七节及1998年通过的《人民检察院刑事诉讼规则》第七章第七节之规定,汕头市濠江区人民检察院委托鉴定的行为明显属于侦查行为。实际上,汕濠检侦监通立[2011]01号《通知立案书》也表明其是"依照1998年《人民检察院刑事诉讼规则》第二百零七条第二项的规定委托揭阳市人民检察院司法鉴定中心对郑叔贵的伤情进行重新鉴定"的,而1998年通过的《人民检察院刑事诉讼规则》第二百零七条第(二)项的规定乃属于该规则第七章"侦查"所规定的内容。也就是说,汕头市濠江区人民检察院在委托揭阳市人民检察院司法鉴定中心对郑叔贵的伤情进行重新鉴定时,也认可其委托鉴定之行为属于侦查行为。而《最高人民检察院关于"人民检察院发出(通知立案书)时应当将有关证明应该立案的材料移送公安机关"问题的批复》(以下简称《批复》)中明确规定:"人民检察院在立案监督中,不得进行侦查。"同时,《最高人民检察院、公安部关于刑事立案监督有关问题的规定》(以下简称《立案监督规定》)第八条第二款规定,人民检察院开展调查核实,可以询问办案人员和有关当事人,查阅、复印公安机关刑事受案、立案、破案等登记手册和立案、不立案、撤销案件、治安处罚、劳动教养等相关法律文书及案卷材料,公安机关应当配合。上述司法解释明确规定检察机关在立案监督中不得进行侦查。由此,汕头市濠江区人民检察院上述收集证据之行为已违反了

1996年《刑事诉讼法》第三条关于职权法定原则和程序法定原则、第四十三条关于证据合法性原则以及《批复》《立案监督规定》之规定,其所收集的第02号《鉴定书》应属缺乏证据能力,不得作为定案的依据。

(三)经验总结

我国司法解释针对不具备证据能力的非法鉴定意见所确立的排除规则属于"强制性的排除",法庭无须考虑鉴定意见的违法性程度,也无须考虑鉴定意见的真实性与关联性等问题,而只要发现鉴定意见不具备合法性,就可以自动加以排除。不仅如此,对于那些违法取得的鉴定意见,法庭也不得给予办案机关补正的机会。自《关于办理死刑案件审查判断证据若干问题的规定》颁布后,司法实践中确定为不具备证据能力并作为排除规则适用对象的非法司法鉴定意见主要有四类,分别是"鉴定人资格和条件的缺陷""鉴定程序和方法的错误""送检材料鉴真程序的违法"及"鉴定文书形式要件的欠缺"。本案公诉机关所提交的第02号《鉴定书》因启动重新司法鉴定程序的主体以及受理重新鉴定的机构均不符合法律的规定,存在鉴定程序违反法律规定的情形,违反了证据的合法性原则,该鉴定意见属非法证据而不具备证据能力,法庭对其应予以排除,不得将其作为定案依据。

现代的刑事诉讼法已不再仅仅被看作"惩罚犯罪、打击犯罪"的法律,它同时也从程序上规范、限制国家的惩罚权,以保障公民的基本人权,特别是人身自由不受国家机关的非法侵犯。因此,现代法治国家普遍要求公共权力的行使者应按照法定的诉讼程序进行诉讼活动,以及在违反法定程序的情况下承担相应的法律后果。具体到本案,公诉机关虽然指控了被告人郑永生犯故意伤害罪,并提供了一定的证据,但其中关于郑叔贵的损伤的《鉴定书》,因其取证手段和方法违反法定程序而导致其不具备证据能力,法院不论其是否具有证明力,依法将其排除于法庭之外而不予采纳。

第二节 鉴定意见的审查判断

在司法实践中,为了解决与案件事实有关的各种专门性问题,司法人员常常需要求助于专家,通过技术手段来做出科学的鉴定,为确认与待证事实有关的专门性问题提供条件。但是,鉴定人不是科学的法官,鉴定意见也不是最后的结论,必须对其证明力加以审查、评断。虽然这种审查有点"外行审查内行"的意思,但它仍然不容忽视。因此在对鉴定结论证明力进行审查评断时,应当审查认定鉴定人是否具有鉴定资格,所使用的技术设备是否先进,采取的方法和操作程序是否规范、实用,其技术手段是否有效、可靠;应当审查认定鉴定人在鉴定过程中检验、试验的程序规范或者其检验方法是否符合有关法定标准或行业标准的要求;应当审查认定鉴定结论的论据是否充分,推论是否合理,论据与结论之间是否存在矛盾。

《最高人民法院关于适用〈中华人民共和国刑事诉讼法〉的解释》第97条和第99条为鉴定意见的审查判断提供了法律依据。第97条从实体和程序两个方面规定了审查的具体内容,该条规定:"对鉴定意见应当着重审查以下内容:(一)鉴定机构和鉴定人是否具有法定资质;(二)鉴定人是否存在应当回避的情形;(三)检材的来源、取得、保管、送检是否符合法律、有关规定,与相关提取笔录、扣押物品清单等记载的内容是否相符,检材是否充足、可靠;(四)鉴定意见的形式要件是否完备,是否注明提起鉴定的事由、鉴定委托人、鉴定机构、鉴定要求、鉴定过程、鉴定方法、鉴定日期等相关内容,是否由鉴定机构加盖司法鉴定专用章并由鉴定人签名、盖章;(五)鉴定程序是否符合法律、有关规定;(六)鉴定的过程和方法是否符合相关专业的规范要求;(七)鉴定意见是否明确;(八)鉴定意见与案件事实有无关联;(九)鉴定意见与勘验、检查笔录及相关照片等其他证据是否矛盾;存在矛盾的,能否得到合理解释;(十)鉴定意见是否依法及时告知相关人员,当事人对鉴定意见有无异议。"

《最高人民法院关于适用〈中华人民共和国刑事诉讼法〉的解释》第99条则是从鉴定人出庭方面规定了审查的内容:"经人民法院通知,鉴定人拒不出庭作证的,鉴定意见不得作为定案的根据。鉴定人由于不能抗拒的原因或者有其他正当理由无法出庭的,人民法院可以根据情况决定延期审理或者重新鉴定。对没有正当理由拒不出庭作证的鉴定人,人民法院应当通报司法行政机关或者有关部门。"

一、形式审查层面

我国现行鉴定审查规则更多的是重视形式要件是否齐备。主要是对检材的要求,鉴定意见文书的要求,对鉴定程序、鉴定过程与方法的要求,实际都仅仅审查鉴定活动是否符合相关的鉴定技术规范。形式上的审查主要目的在于确定鉴定意见的合法性,通常包含以下几个方面。

(一)对鉴定主体的适格审查

主要依据《全国人大常委会关于司法鉴定管理问题的决定》《最高人民法院关于

适用〈中华人民共和国刑事诉讼法〉的解释》《司法鉴定机构登记管理办法》《司法鉴定人登记管理办法》等法律文件对鉴定机构和鉴定人是否具有法定资质以及对鉴定人是否存在应当回避及执业禁止的情形进行审查。

鉴定人是否具备资质，重点在于其是否确实掌握了相关科学原理、方法与操作规程，是否按照相关规定经历了相关专业技术培训并且合格。鉴定机构和鉴定人具备法定资格和条件是鉴定意见具备证据能力的前提条件，否则其所提供的鉴定意见不具有证据能力。

(二)对鉴定对象的审查

这主要是依据《司法鉴定程序通则》(2016年修订版)审查检材的来源、取得、保管、送检、接收、使用、退还等业务行为是否符合法律,有关规定及鉴定技术操作规范与相关提取笔录、扣押物品清单等记载的内容是否相符,检材是否充足、可靠;主要是为了审查证据的客观性以及合法性问题。

根据新的刑事证据规则,鉴定材料的真实性和同一性已经成为鉴定意见转化为定案根据的前提条件,在对真实性或同一性存在合理性怀疑的情况下,鉴定意见将不具有作为定案根据的证据资格。

(三)对鉴定结果的审查

这主要是对鉴定文书的形式要件进行审查。主要审查鉴定意见的形式要件是否完备,是否注明提起鉴定的事由、鉴定委托人、鉴定机构、鉴定要求、鉴定过程、鉴定方法、鉴定日期等相关内容;是否由鉴定机构加盖司法鉴定专用章并由鉴定人签名、盖章;鉴定意见是否明确;是否注明了鉴定过程和鉴定方法;对司法鉴定意见书进行补正,是否改变了司法鉴定意见的原意等。

此外,还应审查鉴定意见是否与案件事实具有关联性以及鉴定意见是否能与其他证据形成证据链条。对鉴定结果进行的审查,主要解决证据的相关性问题。

二、实质审查层面

根据《最高人民法院关于适用〈中华人民共和国刑事诉讼法〉的解释》第97条第6款规定,要求法官对"鉴定的过程和方法是否符合相关专业的规范要求"进行实质审查。但实践中法官对此常常是无能为力,由于缺乏专业鉴定知识,法官只有通过询问和质证鉴定过程才能有效审查鉴定的客观性,通过交叉询问还原鉴定过程更易发现鉴定存在的问题,帮助法官辨明真伪,增强对证据证明力的判断。实质审查的主要目的在于确定鉴定意见的真实性与关联性,通常包括以下方面。

(一)鉴定人出庭及对其交叉询问

通过鉴定人出庭及对鉴定人的交叉询问,可以更好还原鉴定过程,以查明鉴定的真实性。鉴定意见是由人做出的,鉴定人的教育培训经历、专业水平、执业经验、职业经历和职业道德等因素的影响决定了鉴定意见并非绝对可靠。也正是基于鉴定意见的言辞证据属性,才有鉴定人出庭作证接受当面对质的必要,这也是刑事诉讼直接言词原则在质证环节的直接体现。

根据《刑事诉讼法》第192条规定,鉴定人出庭接受质证是需要满足一定条件的,即控方或辩方对鉴定意见有异议,且法院经审查认为必要,这也为鉴定人出庭接受询问提供了条件。申请鉴定人出庭,可以通过对鉴定人的交叉询问,还原鉴定的整个过程和操作行为,可以更准确地发现鉴定过程中的错误或违规行为。

比如鉴定人是否按照要求接受培训和考核;鉴定人的知识构成、教育经历与待鉴定事项的相关性;鉴定人是否真实具备专业鉴定能力;鉴定人的执业规范情况;检材的取得、接收、送检、取样等业务操作行为是否符合技术规范操作要求和岗位职责要求;检材受到的污染是否会导致鉴定意见的错误;鉴定不及时或拖延对鉴定意见的影响程度等。因此,鉴定人的出庭,在很大的程度可以查明鉴定意见的证据能力问题。

(二)申请专家辅助人出庭

通过及时申请专家辅助人出庭,使质证处于动态过程中,增强鉴定意见审查质证的对抗性、有效性。我国新《刑事诉讼法》第197条规定了专家辅助人制度。专业人士出庭对鉴定意见进行询问和质证,可以在科学和专业的角度对案件中的专门问题所包含的案件事实提出专业意见,或者对案件中现有的鉴定意见科学有效地质证,从而帮助法官有效认知专业的司法鉴定意见,能有效审查鉴定意见的科学性、客观性,从而保证司法活动的公正性。

同时,由于专家辅助人具有专门的知识且没有严格的资质条件限制,对于辩护方更容易获得专家辅助人的专业支持,有利于提高辩护效率,也为辩护人、法官实质审查鉴定意见提供了重要方法,有利于甄别错误的鉴定意见,从而有效保障被告人的权利。

在对鉴定意见进行形式和实质的审查质证之后,如果仍不能对鉴定意见的证明力做出判断,则需要考虑更多因素来审查鉴定意见的证明力,如鉴定主体的设备条件、鉴定主体的违法或受处罚情况、鉴定人员的素质以及所提供的鉴定材料的质量等。最终通过这些因素来综合认定鉴定意见的证明力的问题。

鉴定意见作为一种法定证据种类,与其他证据种类一样,相关性与真实性是其基本要求,我国刑事诉讼立法与司法实践长期以来对鉴定意见形式审查的重视程度,要远远高于对鉴定意见的实质审查。对于鉴定意见的有效审查只有通过形式和实质审查两个层面来进行质证,特别是通过有效执行鉴定人和专家辅助人出庭制度,进行实质审查质证,才能有效防范因鉴定错误导致的冤假错案。

三、实务演示

(一)案例导引

李某因腰椎间盘突出于2012年起相继入驻娄底市中心医院和中南大学湘雅医院,共花费医疗费用近三万元。2013年,李某自行委托湘雅二医院司法鉴定中心对自己的伤残程度、后期治疗费用、误工时间、护理期限和人数进行鉴定与评估。随后,李某根据中心所做出的《司法鉴定意见书》以医疗过错为由向长沙市开福区人民法院提起诉讼,要求赔偿损失,并申请法院对娄底市中心医院、中南大学湘雅医院的医疗行为是否存在过错,与不良后果有无因果关系,过错参与度,后期医疗费进行鉴定。

湖北同济法医学司法鉴定中心于2014年9月2日做出《法医学鉴定意见书》,该鉴定意见书内容为:"(1)娄底市中心医院在医疗过程中存在一定的过错,与被鉴定人不良后果发生之间存在部分因果关系,过错参与度40~50%,双侧全髋置换手术费用每次约12万元,使用年限10~12年;(2)中南大学湘雅医院无明显过错。"

一审法院综合本案证据判决如下:(1)娄底市中心医院在本判决发生法律效力之日起五日内赔偿李某医疗费、后续治疗费、赔偿金、住院伙食补助费、误工费、护理费、交通费、住宿费、营养费、被扶养人生活费、精神损害抚慰金、鉴定费共计477157.36元;(2)驳回李某的其他诉讼请求。

娄底市中心医院不服原审判决向长沙市中级人民法院提起上诉,上诉意见主要对一审中鉴定程序是否合法、鉴定意见是否客观、科学提出质疑,并申请重新鉴定。二审法院认为上诉人在重新申请鉴定时并未具有足够的证据反驳已有鉴定意见,且其上诉意见也并不足以证明鉴定意见存在问题,故驳回了娄底市中心医院的上诉请求。

(二)案例分析

本案中,娄底市中心医院、中南大学湘雅医院的医疗行为是否存在过错,与不良后果有无因果关系,过错参与度,后期医疗费等相关问题是本案审理与判决的关键所在,上述问题涉及专业性问题,需运用相关部门或专家的专门知识和现代科学技术手段对案件中所涉及的专门性问题进行检验、识别、分析及判断。因此,本案涉及多份鉴定意见,而对鉴定意见的审查与判断将直接决定医疗过错责任的归属及损害赔偿的认定问题。

在本案中,原审原告李某因腰椎间盘突出先就诊于娄底市中心医院,出院后检测出双侧股骨头缺血性坏死可能性大,后李某前往湘雅医院进行治疗。治疗完毕后,李某委托湘雅二医院司法鉴定中心对自己的伤残程度、后期治疗费用、误工时间、护理期限和人数进行鉴定与评估。2013年11月20日,湘雅二医院司法鉴定中心做出《司法鉴定意见书》,该鉴定意见书中的"分析说明"第3条的内容为:"被鉴定人需卧床休息,目前可考虑行髓芯减压结合植骨术,预计后续治疗费约4至5万元。如效果不佳,再考虑行双髋关节置换术,其费用另行确定。"该鉴定意见书的鉴定意见为:(1)被鉴定人李某目前评定为五级伤残;(2)被鉴定人后续治疗费可参照"分析说明"第3条;(3)被鉴定人从此次鉴定之日起误工时间评定为18个月,其中需1人护理18个月。如行双髋关节置换术,以上各项需重新评定。为此,李某花费鉴定费1400元。

李某依据自行申请的鉴定报告起诉娄底市中心医院与湘雅医院,并向一审法院申请司法鉴定。原审法院委托的湖北同济法医学司法鉴定中心给出鉴定意见:娄底市中心医院在医疗过程中的过错参与度为40%至50%,后续费用为侧全髋置换手术费用每次约12万元,使用年限10至12年,且湘雅医院无明显过错。因此,原审法院依据该鉴定意见并综合全案其他证据,认定原审原告李某共损失954314.71元,由娄底市中心医院按50%的比例赔偿李某477157.36元,其余损失由李某自行承担。

被告娄底市中心医院以原审法院程序违法且鉴定意见存在系列问题为由,向二审法院提起上诉。由于本案主要涉及专业医学问题,故审查认定鉴定机构在鉴定过程中检验、试验的程序规范或者其检验方法是否符合有关法定标准或行业标准的要求及认定鉴定结论的论据是否充分,推论是否合理,论据与结论之间是否存在矛盾都变得极为重要。二审中,双方并未提交新的证据,双方争议焦点集中于申请程序的合法性及鉴定意见的真实有效性。

一是关于申请程序合法性的问题。上诉人主要就两个问题提出异议:第一个问题是湘雅二医院司法鉴定中心做出的《司法鉴定意见书》的法律效力问题。该鉴定虽为李某单方委托,但做出该鉴定结论的鉴定机构及鉴定人员均具有相应资质,且鉴定程序符合法律规定,仅因该鉴定为单方委托并不足以推翻该鉴定的法律效力,且其评定李某的伤残等级时适用《劳动能力及鉴定职工工伤及职业病致残等级标准》并不违反法律规定;第二个则是申请重新鉴定被驳回的问题,根据《最高人民法院关于民事诉讼证据的若干规定》第40条相关规定,当事人对人民法院委托的鉴定部门做出的鉴定结论有异议申请重新鉴定,提出证据证明存在鉴定机构或者鉴定人员不具备相关的鉴定资格的、鉴定程序严重违法的、鉴定结论明显依据不足的、鉴定意见不能作为证据使用的其他情形等,人民法院应予准许。但上诉庭审中,上诉人仅提供个别医学领域的学术论文中的相关数据,还不足以证明鉴定意见书中认定全髋置换适用年限为10至12年违背医学常规,因此上诉人未充分举证证明鉴定结论存在问题且不具有可采性,人民法院亦无法支持其重新鉴定的请求。

最终二审法院认定,上诉人在申请重新鉴定时并未提出充分证据证明原鉴定报告存在疑问,仅以学术论文中相关观点等进行证明,如此做法不足以否定鉴定报告的法律效力,故原审程序中鉴定程序合法。此外就李某具体损失费用而言,两鉴定报告直接相互印证,并不存在重复计算的情况,故驳回上诉,维持了一审原判。

(三)经验总结

在司法实践中,为了解决与案件事实有关的各种专门性问题,司法人员常常需要求助于专家,通过技术手段来做出科学的鉴定,为确认与待证事实有关的专门性问题提供条件。尽管通过司法审查对鉴定意见进行审查时可能存在专业性缺失的现象,但对鉴定意见的审查是司法审判中必不可少的环节。对鉴定结论证明力进行审查评断时应当审查认定鉴定人是否具有鉴定资格,所使用的技术设备和技术手段是否有效、可靠;还应当审查认定鉴定人在鉴定过程中检验、试验的程序规范或者其检验方法是否符合有关法定标准或行业标准的要求;此外认定鉴定结论的论据是否充分,推论是否合理,论据与结论之间是否存在矛盾也是司法审查值得关注的问题。

结合本案存在多份鉴定意见的情况下,诉讼参与人多会就鉴定意见的合法性提出质疑。审判机关在审查鉴定意见的过程中应当注重对鉴定主体资格、鉴定对象、鉴定结果进行审查。此外,根据《最高人民法院关于适用<中华人民共和国刑事诉讼法>的解释》第97条第6款规定,要求法官对"鉴定的过程和方法是否符合相关专业的规范要求"进行实质审查,庭审中鉴定人员、专家辅助人出庭作证和多方交叉询问也应是实质审查的必备环节。

本案为典型的借助司法鉴定进行审判的民事案件。在部分案件中,由于案情涉及专业性知识,仅通过法官的自由心证无法得出公正判决,故需通过技术手段来做出科学的鉴定,为确认与待证事实有关的专门性问题提供条件。在专业性较强的案件的审判过程中,应当充分重视鉴定报告为司法审判带来的影响与作用,注重做好司法鉴定的形式审查与实质审查工作,把握好鉴定意见作为证据使用的固有"三性",综合案件各方证据实现证据链条的构建,以有效防止冤假错案的发生与出现。

本章思考题

一、司法鉴定意见的收集包括哪些阶段?

二、受理司法鉴定主体必须具备什么条件?

三、司法鉴定实施的内容包括哪些?

四、司法鉴定的实施应遵守哪些原则?

五、从哪些方面对司法鉴定意见进行形式上的审查?

六、如何对鉴定意见进行实质层面的审查?

第十二章

笔录类证据的收集与审查判断

―― 本 章 导 读 ――

　　笔录类证据是三大诉讼法明确规定的法定证据之一,是指侦查机关、检察机关和审判机关在办理案件的过程中,为了查明案件事实,在进行侦查实验、勘验、检查、辨认时所做的文字记录,以及行政机关为了证明行政行为合法有效,在实施行政行为时对有关事项当场所做的文字记录。笔录类证据在司法和行政实践中具有重要的价值,主要体现在两个方面:第一,具有规范侦查机关、检察机关、审判机关以及行政机关实施相关行为的价值,保障诉讼活动和行政活动的依法进行,防止侵害当事人的合法权益;第二,具有固定、发现案件真实情况的价值,保证公安司法机关及时准确地查明案件事实,保证行政机关做出正确合理的决定。但是,司法机关、行政机关的工作人员在制作笔录的过程中,偶尔也会出现记录失误甚至弄虚作假的情况,从而导致笔录与案件事实出现偏离,因此也需要重视对笔录类证据的审查判断,确保案件事实的真实客观。

第一节 笔录的制作

一、勘验、检查笔录的制作

(一)现场勘验笔录的制作

无论在侦查阶段,还是在审判阶段,现场勘验都是公安司法人员侦破案件,发现案件事实真相的重要手段。

勘验、检查笔录是证据的一种,指办案人员对于与犯罪有关的场所、物品、痕迹、尸体等进行勘查、检验所做的客观记载,包括文字记录、绘图、照相、录像、模型等材料。现场勘验笔录作为对勘验活动的过程及现场状况的客观记载,可以及时地固定案发现场的原貌,因此也是证明案件现场状况的重要证据材料。只要经过查证属实,同样可以作为定案的根据。现场勘验笔录最大的特点及其价值所在就是其自身具有的客观性,不但其内容只是对案件现场的位置、物品、尸体和人身等实物证据有关情况的记载,而且在制作方法上也要求必须保持较强的客观性、中立性。

现场勘验时,应制作笔录和绘图,对重大或特大案件,有条件的还要进行录像,以便把一切与犯罪有关的情况客观全面地记录和拍摄下来。物证检验应制作检验笔录,记明检验过程、物证特征,如物品的形状、材料、体积、重量、颜色、商标,痕迹的位置、大小、形状等。尸体解剖后,参加解剖的法医或者医师要就死因提出尸体剖验报告。人身检查应依法制作笔录,详细记载检查的情况和结果。侦查实验的情况应当制作笔录,并将拍摄的照片、绘图等附录在案。

勘验、检查笔录应当具有完备的法律手续。参加勘验、检查的人员包括见证人必须签名或者盖章,只有经过签名或者盖章的笔录,才发生法律效力。

现场勘验笔录是对勘验过程的全面、客观记录,因此内容上应当完整,在形式上应当符合法律规定,否则将会影响到勘验笔录作为证据的可采性和对案件事实的证明力。通常,现场勘验笔录应由文字记录、现场绘图和现场照相三部分组成。通过这三种记录方式的相互配合和各自优点的发挥,可以从不同的角度完整地反映现场状况,客观系统全面地反映现场勘验的全过程和勘验结果以及发现、提取痕迹、物品及其他物证的情况。

文字记录通常可分为前言、叙述事实和结尾三个部分。前言部分主要包括受理报案的情况、现场保护的情况、参加勘验的人员情况以及现场的环境条件等内容。叙述事实部分主要包括现场所在的确切位置,勘验前现场的原始状态,现场勘验的具体经过和勘验结果等内容。结尾部分主要包括现场发现的尸体处理情况、提取现场书证、物证的情况、拍照和绘图的内容、种类和数量以及参加勘验人员和见证人的签名。对现场文字记录的要求是其记载的顺序应当与现场勘验的实际顺序相一致,内容上客观准确,并且当场制作定稿,一经有关人员特别是见证人签字后不能改变。

现场绘图是运用制图学的原理和方法,固定和反映犯罪现场情况的一种记录形式。现场绘图能够排除各种障碍物的阻挡,通过几何图形来形象地表现中心现场、现场周围环境、罪犯作案来去路线等,并能够根据每一案件现场的具体情况,灵活地运用各种绘图形式和技巧以准确、醒目地描绘出现场及物证的具体情况。它可以为没有实地勘验现场的人员了解情况提供原始材料,并为复核原始现场提供考查依据。通常,现场绘图按其表现的形式,可以分为平面图、平面展开图、立体图、剖视图、综合图、分析图等等。

现场照相又是一种能够形象、客观、准确、迅速地记录、固定现场情况的勘验形式,通常包括现场方位照相、现场全貌照相、现场重点部位照相和现场细目照相。

(二)现场检查笔录的制作

现场检查笔录是行政执法中所特有的证据,指的是行政执法人员在对与案件相关的场所、物品等进行勘验和现场检查时所做的书面记录,其在行政执法过程中具有重要的意义和作用。执法人员掌握这种笔录的制作方法,有利于完成工作任务,并为自身的行为提供充足依据。制作现场笔录和勘验笔录要求行政执法人员对检查过程中发现的以下情况进行详细记录:案件现场情况、具体物件的情况、实施强制措施的情况以及各方当事人陈述等。在制作上述笔录时还应特别注意以下几个方面的问题:①必须对案件现场以及具体的物件情况等进行准确、客观描述,尊重事实,切忌主观夸大。②原则上进行现场检查并制作相关笔录的行政执法人员的人数应当大于或等于两名。③笔录的制作应当满足实时性,即不允许事后补充记载。④现场笔录和勘验笔录制作完成后需要有相对人或者在场证人的签字,以确保真实;如果相对人拒绝签字或者确实不能签字的,应当由执法人员注明原因。

二、辨认笔录的制作

辨认笔录,是指侦查人员组织被害人、犯罪嫌疑人或者证人对与犯罪有关的物品、文件、尸体、场所或者犯罪嫌疑人进行辨认和再认时制作的、关于辨认经过和结果的文字记载。《公安机关办理刑事案件程序规定》第258条规定："为了查明案情,在必要的时候,侦查人员可以让被害人、犯罪嫌疑人或者证人对与犯罪有关的物品、文件、尸体、场所或者犯罪嫌疑人进行辨认。"《人民检察院刑事诉讼规则》第223条规定："为了查明案情,在必要的时候,检察人员可以让被害人、证人和犯罪嫌疑人对与犯罪有关的物品、文件、尸体进行辨认,也可以让被害人、证人对犯罪嫌疑人进行辨认,或者让犯罪嫌疑人对其他犯罪嫌疑人进行辨认。"这是辨认笔录的制作依据。

制作辨认笔录的注意事项：

（1）主持辨认的侦查员不得少于二人。

（2）组织辨认前,应当向辨认人详细讯问辨认对象的具体特征,以便有针对性的组织辨认。

（3）几名辨认人对同一辨认对象进行辨认时,应当由辨认人分别进行。需对几名辨认对象进行辨认时,也应分别进行,即七名人员（十张照片）中只能有一名辨认对象（一张辨认对象照片）。

（4）辨认时,应当将辨认对象混杂在其他对象中,不得给辨认人任何暗示。辨认犯罪嫌疑人时,被辨认人不能少于七人；对犯罪嫌疑人的照片进行辨认时,不能少于十张照片（将被辨认对象照片编号后粘贴或打印在一张或几张A4纸上,另行制作一份按编号排列的被辨认对象名单附在后面）,被辨认对象应拍照附卷。

（5）对人进行辨认的,辨认笔录中应写明被辨认人的姓名、性别、编号、排列顺序等。

（6）对犯罪嫌疑人的辨认,辨认人不愿意公开进行时,可以在不暴露辨认人的情况下进行,侦查人员应当为其保守秘密。

三、侦查实验笔录的制作

侦查实验是侦查人员为了确定和判明与案件有关的某些事实和行为,在某种条件下能否发生或怎样发生,而按照原来的条件进行模拟试验的一种活动。侦查实验笔录是公安机关侦查人员在进行侦查实验时,如实记载实验的过程和结果的文书。需要指出的是,侦查实验笔录的特殊性在于它不是对原始情况观察的记录,而是对模拟情况的记载。

《刑事诉讼法》第135条："为了查明案情,在必要的时候,经公安机关负责人批准,可以进行侦查实验。侦查实验的情况应当写成笔录,由参加实验的人签名或者盖章。侦查实验,禁止一切足以造成危险、侮辱人格或者有伤风化的行为。侦查实验笔录,与其他证据相一致,并结合证据组合体,才可作为认定案件事实的证据使用。"

《公安机关办理刑事案件程序规定》第221条规定:"为了查明案情,在必要的时候,经县级以上公安机关负责人批准,可以进行侦查实验。进行侦查实验,应当全程录音录像,并制作侦查实验笔录,由参加实验的人签名。进行侦查实验,禁止一切足以造成危险、侮辱人格或者有伤风化的行为。"

在进行侦查实验的过程中,必要的时候可以聘请有关人员参加,也可以要求犯罪嫌疑人、被害人、证人参加。侦查实验笔录要有参加侦查实验的人员签名或盖章。由于侦查实验是一种特殊的侦查行为,只能由侦查人员进行。

要保证侦查实验笔录的证明力,就必须严格规制侦查实验笔录的制作,一般而言,侦查实验笔录的获取应当遵循三个原则。

一是同步性原则。侦查实验是在模拟案件原有条件基础上进行的实践活动,因此具有很强的过程性,侦查实验中出现的一些事实情况可能会转瞬即逝,不同时予以记录,事后将无法予以补全。

二是全面性原则。侦查实验的目的在于借助实验过程中出现的一些现象、情况,以审查、验证有关证据和推断。侦查实验过程中出现的一系列事实,无法在实验时就判断其对于审查、验证相关证据与推断的价值与重要性,只能予以全面记录,待实验完毕后再予以确认。

三是客观性原则。一种证据的证明力大小取决于其真实性程度,固然侦查实验笔录无法排除制作主体的主观性,但是,侦查实验笔录应当最大程度上如实、准确记录实验过程中出现的现象、事实和情况,避免主观夸大或缩小实验中出现的情况,杜绝先入为主和文学性描述。

四、实务演示

(一)案例导引

2015年9月29日8时40分至9时许,被告人夏某驾驶重型自卸货车从铅山县向上饶县方向行驶,途径铅山县青溪老汽车站路段,遇相对方向由乐某驾驶的二轮自行车,因夏某驾驶车辆占道行驶,重型货车与自行车交会时,自行车突然倒地,二轮自行车骑车人乐某倒在夏某驾驶的重型货车左后轮位置,货车左后轮与乐某左臂、左腹部发生碾压,造成乐某当场死亡的严重后果。经道路交通事故认定,被告人夏某占道行驶,对路面观察不够,未确保安全行驶,是引发事故的全部原因,负本起事故全部责任。铅山县人民法院判决如下:被告人夏某违反交通管理法规,驾驶无安全挡板、严重超载的重型自卸货车占道行驶,发生重大交通事故,致一人死亡,负事故全部责任,其行为构成交通肇事罪。

(二)案例分析

本案中,控辩审三方对被告人的主要犯罪事实无太大争议,但对在被告人夏某驾车碾压乐某后,夏某的倒车行为究竟为方便医疗救助的事后行为还是具有间接故意的故意杀人行为,被告人辩护人与被害人代理人产生分歧。被害人代理人在庭审中指出,被告人夏某发现碾压被害人后,应当立即停车保证犯罪现场的完整性,而夏某在明知下坡倒车存有惯性的情况下依旧选择倒车,无疑放任了二次碾压这一结果的发生,故其倒车行为具有故意杀人的间接故意。

法院为了审查被告人在案发情况下是否具有二次碾压的间接故意,采用了侦查实验,目的在于检验超载货车在斜坡上倒车是否会发生前移。为查明被告人夏某停车后实施的倒车行为是否存在惯性前移的可能,铅山县公安局交警大队经铅山县公安局负责人批准,聘请鉴定人员,并邀请了被告人家属夏某一、夏某二,被害人近亲属陈某丁和陈某福,陈某丁的代理人黄某及村代表等多名见证人在场的情况下进行侦查实验。此次侦查实验使用的是原肇事车辆,侦查实验地点是原事故发生地,侦查实验结果是经过三种不同方式共计10次的反复倒车模拟实验得出的一致结果制作了《侦查实验笔录》。此外,该侦查实验全过程进行了同步录音录像。侦查实验结果为:10次倒车实验,肇事车辆均未向前移动。

本案中,侦查实验的进行具有重要的意义。因为在认定案件事实过程中,被害人代理人与被告人辩护人就被告人是否具有伤害故意存在争议,在主观心态难以证明的情况下,通过侦查实验确定案件事实发生的可能性便可以通过客观事实倒推行为人的主观心态。本案中侦查实验的目的主要在于在斜坡上停车后是否具有惯性前移的可能性,以此证明行为人主观故意的有无。

本案中,对侦查实验的全过程涉及的事项皆记载于《侦查实验笔录》,以此确保了侦查实验笔录的证明力,符合《刑事诉讼法》及相关司法解释之规定,无疑加强了侦查实验笔录在诉讼中的法律效力及可采纳性。由此,人民法院认定了侦查实验笔录的程序合法性与参考价值,未采纳被害人及其代理人的代理意见。

(三)经验总结

严格规制侦查实验笔录的制作流程是保证侦查实验笔录的证明力的基础和前提条件。如前文所言,侦查实验笔录的获取应当遵循同步性原则、全面性原则及客观性原则,即侦查实验的模拟必须以原有条件为基础,保持与被模拟案件的同步性,全面记录案件过程发生的全部事实,最大程度上保持实验过程中出现的现象、事实和情况的真实性与准确性,避免主观夸大或缩小实验中出现的情况,杜绝先入为主和文学性描述。

侦查实验笔录是公安机关侦查人员在进行侦查实验时,如实记载实验的过程和结果的文书,其主要是对案件相关事实模拟情况的记载。本案在一定程度上起示范作用,本案中办案机关紧紧把握侦查实验笔录的同步性原则、全面性原则及客观性原则,尽可能还原案情当时一切条件,尽力排除模拟实验主体的主观性,并邀请系列见证人在场观看签字,以求较好实现侦查实验之目的。如此做法符合《刑事诉讼法》及相关司法解释对侦查实验的要求,最大限度地还原了案发事实。

第二节　笔录的审查判断

一、勘验、检查笔录的审查判断

勘验、检查笔录是指侦查人员对与案件有关的场所、物品、人身、尸体的状况进行勘验、检查所制作的实况记录。笔录以文字记载为主,但并不限于文字记录,还包括绘图、照片、录音、录像、模型等。因此,勘验、检查笔录是各种案件实况记录的总称。

勘验是指侦查人员对与案件有关的场所、物品、尸体等"死"的物体所进行的观察、测量、检验、拍照、绘图等活动。其目的是直接了解案件的有关场所、物品、尸体,发现和收集证据材料。

检查是指侦查人员对与案件有关的人身等"活"着的人所进行的观察、问询、检查等活动。其目的在于确定犯罪嫌疑人的某些特征和被害人的伤害情况或者生理状态。

勘验、检查是侦查人员了解案件发生的情况、收集证据的诉讼活动。勘验、检查在刑事诉讼中适用的范围很宽:在侦查阶段,是公安机关或者检察机关依法实施的侦查行为;在审判阶段,人民法院为了调查核实证据,也可以进行勘验、检查,其属于一种补充性的调查活动。

《最高人民法院关于适用〈中华人民共和国刑事诉讼法〉的解释》第102条:对勘验、检查笔录应当着重审查以下内容。

(1)勘验、检查是否依法进行,笔录的制作是否符合法律、有关规定,勘验、检查人员和见证人是否签名或者盖章。

(2)勘验、检查笔录是否记录了提起勘验、检查的事由,勘验、检查的时间、地点、在场人员、现场方位、周围环境等,现场的物品、人身、尸体等的位置、特征等情况,以及勘验、检查、搜查的过程;文字记录与实物或者绘图、照片、录像是否相符;现场、物品、痕迹等是否伪造、有无破坏;人身特征、伤害情况、生理状态有无伪装或者变化等。

(3)补充进行勘验、检查的,是否说明了再次勘验、检查的缘由,前后勘验、检查的情况是否矛盾。

二、辨认笔录的审查判断

《刑事诉讼法》第51条规定"公诉案件中被告人有罪的举证责任由人民检察院承担",而辨认笔录常常与当事人的陈述一起作为直接证据来指控犯罪,对于检察机关来说,对辨认笔录进行审查也就显得尤为重要。

根据《关于办理死刑案件审查判断证据若干问题的规定》第30条的规定,对于辨认笔录的审查判断主要有两个方面:一是程序的合法性,即是否存在严重违反辨认程序和规则的情形;二是内容的真实性,即辨认结果是否存在因程序违法而失真的情形。

(一)辨认笔录的合法性审查

对辨认程序的审查应着重于实质性程序,即直接影响到辨认结果的程序,原则上应推定违反了实质性程序得出的辨认结果是无法确认真实性的,该辨认笔录就应该被视为非法证据排除。对于非实质性的程序瑕疵,则可以通过补正或者做出合理解释的方式来完善。例如,主持辨认的侦查人员不足2人或者存在一般性提示的,并无违反实质性程序。

《最高人民法院关于适用〈中华人民共和国刑事诉讼法〉的解释》第105条和《关于办理死刑案件审查判断证据若干问题的规定》第30条对辨认笔录的审查与认定做出了规定。《最高人民法院关于适用〈刑事诉讼法〉的解释》第105条规定:"对辨认笔录应当着重审查辨认的过程、方法,以及辨认笔录的制作是否符合有关规定。辨认笔录具有下列情形之一的,不得作为定案的根据:(一)辨认不是在侦查人员主持下进行的;(二)辨认前使辨认人见到辨认对象的;(三)辨认活动没有个别进行的;(四)辨认对象没有混杂在具有类似特征的其他对象中,或者供辨认的对象数量不符合规定的;(五)辨认中给辨认人明显暗示或者明显有指认嫌疑的;(六)违反有关规定、不能确定辨认笔录真实性的其他情形。"

审查辨认笔录主要应从以下12个方面进行。

1.审查辨认是否在侦查人员的主持下进行

《公安机关办理刑事案件程序规定》第259条第1款规定:辨认应当在侦查人员的主持下进行。《人民检察院刑事诉讼规则》第224条对此做了相同规定。据此,如果辨认不是在侦查人员的主持下进行,则不具有合法性。

2.审查主持辨认的侦查人员是否少于两人

《公安机关办理刑事案件程序规定》第259条第1款规定:主持辨认的侦查人员不得少于2人。《人民检察院刑事诉讼规则(试行)》第258条对此做了相同规定。据此,如果主持辨认的侦查人员少于2人,则不具有合法性。

3.审查几名辨认人对同一辨认对象进行辨认时是否由辨认人个别进行

《公安机关办理刑事案件程序规定》第250条第2款规定:几名辨认人对同一辨认对象进行辨认时,应当由辨认人个别进行。《人民检察院刑事诉讼规则》第224条对此做了相同规定。据此,如果几名辨认人对同一辨认对象进行辨认时不是由辨认人个别进行的,则不具有合法性。

4.审查辨认前侦查人员是否向辨认人详细询问被辨认对象的具体特征

《人民检察院刑事诉讼规则》第224条规定:在辨认前,应当向辨认人详细询问被辨认对象的具体特征,避免辨认人见到被辨认对象,并应当告知辨认人有意作虚假辨认应负的法律责任。据此,在辨认前,如果侦查人员没有向辨认人详细询问被辨认对象的具体特征,则不具有合法性。

5.审查辨认前辨认人是否见到被辨认对象

《人民检察院刑事诉讼规则》第224条规定:在辨认前,应当向辨认人详细询问被辨认对象的具体特征,避免辨认人见到被辨认对象,并应当告知辨认人有意作虚假辨认应负的法律责任。据此,在辨认前,如果辨认人见到被辨认对象,则不具有合法性。

6.审查辨认时辨认对象是否混杂在特征相类似的其他对象中

《公安机关办理刑事案件程序规定》第260条第1款规定:辨认时,应当将辨认对象混杂在特征相类似的其他对象中,不得给辨认人任何暗示。《人民检察院刑事诉讼规则》第226条第1款对此做了相同规定。据此,辨认时,如果辨认对象没有混杂在特征相类似的其他对象中,则不具有合法性。

7.审查辨认时侦查人员是否给辨认人暗示

《公安机关办理刑事案件程序规定》第260条第1款规定:辨认时,应当将辨认对象混杂在特征相类似的其他对象中,不得给辨认人任何暗示。《人民检察院刑事诉讼规则》第226条第1款对此做了相同规定。据此,辨认时,如果侦查人员给辨认人暗示的,则不具有合法性。

8. 审查供辨认对象的数量是否合法

《公安机关办理刑事案件程序规定》第260条第2款规定：辨认犯罪嫌疑人时，被辨认的人数不得少于7人；对犯罪嫌疑人照片进行辨认的，不得少于10人的照片；辨认物品时，混杂的同类物品不得少于5件。《人民检察院刑事诉讼规则》第226条第2款、第3款规定：辨认犯罪嫌疑人时，被辨认的人数不得少于七人，照片不得少于十张。辨认物品时，同类物品不得少于5件，照片不得少于5张。据此，如果供辨认对象的数量少于上述规定，则不具有合法性（公安部另有规定的，从其规定）。

9. 审查辨认的情况是否制作笔录

《公安机关办理刑事案件程序规定》第262条规定：对辨认经过和结果，应当制作辨认笔录，由侦查人员、辨认人、见证人签名。必要时，应当对辨认过程进行录音或者录像。据此，如果辨认经过和结果没有制作笔录，则不具有合法性。

10. 审查辨认笔录上是否少于两名侦查人员的签名

根据《公安机关办理刑事案件程序规定》第259条第1款、第262条的规定，辨认笔录上应有不少于2名侦查人员的签名，否则，其不具有合法性。

11. 审查辨认笔录上是否有辨认人和见证人签名

《公安机关办理刑事案件程序规定》第262条规定：对辨认经过和结果，应当制作辨认笔录，由侦查人员、辨认人、见证人签名。必要时，应当对辨认过程进行录音或者录像。据此，如果辨认笔录上没有辨认人和见证人签名，则不具有合法性。

12. 审查辨认笔录是否经过当庭出示、辨认、质证

《最高人民法院关于适用〈中华人民共和国刑事诉讼法〉的解释》第71条规定："证据未经当庭出示、辨认、质证等法庭调查程序查证属实，不得作为定案的根据，但法律和本解释另有规定的除外。"据此，如果辨认笔录没有经过当庭出示、辨认、质证的，则不得作为定案的根据。

（二）辨认笔录的真实性审查

如果说辨认程序的合法性审查针对的是所有辨认笔录，关涉的是辨认笔录证据资格的有无，那么，辨认结果的真实性审查针对的就是具体的辨认笔录，关涉的是该辨认结果证明力的大小。经验法则表明，对于证据而言，即使取得的程序完全合法，也无法保证其内容完全真实，还需要对内容做进一步的审查。由于具体案件情况各异，法律是无法对辨认结果规定具体的真伪评判标准的，更多时候要依靠司法人员的司法经验或者内心确信。

三、侦查实验笔录的审查

《最高人民法院关于适用〈中华人民共和国刑事诉讼法〉的解释》第106条、107条为侦查实验笔录的审查提供了法律依据。第106条规定:"对侦查实验笔录应当着重审查实验的过程、方法,以及笔录的制作是否符合有关规定。"第107条规定:"侦查实验的条件与事件发生时的条件有明显差异,或者存在影响实验结论科学性的其他情形的,侦查实验笔录不得作为定案的根据。"

对于侦查实验笔录的审查,应当从合法性、真实性以及与相关事实的关联性三个方面入手。

(1)合法性审查。合法性审查应当从侦查实验笔录的获取主体、客体、程序、方法四个方面进行。我国的《刑事诉讼法》《人民检察院刑事诉讼规则》《公安机关办理刑事案件程序规定》等法律性规范文件对侦查实验的程序、结果、收集方式、侦查实验笔录等都做出了规定,对于不符合相关规定的侦查实验笔录则应当予以排除。

(2)真实性审查。侦查实验笔录真实性审查首先要审查侦查实验笔录的基础即侦查实验是否客观存在;其次审查侦查实验笔录与侦查实验之间是否是客观对应的;最后审查侦查实验笔录记录侦查实验过程中所发生的事实、情况是否真实,是否存在随意性的判断与描述。

(3)关联性审查。侦查实验笔录的关联性审查应当从以下几个方面入手:一是侦查实验所依据的条件与案件发生时的客观条件是否一致;二是侦查实验的内容是否是对案件事实的高度模拟;三是侦查实验结果是否能对案件事实起到证实或者证伪的作用;四是侦查实验笔录是否与相关物证、书证、证人证言等证据吻合或存在矛盾。只有当以上问题均获得圆满回答时,该证据才具有了关联性。

四、实务演示

(一)案例导引

被告人冯某某于2013年6月与被告人代某合伙经营碎石厂,后与某建材公司签订购买手把石合同,2014年3月至6月间,被告人冯某某、代某利用武某某作为某建材公司188碎石生产线班长,负责安排生产、维护设备的职务之便,由被告人武某某不及时安装磁选设备上的挡板,将大量铁矿石排入碎石堆中,后由被告人冯某某、代某在运输购买的手把石的时候将矿石一同运出厂区,销售获利,在此期间被告人冯某某、代某、武某某侵吞铁矿石共计1100余吨,价值人民币15万余元,被告人冯某某、代某共给予被告人武某某6000元的好处费。案发后,经被害单位报案,公安机关侦查,被告人冯某某、代某、武某某被抓获归案,涉案赃款、赃物已经全部被扣押并返还被害单位。

为查明案情,侦查机关针对被告人偷运铁矿石的行为进行了侦查实验。

第一次侦查实验:从被告人冯某某、代某碎石厂内选取被告人冯某某、代某在某建材公司矿石回收设备磁选机末端未安装挡板情况下购买的手把石中的25立方米进行筛选、装车、检斤,筛选出的铁矿石为7.12吨;在某建材公司矿石回收设备磁选机末端安装挡板的情况下选出25立方米手把石进行筛选、装车、检斤,筛选出的铁矿石为2.89吨,两者之差为4.23吨。

第二次侦查实验:在磁选机末端不安装挡板的情况下装三车碎石,每车25立方米,进行筛选,筛选出的铁矿石为10.54吨;在磁选机末端安装挡板的情况下装三车碎石,每车25立方米,进行筛选,筛选出的铁矿石为18.6吨,两者之差为8.06吨,每车铁矿石之差为2.68吨。

辩护人针对两次侦查实验发表了辩护意见,法院也基于侦查实验与辩护意见对本案进行了分析。最终法院并未采纳两次侦查实验的结果与数据。综合全案证据,法院依照《中华人民共和国刑法》第二百七十一条第一款、第二十五条第一款、第六十七条第三款、第七十二条第一款及《最高人民法院关于审理贪污、职务犯罪案件如何认定共同犯罪几个问题的解释》之规定判决三名被告人职务侵占罪。

(二)案例分析

本案中,侦查机关进行侦查实验的目的在于确定挪用公款罪的犯罪数额。通过查阅本案一审判决书中的实验笔录我们不难发现,此次侦查实验是为了测量被告人通过偷运方式获得的利益数额,即通过对比安装挡板与不安装挡板情况下同样立方手把石所筛选出的铁矿石之差,以此确定被告人利用职务便利获得的铁矿石数量。但侦查实验笔录显示:第一次侦查实验中未安装挡板情况下每25立方米手把石中将多回收4.23吨铁矿石,但第二次两者之差却为2.68吨。公诉机关在提起公诉时仅以第一次侦查实验结果的第二组数据作为公诉依据。但实际上,此次侦查实验因其客观条件的不充足、选材材质偶然性过大等因素,此份侦查实验笔录并无太多法律效力,两次侦查实验结果呈现完全相反的结果,其无法做到对案件事实的高度还原与模拟,故法院也无法认定此次侦查实验的证明力。

控辩双方对犯罪事实并无太大争议,辩护人所提出的辩护意见主要针对侦查实验的合法性和可采性提出质疑,辩护人提出两点质疑:一是侦查实验审批报告手续不完备,存在程序违法;二是侦查实验不具有客观性,检察机关在提起诉讼时故意隐瞒了对被告人有利的数据结果;三是碎石鉴定不具有科学性,多次检验数据反复无常,与客观规律不符。

法院针对辩护意见给予审查意见如下。

1.辩护意见中提出申请侦查实验程序违法,但辩护人并未提出相应事实证据,故法院不予采纳。

2.针对第一次侦查实验隐瞒了有利于被告人的证据的辩护意见,经法院查证,侦查机关第一次侦查实验未安装挡板选出的铁矿石数值为7.12吨,安装挡板选出的铁矿石数值分别为2.89吨、6.7吨,侦查机关以6.7吨数值不符合被告人的供述为由未采纳该数值,违反《刑事诉讼法》相关规定,故对该辩护意见予以采纳。于其提出的铁矿石含铁量的鉴定取样、选材等程序不科学,有违法嫌疑的辩护意见,无事实及法律依据,不予采纳。

3.关于辩护人提出的第二次侦查实验否决了起诉书指控内容,根据有利于被告人的原则,应当采信第二次侦查实验结果的辩护意见,经查,第二次侦查实验距案发达一年之久,开采地点、原料的不同及设备损耗程度等均影响实验结果,没有达到侦查实验要尽可能地接近案件发生时状况的要求,虽然此次实验结果为负数有利于被告人,但是负数的实验结果已经违背了常理和安装挡板的目的,故第二次侦查实验结果不应采信。

本案侦查实验笔录的真实性和关联性存疑,侦查机关在进行实验时未充分做到对案发现场的还原与模拟,且侦查实验的时间距案发时间间隔久,其相关检测手段也有待商榷,故法院并未采纳侦查实验取得数据与结果。但综合全案证据考虑,对侦查实验笔录的不予采纳并不会对本案定罪量刑产生较大影响。

(三)经验总结

本案无疑为我们展示了侦查实验的利弊所在。侦查实验作为高度还原案发情形的侦查活动,其对于查明案件事实、查清案件真相具有极为重要的作用。但也正是因为其对案件事实的高度模拟,实施侦查实验对其合法性、真实性、关联性的标准也更具有较高要求。侦查实验笔录作为案件情况的高度模拟,对司法裁判者的审判工作具有一定的引导性,因此侦查机关在制作笔录时应当严格符合证据"三性",公诉机关与审判机关也应做好证据的司法审查工作,以确保诉讼的公平公正。

依据《最高人民法院关于适用〈中华人民共和国刑事诉讼法〉的解释》第107条之规定:"侦查实验的条件与事件发生时的条件有明显差异,或者存在影响实验结论科学性的其他情形的,侦查实验笔录不得作为定案的根据。"本案中,虽第一次试验数据较为合理,但其与被告人供述出入过大,不符合案发时的客观条件,而第二次侦查实验的数据则是在案发一年后采集,如此实验已无法保证侦查实验笔录的客观性,且其结果有违客观规律,故法院也采纳了辩护人针对此侦查实验笔录的辩护意见,否认了侦查实验笔录的法律效力。

侦查实验笔录作为公诉机关起诉的重要证据之一,往往在案件审判过程中起到决定性作用。法院在审理案件时必须对侦查实验进行审查才可决定是否采信该证据。具体而言,侦查实验笔录是否具有合法性、关联性、真实性仍是其能否作为证据的重要属性,其在侦查实验笔录中表现方式虽略有不同,但也必须在庭审中做好审查工作,确保侦查实验笔录的客观有效。

本章思考题

一、在制作现场检查笔录时应注意哪些问题?

二、制作辨认笔录时应注意哪些事项?

三、获取侦查实验笔录时应当遵循哪几个原则?

四、对辨认笔录审查判断的重点在哪些方面?

五、对侦查实验笔录进行审查时应从哪些方面入手?

第十三章

视听资料的收集与审查判断

―――― 本章导读 ――――

　　视听资料具有高度的准确性和逼真性。视听资料属于实物证据，具有客观性，在形成过程中一般不受录制人、操纵者或者其他人主观因素的影响而造成对案件事实的歪曲；视听资料证据具有动态直观性。视听资料往往是在一定的持续时间内对音响以及活动影像进行的录制。它所记录和存储的往往是一个动态过程，当这一过程得到重现时，它具有动态的直观性，给人以如临其境、如观其人、如闻其声的感觉。因此，视听资料对于准确认定案件事实起着非常重要的作用，必须重视对于视听资料的收集。但是，视听资料容易被伪造、篡改，如录音带、录像带容易被消磁、剪辑，电子计算机被传染病毒或者输出、输入数据被改变。视听资料一旦被篡改、伪造，不借助科学技术手段往往难以甄别，因此，必须加大科技投入，提高科技水平，加强对于视听资料的审查判断，以保障该种证据的真实性，更好地发现案件的客观情况。

第一节 视听资料的收集

随着社会的发展,科学技术的广泛应用,视听资料日益成为一种重要的证据种类。因此,对于视听资料的收集就越来越引起公安司法机关和当事人的重视。我国的法律对于视听资料的收集也有相应的具体规定。《最高人民法院关于适用〈中华人民共和国刑事诉讼法〉的解释》第109条规定:"视听资料、电子数据具有下列情形之一的,不得作为定案的根据:(一)系篡改、伪造或者无法确定真伪的;(二)制作、取得的时间、地点、方式等有疑问,不能做出合理解释的。"这为视听资料的收集提供了具体的法律依据。

一、视听资料证据的收集方式

收集作为诉讼证据的视听资料,不同于其他证据的收集,它必须运用专门的视听技术手段进行,根据案件侦查需要,收集视听资料分为公开收集和秘密收集两种方式。收集方式有:(1)向有关单位和个人调取;(2)犯罪嫌疑人、同案人交出;(3)有关知情人、证人提供;(4)犯罪嫌疑人家属或其聘请的律师提供;(5)搜查、扣押;(6)勘验检查中提取;(7)侦查过程中办案人员直接制作;(8)侦查过程中公安机关指派有关人员制作。

二、收集视听资料证据的程序及制作

收集视听资料证据必须依法进行,遵守《刑事诉讼法》第一编第五章的有关规定。

(一)办案人员向有关单位和个人收集、调取视听资料证据必须出具《公安机关调取证据通知书》和《调取证据清单》一式二份,一份交被调取单位和个人保存,一份存档备案;涉及国家秘密和被调取单位商业、管理秘密的视听资料证据,应当保密。

(二)公安机关接受和收集、调取视听资料证据应制作接受、收集、调取视听资料证据笔录,让交出或提供视听资料证据的单位和个人详细说明该视听资料证据的形成过程、发现经过、保存地点、原保存人、是否属原始资料等。接受和收集、调取视听资料的办案人员、交出或提供人均应在笔录上签署姓名和日期。

(三)办案人员在勘验、检查和搜查中发现视听资料证据的应予扣押。扣押视听资料证据,应当制作扣押笔录和清单,一式二份,一份交被扣押人保存,一份留卷备查。扣押笔录应当记明被扣押的视听资料发现经过、原存放地点、数量、特征、主要内容,并责令被扣押物品持有人详细说明该视听资料的来源和获取过程、动机、目的。执行勘验、检查和搜查任务的办案人员及被扣押物品持有人应在扣押笔录上签名。

(四)办案人员或办案人员指派的其他人员采取秘密方式获取的视听资料,如果符合《刑事诉讼法》第八节"技术侦查措施"第154条规定:"依照本节规定采取侦查措施收集的材料在刑事诉讼中可以作为证据使用。如果使用该证据可能危及有关人员的人身安全,或者可能产生其他严重后果的,应当采取不暴露有关人员身份、技术方法等保护措施,必要的时候,可以由审判人员在庭外对证据进行核实。"可以作为证据使用。如果办案人员或办案人员指派的其他人员采取秘密方式获取的视听资料不符合《刑事诉讼法》规定的条件和程序,则不能直接作为证据提交法庭。

如果需要提交法庭的,办案人员可以通过讯问或其他方式将其转化为能够公开使用的证据。秘密获取视听资料证据的,获取人应将获取该视听资料证据的时间、地点、经过、获取人的姓名等制作成笔录附卷。办案人员或办案人员指派的其他人获取视听资料证据的,获取人应将获取时间、地点、获取人姓名记载入视听资料中。视听技术设备达不到这种要求,或不便在视听资料中反映的,获取人应将获取该视听资料的起止时间、地点、姓名及制作经过做成笔录附卷。

(五)办案人员需要到外地执行获取视听资料任务的。承办案件的公安机关必须向执行任务所在地的公安机关通报情况,需要所在地公安机关配合的,所在地公安机关必须配合,不得以任何理由推诿或阻挠。

三、收集视听资料证据时应注意的问题

(一)收集视听证据,必须由具有收集资格的技术人员(或办案人员)负责实施,而且收集主体不得少于两人。

(二)收集视听资料证据必须能够客观真实地反映其案件事实,在收集及制作过程中不得带有倾向性和感情色彩。

(三)收集视听资料证据应以收集原始资料为原则,并注意防止在制作中失去真实性。

(四)在采集的视听资料证据中,必须由技术人员或办案人员亲自注明参加收集制作的人员姓名、时间、地点、制作长度等内容,以保证视听资料证据的真实性、合法性。

(五)必须严格工作纪律和审批手续。特别是在进行秘密收集时,必须按规定经

主管领导批准,再由技术人员具体实施。涉及使用技术侦查手段收集的视听资料证据,应报请有关领导商请相关部门一致认可方能有效。

(六)收集视听资料证据,应加强技术部门与侦查部门的密切配合,这是视听证据收集工作能否顺利开展的关键。

在视听资料制作与收集的过程中,制作与收集的主体应当依法进行,遵循及时、合法、准确、全面的原则;与此相应,在审查时也应坚持全面、细致、协调、科学的原则。

四、实务演示

(一)案例导引

许先生是一家大型运输设备铸件公司董事长,事业有成,家庭和美,在社交圈里令人羡慕。可去年7月,许先生的妻子孙女士突然"发狠",不但上法院要求与丈夫离婚,而且不依不饶要求分割丈夫的大部分财产。许先生懊丧万分,圈内人士也惊诧莫名。孙女士诉称,自己与许先生相识20年,从恋爱、结婚到办企业,当年两人白手起家。没想到现在企业做大了,孩子出国了,丈夫却花心了。两年前她就发现了蛛丝马迹,一气之下托朋友偷偷跟踪拍摄视频,还真的有了丈夫出轨的证据。两人分居一年多,现请求法院判决离婚;同时根据《婚姻法》的相关规定,请求得到公司70%股份,其他财产依法分割。

孙女士在法庭上用来证明丈夫出轨行为的证据是一张有男女亲昵画面的视频光盘。孙女士当庭指认男的就是丈夫许先生,女的是公司出纳。面对妻子的指责,许先生称,自己近两年确实忽视了妻子的感受,在一些场合有失检点,但绝对没有性过错。妻子雇人收集证据是一种偷录偷拍行为,本身违法,内容上也没有说服力,不能证明是因许先生的原因导致夫妻感情破裂,许先生坚决不同意离婚。

法院认为,孙女士托朋友收集的视频证据,是以违背公序良俗的方法取得的,不能作为证据使用。仅凭这一证据无法证明夫妻感情已经破裂,据此驳回孙女士的诉讼请求。

(二)案例分析

视频资料作为主要证据有一个重要前提,就是摄像探头的安装和使用必须合法。公民的个人生活需要和人际交流是私权力范畴,在私权力范畴使用摄像探头应当符合社会的公序良俗,应当与法无悖。

本案原告提供的视频收集手段违法,原告雇人偷录偷拍的做法本身就不合法,与

《最高人民法院关于民事诉讼证据的若干规定》第68条"以侵害他人合法权益或者违反法律禁止性规定的方法取得的证据,不能作为认定案件事实的依据"相违背。在现行法律框架下,视频资料是以犯罪手段或方法获得的、以法律明令禁止的方法或手段取得的,或是以违背善良风俗的手段或方法取得的,均不能作为证据使用。孙女士提供的证据是男女亲昵的视频,属于公民"隐私"。由于视频资料既可还原真实,又可编辑加工,不能证明视频中的行为人危害他人、社会,因此不能作为证据使用。

如果法院支持原告的诉讼请求,支持原告跟踪偷拍的视频的证据效力,就会助长社会的歪风邪气,这明显与我国的公序良俗原则相悖。本身跟踪偷拍就涉及侵犯他人隐私权的问题,跟踪偷拍得到的证据若被法院所支持,就从侧面证实了偷拍所得证据的效力,会很大程度上使个人的隐私权受到侵害。同时,视频资料又极易被加工改造,往往带有偷拍者的主观性,很难保持它的真实客观性,所以法院一般对跟踪偷拍所得的视频资料不予支持。

(三)经验总结

当我们需要收集视听资料作为证据时,需要注意:录制的内容是对具有法律意义的民事活动的记录还是涉及他人隐私、商业秘密等。对未经对方同意而私录的视听资料一概否定其证据效力,这种观点在很大程度上是出于对被录制者的个人隐私、商业秘密等合法权益的担忧。

按法律规定,非法取得的证据是不可以作为有效证据的,录音证据如果是非法取得的,就不能作为有效证据使用。《最高人民法院关于民事诉讼证据的若干规定》第70条规定,一方当事人提出的下列证据,对方当事人提出异议但没有足以反驳的相反证据的,人民法院应当确认其证明力。有其他证据佐证并以合法手段取得的、无疑点的视听资料或者与视听资料核对无误的复制件。该条款对视听资料做了明确的限制,首先就要求是"合法手段取得的"!那么,在对方不知情、未同意的情况下,偷录是合法手段还是非法手段呢?在实践中,这要看具体情况进行分析。

(1)如果是与对方当面或电话沟通过程中,偷偷录制双方沟通的过程取得的视听证据。一般认为属于合法取得,有效。

(2)如果是采取在他人居所、工作场所等安置偷录设备,或者是采取其他非法手段取得的视听证据,一般认为不属于合法取得,无效。

第二节 视听资料的审查判断

视听资料的最大优势在于能够借助音色、音调、音质以及动态连续性的图像等直观、逼真地再现案件事实的原貌。由于它具有客观性强、可靠性大的特点,因此在特定条件下,只要视听资料的证据资格和证明力一旦被确认,它便可以作为直接认定案件事实的根据。但是,视听资料也有其固有的缺陷,即它对客观物质材料的依赖程度极强,而且在产生、收集、保管过程中又极易受到人的主观因素影响和侵袭。

《最高人民法院关于适用〈中华人民共和国刑事诉讼法〉的解释》第108条为视听资料的审查判断提供了法律依据,该条规定:"对视听资料应当着重审查以下内容:(一)是否附有提取过程的说明,来源是否合法;(二)是否为原件,有无复制及复制份数;是复制件的,是否附有无法调取原件的原因、复制件制作过程和原件存放地点的说明,制作人、原视听资料持有人是否签名或者盖章;(三)制作过程中是否存在威胁、引诱当事人等违反法律、有关规定的情形;(四)是否写明制作人、持有人的身份,制作的时间、地点、条件和方法;(五)内容和制作过程是否真实,有无剪辑、增加、删改等情形;(六)内容与案件事实有无关联。对视听资料有疑问的,应当进行鉴定。"

一、视听资料真实性的审查

视听资料记载的内容真实与否关系到证据本身的证明力的大小,这是相当复杂的问题,不同的案件、不同情况下的视听资料所记载的内容真实与否有时很难判断。比如在特定的范围内、针对特定的人群、针对特定的事件产生的视听资料,由于是公开的拍摄,所以被监视对象可能会刻意地为或不为某些行为,甚至利用拍摄的机会掩盖某些动机,所以不能简单地得出真实与否的结论。所以,对于视听资料的内容,应从多个角度进行审查。

(一)与案件进展情况相对应,审查视听资料产生的时间及过程,应与案件发生、发展的情节吻合,不应有提前或倒置的情况。

(二)审查视听资料产生的地点、周边环境。视听资料产生的地点、环境如何,对其真实性也是有影响的。拍摄或录制时,正式的场合与私下的交流不同,有人在场与没有人在场不同,家人在场与不在场不同,知道被拍摄、录制与并不知道不同,恶劣环境下产生的视听资料与和谐环境下产生的视听资料可靠性不同。

(三)审查是否存在威胁、欺骗、利诱、胁迫的情况。视听资料的画面、听力范围毕竟是有限的,此前是否存在威胁、欺骗、利诱、胁迫,对其内容的真实性影响甚大,因此,应当注意审查这些情况。

(四)审查是否存在犯罪引诱、侦查陷阱等,是否存在可能使行为人做出违背本意行为的情况。此种情况在涉及毒品犯罪、违法买卖违禁品、与销赃有关的犯罪中经常发生,这种情况下产生的证据不论是证据能力还是证明力上都有可能存在质疑的空间。

(五)审查被拍摄、录制对象的状态,有无醉酒、吸毒、行为受限、语无伦次、神志不清等不正常情况。

(六)审查视听资料是否经过剪辑、增加、删改、编辑等伪造、变造情形。

二、视听资料合法性的审查

关于证据的合法性审查判断,主要是审查有关证据收集的程序是否合法,是否依照法律的要求和法律规定的形式进行收集和固定,是否具备了法律手续。对于视听资料而言,合法性的审查判断涉及视听资料是否以秘密方式取得,有无侵犯他人隐私、秘密等方面。《最高人民法院关于民事诉讼证据的若干规定》第68条规定,以侵害他人合法权益或者违反法律禁止性规定的方法取得的证据,不能作为认定案件事实的依据。《关于行政诉讼证据若干问题的规定》第58条作了相同的规定,其第57条还规定"以偷拍、偷录、窃听等手段获取侵害他人合法权益的证据材料",不能作为定案依据。从这两个司法解释来看,未经对方当事人同意私自录制的视听资料,只要不侵害他人合法权益,不违反法律的禁止性规定,就具有合法性。因此,有必要对视听资料的合法性进行审查判断。

(一)提供视听资料的主体

提供视听资料的主体包括国家机关、公私单位及公民个人。其中,国家机关收集的视听资料,因国家机关具有公信力,当然可以作为证据在刑事诉讼中使用。例如,刑事诉讼的实践中大量使用的视听资料——道路、街面监控录像即主要系国家机关收集。公私单位制作的视听资料可以作为刑事诉讼证据使用,一般也没有争议。例如,网吧内监控录像,宾馆酒店监控录像均系各公私单位提供。对于公民个人提供的视听资料能否作为刑事诉讼中的证据使用,具有一定争议。

有观点认为,公民个人提供的视听资料客观性、真实性较低,不宜作为刑事诉讼中的证据采用。笔者认为,公民个人提供的视听资料可以作为刑事诉讼证据采用。一方面,刑事诉讼主要涉及对于犯罪行为的认定与处罚,这牵涉到对严重危害社会行为的打击,也牵涉到对公民自由的剥夺,故任何可能证明有罪无罪的材料应尽量作为证据采纳;另一方面,不能因公民个人提供的视听资料的客观性较低就否认其合法性。对于公民个人提供的视听资料应制作相应的人证笔录,以加强相应视听资料的客观性。

(二)视听资料制作的方法

视听资料制作的方法主要可以分为公开和秘密两种方式。对于国家机关、公私单位、公民个人公开制作的视听资料,一般认为具有制作方法的合法性。对于公民个人秘密制作的视听资料能否作为刑事诉讼证据使用,存在着赞同和反对两方意见。反对方中有观点认为,公民个人秘密制作的视听资料不能在刑事诉讼中作为合法证据使用,"秘密制作"本身违反合法性原则、程序正义原则。反对方的主要法律依据是《最高人民法院关于民事诉讼证据的若干规定》及《最高人民法院关于未经对方当事人同意私自录制作其谈话取得的资料能否作为证据使用问题的批复》。笔者持赞同方的意见,认为公民个人(包括公私单位)秘密收集的视听资料可以在刑事诉讼中作为合法证据使用。

主要理由:首先,上述最高法院的两个司法解释都是针对民事诉讼提出的,解释本身未必可以适用于刑事诉讼。其次,秘密制作视听资料并非一定侵害他人合法权益。最后,刑事诉讼与民事诉讼的价值取向不同。在刑事诉讼中即使采用轻微侵害他人民事合法权益(隐私权)的方式取得视听资料的,如果能证实有罪或无罪,从价值冲突角度考虑还是应当将取得的视听资料作为合法证据采纳。当然,秘密制作的视听资料的方法本身不能触犯刑法的规定,否则证据不能采纳。

对于国家机关秘密收集的视听资料,大多数意见都认为可以采纳为合法证据,但是为了避免国家权力对公民个人权利的侵害,应该对其进行严格限制。首先,范围上,只有对严重危害社会的犯罪案件才可以秘密收集视听资料。其次,程序上,只有已通过相关审批手续,才可以进行秘密收集。最后,时间上,在审批批准的有效期内,才可以进行秘密收集。

(三)视听资料的收集程序

首先,要查明视听资料的来源。侦查机关收集的视听资料无论来源于国家机关、公私单位还是公民个人,必须阐明视听资料的来源。如果是来源于国家机关,应当附有情况说明并加盖国家机关的印章。如果来源于公私单位或公民个人,应在相关调取证据清单上附有相关证据持有人员的签名。

其次,要标明视听资料收集的时间、地点、是否剪辑等情况。标明视听资料收集的时间、地点有助于反映视听资料的关联性与客观性。如果视听资料的收集系采取原始录音、录像剪辑收集的方法,应阐明为何剪辑收集及如何剪辑收集等情况。对于以上问题的工作情况说明,应加盖侦查机关的印章。

最后,对于国家机关秘密收集的视听资料,需附随制作相应文书材料。需附随制作的相关文书材料包括秘密收集的理由、秘密收集的方法、秘密收集的审批时限等情况,且相关文书应有侦查机关相关负责人的盖章。

三、视听资料关联性的审查

视听资料与案件有无内在的联系。从表面上看,视听资料与案件有无关系并不难判断。但是,如果从深层分析,有时候并不容易判断。因为"与案件有无内在的联系"不是指一般的有无联系,而是指有关内容能否证明或支持举证者的诉讼主张。比如在一起贩毒案件中,控方播放了一段录像资料,内容是被告人出入甲火车站的情景,但此段内容与指控被告人的贩毒行为并无关系。因为即使按照指控,被告人的贩毒路线并不需要经过甲火车站,此段录像资料显然与指控犯罪没有内在的联系。

因此,在司法实务中应该结合本案的其他证据来查明视听资料所反映的事实和行为同案件有无关联,如审查视听资料所反映的事实同相关书证、物证、证人证言等是否吻合,有无矛盾之处。对于与本案其他证据有不一致或载体内容前后自相矛盾的视听资料,应严格审查。只有与案件相关的事实或逻辑上是相关的事实,才有可能转化为证据。

四、实务演示

(一)案例导引

重庆升乾实业有限公司因小区车库正常出入口有杂物堵塞,故其于2018年2月10日在车库消防通道处安装铁门,防止车辆从该通道出入,因铁门被砸坏,故升乾公司向重庆市渝北区人民法院起诉,诉求陈某一、刘某某、陈某二、邓某、罗某某、陈某三、李某某赔偿财产损失。

庭审中,原告出示五段监控录像,其中三段为2018年2月6日、9日、10日有人用杂物堵塞上述车库出入口的录像,七被告人均不认可参与其中,通过录像不能清楚辨认七被告人参与其中;另外两段为2018年2月10日和3月5日有人用铁锤锤打铁门门锁及拆卸铁门的录像。被告陈某二、陈某一仅自认在2018年2月10日有捶打铁门门锁的行为,否认拆卸铁门。其余被告人均否认有破坏铁门门锁及拆卸铁门的行为。

除2018年2月10日被告陈某二、陈某一有破坏铁门门锁的行为,通过录像不能清楚辨认被告陈某二、陈某一参与拆卸铁门以及其他被告人有破坏铁门门锁及拆卸铁门的行为。且重庆龙科物业管理有限公司也出具了《关于铁门存放的情况说明》,表明铁门并未损毁,现仍存放于小区老年活动室及监控室内,升乾公司可随时派人取走。故渝北区人民法院驳回了原告的诉讼请求。

(二)案例分析

本案系小区物业管理中的财产纠纷。原告升乾公司认为小区业主故意堵塞车库出入口并拆卸消防通道铁门,因此要求相关业主赔偿其损失。原告在庭审中出示了五段监控视频作为其主要证据,以此证明七被告人存在破坏铁门的行为。据裁判文书记载,其中三段监控视频记载有人在2018年2月6日、9日、10日阻塞车库门口,庭审中七被告人均不认可参与其中,且录像均较为模糊,不能清楚辨认七被告人。另外两段视频为2018年2月10日和3月5日有人用铁锤捶打铁门门锁及拆卸铁门的录像。被告陈某二、陈某一仅自认在2018年2月10日有捶打铁门门锁的行为,否认拆卸铁门。除2018年2月10日被告陈某二、陈某一有破坏铁门门锁的行为,通过录像不能清楚辨认被告陈某二、陈某一参与拆卸铁门以及其他被告人有破坏铁门门锁及拆卸铁门的行为。

此外,据重庆龙科物业管理有限公司出具《关于铁门存放的情况说明》载明:关于重庆升乾实业有限公司或重庆心巢物业管理有限公司安装在乐信爱琴屿小区地下车库2号出口的4扇铁门现仍完好无损存放在小区老年活动室及监控室内,重庆升乾实业有限公司或重庆心巢物业管理有限公司可随时派人前来取走。该《说明》证明原告财产并未遭到破坏。

通过分析本案,本案为财产侵权案件,若构成财产侵权行为必须满足不法行为、损害结果、因果关系及过错四个要件。在本案中,原告试图通过录像视频作为视听资料证据证明被告人的行为构成侵权,但是由于本案中视听资料记载内容过于模糊,无法充分证实被告人即为侵权行为人。并且,根据物业公司出示的《情况说明》,原告所称的被侵权财产并未损害,仍在小区老年活动室及监控室内存放,故也并未造成损害结果。也正因如此,渝北区法院驳回了原告的诉讼请求。

(三)经验总结

视听资料作为证据具有其独特优势,视听资料类证据能够借助音色、音调、音质以及动态连续性的图像等直观、逼真地再现案件事实的原貌。因其客观性强、可靠性大,所以在某些情况下,只要视听资料的证据资格和证明力一旦被确认,它便可以较为直接的反映案件事实。但也应当注意到视听资料亦存在固有缺陷,即它对客观物质材料的依赖程度极强,并且随着现今技术设备的完善,对视听资料的主观篡改、销毁已并非难事。因此,司法机关对视听资料的审查判断也应足够重视。

其一,就视听资料证据本身而言。在视听技术较为发达的现代社会,公民个人制作录音录像作为证据呈交法庭已并非难事。一般来说,公民等私主体公开制作的视听资料往往在经过法庭质证后可承认其证明力的存在,而对于"秘密制作"的视听资料证据往往在法学理论界和司法实务界存在争议。《最高人民法院关于民事诉讼证据的若干规定》第68条规定:"以侵害他人合法权益或者违反法律禁止性规定的方法取得的证据,不能作为认定案件事实的依据。"也就是说,证据制作主体所制作的视听资料证据,在不违反法律规定或侵害他人合法权益的前提下,经过质证,法庭可以承认证据的证明力。在确认证据证明力的基础上,对视听资料的检验仍需结合证据三性进行展开。

其二,就本案而言,五段录像视频作为私立单位提供的视听资料证据,其客观性和真实性存在一定疑问,需要人民法院在审理案件时进行审查。对视听资料的审查依旧应结合证据三性进行审查,即有无真实性、合法性、关联性。不仅需要考察视听资料取得方式的合法性,亦要考察视听资料中记载内容与案件的关联程度和案件记载的真实性。录音录像只有经过严格审查,确保其程序合法、清楚记载案件事实、案件关联性强,才有可能实现定案证据的转化。

本章思考题

一、视听资料的收集方式有哪些?
二、程序上如何进行视听资料的收集?
三、收集视听资料时应注意哪些问题?
四、如何进行视听资料真实性的审查判断?
五、如何进行视听资料合法性的审查判断?

第十四章

电子数据的收集与审查判断

本章导读

电子数据是案件发生过程中形成的,以数字化形式在电子介质中存储、处理、传输,能够证明案件事实的各类信息。电子数据一经形成便始终保持最初、最原始的状态,能够客观真实地反映事物的本来面貌,可长期无损保存,随时反复重现。相对于物证易因周围环境的改变而改变属性,书证易损毁和出现笔误,证人证言易被误传、误导、误记或带有主观性,电子数据则更具客观性和稳定性。电子数据对于真实准确地认定案件事实,往往在司法实务中发挥着重要作用,因此必须重视对于电子数据的收集。但是,电子数据具有易破坏性的特征。电子数据使用电磁介质,具有与生俱来的易修改、易伪造、易删除等特点,一旦黑客入侵系统、盗用密码,操作人员出现差错,供电系统和网络出现故障、病毒等,电子数据均有可能被轻易地盗取、篡改甚至销毁,难以事后追踪和复原。因此,我们又必须重视对于电子数据真实性的审查判断,以此确保案件事实的客观真实。

第一节　电子数据的收集

一、电子数据收集的概念以及法律依据

(一)电子数据收集的概念

电子数据(又称电子证据)的收集主要是指侦查、检察技术人员配合办案人员对案发现场的电子数据进行收集、勘验等工作。

收集电子数据前,技术人员对下列事项应进行仔细的了解和勘验,并制作现场勘验笔录:网络软、硬件系统总体架构情况;涉案网络服务器及相关设备的硬件配置、设备型号、电子设备身份序列号及设备存储情况;网络操作系统及相关运行软件的名称和版本情况;网络防火墙、网络系统管理权限及网络管理员身份、工作情况等。

技术人员现场收集电子数据的工作包括对网络服务器上存储的淫秽视频、图片等文件进行现场复制、打印、照相和拍摄,以固定电子数据;对通过互联网络下载的淫秽信息进行实时截取,查明下载信息具体时间、文件类型及数据流向;搜索网络服务器操作系统中的操作日志信息和数据备份信息等,及时对信息复制、存储,并现场打印;查找网络系统管理权限设置情况及系统管理员、用户信息和密钥等信息,进行复制、打印;检查系统外围设备,包括对网络交换机、网络存储器等设备中存储的电子数据信息。

技术人员在整个收集过程中应制作翔实的搜查笔录,以文字形式记录收集证据全过程,包括写明收集的信息数据的来源、采取的收集方法、使用的技术手段等内容,并由侦查人员、被搜查人或其家属签名或盖章。正是对电子数据源头的准确把握和收集过程规范操作,才能使电子数据获得法院充分认可。

(二)电子数据收集的法律依据

目前,重点针对电子数据调取、审查、运用等问题进行规范的文件,主要是一些部门单独和联合制定的规范性文件,如2005年公安部《计算机犯罪现场勘验与电子证据检查规则》、2005年公安部《公安机关电子数据鉴定规则》、2009年最高人民检察院《电子证据鉴定程序规则(试行)》《人民检察院电子证据勘验程序规则(试行)》、2014年最高人民法院、最高人民检察院、公安部《关于办理网络犯罪案件适用刑事诉讼程序若

干问题的意见》(简称《意见》)、2016年《公安机关执法细则》、2016年9月由最高人民法院、最高人民检察院、公安部联合颁发的《关于办理刑事案件收集提取和审查判断电子数据若干问题的规定》(简称《规定》)、2021年3月起施行的《最高人民法院关于适用<中华人民共和国刑事诉讼法>若干问题的解释》,以及散见于其他司法解释等文件中的相关规定。

当前现行法律对于电子数据的收集主体、收集程序以及证据的固定、封存等都有所规定,这些规定为电子数据的收集提供了比较全面的法律依据。下面对于这些规定做一梳理,以便读者应用和掌握。

1. 电子数据收集主体

现行法律规定的主体都是侦查人员。《意见》第13条规定:"收集、提取电子数据,应当由二名以上具备相关专业知识的侦查人员进行。取证设备和过程应当符合相关技术标准,并保证所收集、提取的电子数据的完整性、客观性。"《规定》第7条规定:"收集、提取电子数据,应当由二名以上侦查人员进行。取证方法应当符合相关技术标准。"

2. 电子数据收集程序

根据现行法律的规定,电子数据收集的程序包括获取存储介质、提取电子数据和制作笔录三个方面。《意见》第14—16条分别规定了这三个方面:收集、提取电子数据,能够获取原始存储介质的,应当封存原始存储介质,并制作笔录;具有下列情形之一,无法获取原始存储介质的,可以提取电子数据,但应当在笔录中注明不能获取原始存储介质的原因、原始存储介质的存放地点等情况;收集、提取电子数据应当制作笔录,记录案由、对象、内容,收集、提取电子数据的时间、地点、方法、过程,电子数据的清单、规格、类别、文件格式、完整性校验值等。《规定》第8条第一款、第9条第一、二款、第10条至第15条也做了类似规定。

《规定》第14条专门规定了笔录的制作:"收集、提取电子数据,应当制作笔录,记录案由、对象、内容,收集、提取电子数据的时间、地点、方法、过程,并附电子数据清单,注明类别、文件格式、完整性校验值等,由侦查人员、电子数据持有人(提供人)签名或者盖章;电子数据持有人(提供人)无法签名或者拒绝签名的,应当在笔录中注明,由见证人签名或者盖章。有条件的,应当对相关活动进行录像。"

3. 电子数据的固定和封存

《关于办理网络犯罪案件适用刑事诉讼程序若干问题的意见》第17条、《公安机关执法细则》7-03、《规定》第5条、第8条第二、三款分别规定了封存状态随案移送、固定和封存的目的、封存的方法、固定的方式等。收集、提取的原始存储介质或者电子数据,应当以封存状态随案移送;固定和封存电子证据的目的是保护电子证据的完整性、真实性和原始性;封存电子设备和存储媒介的方法是:(1)采用的封存方法应当保证在不解除封存状态的情况下,无法使用被封存的存储媒介和启动被封存电子设备。(2)封存前后应当拍摄被封存电子设备和存储媒介的照片并制作《封存电子证据清单》,照片应当从各个角度反映设备封存前后的状况,清晰反映封口或张贴封条处的状况;固定存储媒介和电子数据包括以下方式:完整性校验方式、备份方式、封存方式。

二、电子数据收集的常用方法

(一)现场勘验

对犯罪现场的整个计算机网络区域进行保护,监视网络和各种通信线路情况,监测电磁辐射情况。详细记录勘验现场环境,电子数据存储介质或设备的存放地点、方位等,并拍摄现场照片或绘制现场图。

(二)设备及系统勘验

检查所有涉案计算机及相关网络、电子设备,并进行逐一登记、检测,重点保护计算机系统数据、备份数据和系统日志等重要数据,并进行复制、存储,切断远程网络及通信控制,防止人为修改、破坏相关数据。详细记录设备及其主要配件的名称、型号、数量、品牌和序列号,以及线路连接(网络结构)和设备运行状况等,并拍摄照片。

(三)采取技术手段收集电子数据

利用数据复制、数据恢复、数据截取等技术,制作复制件或镜像文件,并对其进行检验分析,固定与案件相关联的电子数据,采取打印、拍照等方式对各种数据信息进行固定。详细记录系统的名称、操作系统版本、系统时间及误差等信息。对于远程勘验计算机网络系统,还应当详细记录目标网络地址、网络域名、网络运营商、网络路径、服务器名称、系统环境、系统设置等信息。

(四)现场询问、调查

对案发现场的有关人员,特别是对系统管理员、技术人员、犯罪嫌疑人进行详细的询问,发现收集证据线索,调查作案的动机和手段等。

(五)制作司法文书

制作现场勘验笔录、检查笔录、询问笔录、调查笔录和扣押物品清单等,详细、重点记录电子数据收集过程及出现的问题。

三、实务演示

(一)案例导引

2015年1月13日,被告刘某某作为甲方,原告铭万服务部作为乙方,签订了《网站建设合同》,但在合同履行过程中发生纠纷,遂诉至法院。在诉讼过程中被告刘某某提出《网站建设合同》已经终止,原告向法庭提交了"COM"与"777陈某"通过QQ即时通信软件就"老百姓"网站建设进行协商的聊天记录打印件,以证明该合同仍在进行中。该打印件来源于原告投资人王某某使用原告代理人的笔记本电脑通过王某某手机的4G信号进行了以下操作。

将U盘插入笔记本电脑USB接口;

双击笔记本电脑桌面上的QQ即时通信软件快捷方式,进入QQ即时通信软件的登录界面;

输入QQ号13×××00以及密码,左击"登录"按钮,进入QQ即时通信软件的通讯界面;

左击位于左下角喇叭形状的"打开消息管理器"按钮,进入消息管理器界面;

左击"最近联系人"中的"777陈某",显示"与'777陈某'(47×××28)的消息记录"字样;

点击该界面中右上角三角形形状的"下拉"按钮,下拉菜单显示"导入消息记录""导出全部消息记录"等选项;

左击"导入消息记录",显示"数据导入工具"界面,该界面显示"请选择导入的内容"等字样;

左击"消息记录"前的方框,选择导入消息记录,并左击"下一步",显示"请选择导入消息记录的方式"界面;

左击"从指定文件导入"前的圆框,选择该种导入方式,下方显示"请选择导入文件"字样;

左击"浏览"按钮,按照"计算机/可移动存储设备 noname(G:)/证据(文件夹的名称)/777陈某(47×××28.bak)"的路径选择导入的文件,左击"打开"按钮,回到"数据导入工具"界面;

点击"导入",显示"导入成功"字样;

点击"完成"按钮,"数据导入工具"界面自行关闭,回到"消息管理器"界面,显示导入后的聊天记录。被告认可经过数据导入后的聊天记录与原告提交的聊天记录打印件一致,且对于王某某使用原告代理人的笔记本电脑通过王某某手机的4G信号进行上网操作核实证据的方式没有异议。

(二)案例分析

本案中,尽管原告向本院提交的是聊天记录的打印件,但是其本质是聊天双方在通过即时通信软件聊天的过程中存储在电子介质中的信息数据的转换及复制件,故该证据属于《中华人民共和国民事诉讼法》第63条第一款第五项所规定的电子数据。在确定该证据属于电子数据后,紧接着应当认定该电子数据的收集是否合法。本案中该电子数据虽然是由原告投资人使用原告代理人的笔记本电脑通过投资人的手机的4G信号收集的,但是原告在法庭上当庭演示了其收集该电子数据的过程,通过原告的演示,明确其收集的电子数据的来源、采取的收集方法、使用的技术手段等,同时被告认可聊天记录的打印件与经过数据导入后的聊天记录的一致性,因此该电子数据的收集过程合法,应当被法院认可。

(三)经验总结

电子数据是基于计算机应用、通信和现代管理技术等电子化技术手段形成包括文字、图形符号、数字、字母等的客观资料。其不同于其他法定证据,其主要是由电子化技术形成的,既包括数字信息,又包括模拟信号传递的信息。电子数据因为其形式特殊,因此存在形态转换、易于复制、易被更改、载体多样等问题。在司法实践中由于电子数据十分专业,同时容易被更改,所以在电子数据的收集方面就更应该谨慎,在收集时注意信息数据的来源、采取的收集方法、使用的技术手段等等,尽量从源头上确认电子数据的真实性。

对于电子数据的收集还存在一个特殊的指标,即在必须保证电子数据的完整性。之所以要求电子数据具备这一要件,是因为电子数据的内容极易被更改,而电子数据的完整性能在最大程度上避免电子数据遭受非必要的增加、删除和修改,所以在对电子数据进行收集时应当尽量保证电子数据的完整性。

第二节 电子数据的审查判断

电子数据在完成取证工作后,虽然还要经历举证和质证两个环节,但由于电子数据本身的技术特性,对其认证和传统证据有着很大的不同,而其面临的困难和引起的争论也往往产生于认证阶段,在该阶段审查判断电子数据所面临的问题主要体现在证明力方面。因此我们在对电子数据合法性审查的同时,还必须严格审查电子数据的真实性和关联性。

《最高人民法院关于适用〈中华人民共和国刑事诉讼法〉的解释》第110-114条为电子数据的审查判断提供了具体的法律依据:

第110条 对电子数据是否真实,应当着重审查以下内容:

(一)是否移送原始存储介质;在原始存储介质无法封存、不便移动时,有无说明原因,并注明收集、提取过程及原始存储介质的存放地点或者电子数据的来源等情况;

(二)是否具有数字签名、数字证书等特殊标识;

(三)收集、提取的过程是否可以重现;

(四)如有增加、删除、修改等情形的,是否附有说明;

(五)完整性是否可以保证。

第111条 对电子数据是否完整,应当根据保护电子数据完整性的相应方法进行审查、验证:

(一)审查原始存储介质的扣押、封存状态;

(二)审查电子数据的收集、提取过程,查看录像;

(三)比对电子数据完整性校验值;

(四)与备份的电子数据进行比较;

(五)审查冻结后的访问操作日志;

(六)其他方法。

第112条 对收集、提取电子数据是否合法,应当着重审查以下内容:

(一)收集、提取电子数据是否由二名以上调查人员、侦查人员进行,取证方法是否符合相关技术标准;

(二)收集、提取电子数据,是否附有笔录、清单,并经调查人员、侦查人员、电子数据持有人、提供人、见证人签名或者盖章;没有签名或者盖章的,是否注明原因;对电子数据的类别、文件格式等是否注明清楚;

(三)是否依照有关规定由符合条件的人员担任见证人,是否对相关活动进行录像;

(四)采用技术调查、侦查措施收集、提取电子数据的,是否依法经过严格的批准手续;

(五)进行电子数据检查的,检查程序是否符合有关规定。

第113条 电子数据的收集、提取程序有下列瑕疵,经补正或者做出合理解释的,可以采用;不能补正或者做出合理解释的,不得作为定案的根据。

(一)未以封存状态移送的；

(二)笔录或者清单上没有调查人员或者侦查人员、电子数据持有人、提供人、见证人签名或者盖章的；

(三)对电子数据的名称、类别、格式等注明不清的；

(四)有其他瑕疵的。

第114条 电子数据具有下列情形之一的，不得作为定案的根据：

(一)系篡改、伪造或者无法确定真伪的；

(二)有增加、删除、修改等情形，影响电子数据真实性的；

(三)其他无法保证电子数据真实性的情形。

一、电子数据真实性的审查

真实性是衡量电子数据可靠程度的一项重要指标，《最高人民法院关于适用<中华人民共和国刑事诉讼法>的解释》第110条、第111条和第114条为电子数据真实性的审查提供了法律依据。对电子数据要根据其形成的时间、地点、制作人、制作过程及设备情况严格审查来源、保全流程、环节、内容等方面，同时结合案件的具体情况、取证的具体环境，综合审查判断电子数据所反映的是否真实可靠，有无伪造和删改的可能。

具体到司法实践中，法庭可以根据下列方式认定电子数据的真实性。

(1)可以让参与电子数据生成与运作的技术人员，或者具备专业技能与经验可以查证电子数据是否属实的专业技术人员，作为适格的证人出庭作证，证明电子数据真实。

(2)可以聘请训练有素的专家对电子数据进行鉴定，出具鉴定意见证明电子数据是否真实。

(3)根据经验法则进行认定，如果电子记录的产生、存储、处理、发送、接收等环节上具有较高的可靠性与完整性，可以认定电子数据的真实性。

(4)对方当事人对该电子数据无异议(自认)或者提出的异议经查证不成立。

(5)不同证据印证、其他证据佐证等方式认定。

二、电子数据关联性的审查

电子数据的证据能力还涉及电子数据与案件的关联性问题。电子数据应当与需要证明的案件事实或者其他争议的事实具有一定的关联。一般情况下，电子数据的关联性要通过与其他事物证据相互印证来予以确定,需要把电子数据纳入案件的整个证明体系中去,即把电子数据与案件的其他证据结合起来考察,分析电子数据与其他证据之间、多个电子数据之间有无矛盾,各自证明的结论是否一致,是否形成完整的证据链条,与案件的发生时间、地点等案件要素逻辑上是否统一等。例如单纯的IP地址不能来证明其对应的电子设备,因为隐蔽、伪造和冒用IP地址的情况时有发生,网吧可能多个人使用同一IP地址,IP地址只能确定行为所在地,而不能锁定行为人。因此,我们应当把IP地址和上网账号或者日志等其他证据相互印证,形成过程完整的比较有证明力的证据链条,进而确定行为人是否操作该电子设备。

法庭对于举证质证的各种电子数据要从真实性、完整性、关联性等方面进行全面审查,审查现场勘查工作及相关笔录的制作是否严格遵循相关规则,电子数据制作、储存、传递、获得、收集、出示等环节的证据保管链条是否完整,是否让电子数据持有人、见证人签名,是否注明电子数据的规格、类型、文件格式等必要信息,原始存储介质是否提取移送,调取方法是否符合相关标准,与案件事实有关联的电子数据是否全面收集,所收集的各种电子数据的内容有无删除、修改、增加,该证据与其他证据是否存在矛盾等方面来准确判断电子数据的证明力。

随着时代的发展,人类已经进入了一个电子化的时代,电子数据在刑事诉讼中的应用越来越广。但是作为一种新型证据,电子数据的形成、收集、效力认证等方面还都需要进一步的探索和实践,如何审查认定电子数据已经成为实践中的一个突出问题。我们需要进一步研究、明确电子数据的证据规则,才能保证电子数据的效力,充分发挥电子数据在打击犯罪保障人权方面的作用。

三、电子数据合法性的审查

证据的合法性是指证据的形式、收集等必须符合法律的规定,主要包括两方面内容:一是指证据形式合法,二是指证据的获取方法合法。我国在立法上已经明确电子数据属于合法证据形式,此外实体法对法律行为之形式有要求的,还需符合该要求。因此,电子数据合法性主要指其获取手段的合法性。《最高人民法院关于适用〈中华人民共和国刑事诉讼法〉的解释》第112条、113条为电子数据合法性审查提供了法律依据。电子数据及其生成系统具有较强的技术性,因此,明确电子数据收集的法定操作规程十分重要。计算机证据国际组织于2000年12月4日在八国集团会议上就电子数据收集程序、方法、人员、责任等提出了6项规则。美国司法部于2001年颁布的《计算机现场勘查指南》也明确规定了处理电子数据时应当遵循的科学原则和程序原则。

对电子数据合法性的审查是其作为证据资格的保证,直接影响到电子数据的真实性和完整性。电子数据在收集、提取、固定、移送各个环节必须保证是合法的。在审查电子数据合法性时，主要审查取证人员、取证方法是否符合相关技术标准；审查提取、固定时是否有见证人在场并签字，是否对相关提取、固定活动进行录像；审查是否制作电子备份、录像等。电子数据的合法性是实践中侦查机关最容易忽视的一个问题，存在的瑕疵比较多，例如电子数据在提取、固定时无见证人或见证人不符合条件，固定电子数据操作不规范，没有对收集、提取数据相关活动进行录像，收集、提取电子数据时无笔录或笔录不全，电子数据无备份等情况时有发生，这些都需要侦查机关进行补正。

四、实务演示

(一)案例导引

2015年1月13日，被告刘某某作为甲方、原告铭万服务部作为乙方，签订了《网站建设合同》，但在合同履行过程中发生纠纷，遂诉至法院。在诉讼过程中被告刘某某提出《网站建设合同》已经终止，原告向法庭提交了"COM"与"777陈某"通过QQ即时通信软件就"老百姓"网站建设进行协商的聊天记录打印件，以证明该合同仍在进行中。该打印件来源于原告投资人王某某使用原告代理人的笔记本电脑通过王某某手机的4G信号进行了以下操作：

将U盘插入笔记本电脑USB接口；

双击笔记本电脑桌面上的QQ即时通信软件快捷方式，进入QQ即时通信软件的登录界面；

输入QQ号13×××00以及密码，左击"登录"按钮，进入QQ即时通信软件的通讯界面；

左击位于左下角喇叭形状的"打开消息管理器"按钮，进入消息管理器界面；

左击"最近联系人"中的"777陈某"，显示"与'777陈某'(47×××28)的消息记录"字样；

点击该界面中右上角三角形形状的"下拉"按钮，下拉菜单显示"导入消息记录""导出全部消息记录"等选项；

左击"导入消息记录"，显示"数据导入工具"界面，该界面显示"请选择导入的内容"等字样；

左击"消息记录"前的方框，选择导入消息记录，并左击"下一步"，显示"请选择导入消息记录的方式"界面；

左击"从指定文件导入"前的圆框,选择该种导入方式,下方显示"请选择导入文件"字样;

左击"浏览"按钮,按照"计算机/可移动存储设备 noname(G:)/证据(文件夹的名称)/777陈某(47×××28.bak)"的路径选择导入的文件,左击"打开"按钮,回到"数据导入工具"界面;

点击"导入",显示"导入成功"字样;

点击"完成"按钮,"数据导入工具"界面自行关闭,回到"消息管理器"界面,显示导入后的聊天记录。被告认可经过数据导入后的聊天记录与原告提交的聊天记录打印件一致,且对于王某某使用原告代理人的笔记本电脑通过王某某手机的4G信号进行上网操作核实证据的方式没有异议。

(二)案例分析

首先,在该案中,该聊天记录显示的内容多次提及"老百姓分类",并就网站页面分类进行讨论,与本案双方"老百姓"网站建设的争议有关,因而该证据与案件具有关联性。其次,根据前述分析,该证据具有合法性。最后,在该案中,聊天记录属于电子数据,所以对其真实性审查应依据电子数据的特性进行。众所周知,存储在电子介质中的原始信息数据是"0"和"1"组成的二进制数,是机器语言,因此,即使将原始信息数据在法庭上出示,双方当事人亦无法以肉眼识别,电子数据作为证据必须经过转换才能为人所感知,故其真实性考察不应囿于电子数据是否为原件,而应当考察作为证据的电子数据是否包含了其形成之时所包括的全部信息,即在数据转换、复制过程中信息是否有实质性修改。在本案中,被告认可原告提交的聊天记录打印件与经过导入显示在笔记本电脑上的聊天记录一致,而对于导入聊天记录的方式被告亦无异议。故,本案所涉聊天记录的真实性判断取决于在导出、导入过程中其是否存在修改的可能性。一般而言,QQ聊天记录存储于聊天时所使用的计算机硬盘上,复制该聊天记录包括复制文字聊天记录并粘贴至word文档、截图、利用QQ即时通信软件自带的消息导出工具等方式,利用消息导出工具导出数据又可保存为加密文件(*.bak)、网页格式(*.mht)、文本文件(*.txt)三种类型。前述所有文件保存类型中,word文档、截图、网页格式(*.mht)、文本文件(*.txt)等都可通过word、记事本、图片编辑软件等常用程序将数据转换为人所感知的文字、图片,利用常用程序进行修改相对容易,而加密文件(*.bak)系利用QQ即时通信软件自带的导出工具生成并经加密,较之前述文件保存类型,修改的难度较大。且只有加密文件(*.bak)才可以通过QQ即时通信软件自带的消息导入工具重新导入该软件中,并只能导入将其导出的QQ号码中。故,加密文件(*.bak)的可信度较高。在该案中,原告投资人当庭演示了将"777陈某(47×××28.

bak)"文件导入腾讯QQ程序中,并转换为文字聊天记录的全过程。在被告没有举示证据证明原告修改了加密文件(*.bak)的情形下,该聊天记录应当具有真实性。

(三)经验总结

不论电子数据较其他法定证据而言多么特殊,其仍旧是证据的一部分,因此对电子数据的审查判断也要从关联性、真实性、合法性三方面进行。其中对电子数据关联性的审查主要通过判断该电子数据与案件事实是否有关进行证成。对电子数据真实性的审查主要从该证据是否包含了其形成之时所包括的全部信息,即在数据转换、复制过程中信息是否有实质性修改。对电子数据合法性的审查则需要从两个方面进行判断,首先该证据应当符合电子数据的形式,其次该证据的收集应当合法。总的来说对于电子数据的审查判断应当围绕以上三个部分进行判断。

在实践中电子数据的审查面临的最大的问题是在对原件的认定上。通常,基于最佳证据规则的要求,证据法会对复印件、复制品的证据能力施以一定的限制甚至剥夺其证据能力。但是电子数据的特殊性决定了电子数据的收集提取和移送展示原件的难度较大,不可避免地与最佳证据规则产生冲突。同时,由于电子数据复制件的准确性较高,这种技术上的特性与最佳证据规则的正当性要求具有一定程度的矛盾。因此在审查电子数据时若其完整的对原件进行了复制,就不能因为其为复制品而限制其证据能力。但是如果无法认定主体网络身份和现实身份的同一性,则该电子数据同样不具备真实性,也应当作为不可靠电子数据予以排除。

本章思考题

一、什么是电子数据收集,常见的电子数据证据有哪些?

二、电子数据收集的法律依据有哪些,主要内容是什么?

三、收集电子数据的常用方法有哪些?

四、法庭审查判断电子数据真实性的方式有哪些?

五、从哪些方面审查判断电子数据的合法性?

第十五章

推定和司法认知

---- 本章导读 ----

司法证明中的推定是指由法律规定或者由法官做出的带有假定性质的事实判断。推定的后果主要是证明责任的免除或转移。在适用推定的情况下，本来对案件事实负有证明责任的一方就可以不必举证，或者由法官直接认定，或者要求对方举出反证。司法认知也称为审判上的认知、审判上知悉，是指法官对于待认定的事实，在审判中不待当事人举证，而直接予以确认，作为判决的依据。司法认知与司法推定有很大的相似性。二者都属于法官的职能，而且都具有确认事实和免除证明责任的功能。因此，推定和司法认知对于减轻当事人的讼累和提高审判效率都具有重要作用，但两者适用的前提和范围有所不同，这是我们必须予以重视的。

第一节 推定

一、推定的概念

推定是司法证明的重要方法之一,也是司法证明领域内使用比较混乱的一个概念。概念上的混乱容易导致实践中的混乱。为了明确推定的概念,首先要区分推定与推理、推论,其次要区分推定与拟制。

推理、推论与推定的方法和功能都有相似之处,它们都属于从已知事实推导出未知事实的逻辑思维活动,但是,三者的侧重和适用范围有所不同。就司法证明活动而言,推理强调的是发现,属于查明案件事实的范畴,推论强调的是论证,属于证明案件事实的范畴,推定强调的是确定,属于认定案件事实的范畴。

(一)推理

推理是从已知的事实或判断出发,按照一定的逻辑规律和规则,推导出新的认识和判断。

在司法实践中,推理的结论是否真实可靠,主要取决于两个方面的因素:其一是推理的前提是否真实;其二是推理的形式是否正确。

所谓前提是否真实,就是作为推理前提的判断是否符合客观实际情况。推理的基本形式一般包括大前提、小前提和结论,前提是否真实,指的是大前提。所谓形式是否正确,指推理的形式是否符合逻辑思维的有关规则,如同一律、矛盾律、排中律等。

人们在推理时使用的大前提主要有两种情况:一种是必须真实的大前提;一种是或然真实的大前提。第一种前提是客观真理或者必然发生的事情。例如,一个人吃了超过致死量的毒药而且没有及时抢救的话,就会导致死亡。无论什么人,只要符合上述条件,就必死无疑。这就是必然真实的大前提。

第二种前提是可能发生的事情,或者是只在某些情况下才会发生的事情。例如,一个人在受到他人侵害之后会采取相应的报复行动。这就是或然真实的大前提,因为有人在受到他人侵害之后并不会采取报复行动。大前提的真实性决定着结论的可靠性。由于以必然真实性判断为大前提的结论比较可靠,所以司法证明中的推理最好使用必然真实的判断为大前提。

但是在司法实践中,受各种条件的限制,人们有时只能使用或然真实的判断为大前提。然而,以或然真实性判断作为大前提的推理结论虽然不太可靠,但并不等于说这些结论都是错误的。它们可能是正确的,也可能是错误的。换句话说,大前提是或然性的,结论也是或然性的。

当然,这种结论并非没有价值。例如,一个男子被人杀死了。侦查人员通过调查得知该男子的妻子与他人通奸,于是做出如下推理:通奸的妻子往往会与奸夫合谋杀害亲夫(大前提);这个妻子与他人通奸(小前提);所以她也很可能与奸夫合谋杀害亲夫(结论)。毫无疑问,这个大前提属于或然性判断,其推理结论也属于或然真实的认识。

推理是与查明案件事实相联系的。在司法实践中,凡是承担查明案情职责、义务的人,就都有可能进行推理。

(二)推论

推论是用语言形式表达出来的推理。即推论是以推理为基础的,先有推理,才有推论;推理是推论的前奏,推论是推理的延续;推理是推论的实质内容,推论是推理的表现形式。

从司法证明的种类来看,推理一般属于自向证明的方法,推论一般属于他向证明的手段,或者说,推理属于自己查明案件事实的活动,推论属于向他人证明案件事实的活动,推论就是要用充分的证据和严谨的论述来说明推论者所查明的案件事实,或者推论者所主张的案件事实。

在诉讼中,他向证明活动主要由诉辩双方进行,因此他们是推论的主要使用者。法官虽然不承担证明责任,但是在判决时也要用推论的形式向当事人乃至社会公众说明其认定的案件事实,所以也要进行推论。

(三)推定

推定是指根据两个事实之间的一般联系规律或者"常态联系",当一个事实存在的时候便可以认定另外一个事实的存在。例如,很多国家的法律规定,当一个人已经失踪若干年(4年、5年或7年)以后,法律便可以推定那个人已经死亡。因为在一般情况下这么多年一直杳无音讯、下落不明的人,往往已经死亡了。

推定和推论一样,也是以推理为基础的,由于推定的大前提往往都是或然真实性判断,所以推定的事实并不一定是客观事实,例如,一个离家外出4年(5年或7年),法院宣布其死亡之后,却又突然活着回来了。虽然这种情况比较少见,但毕竟也是存在的。由此可见,法院依法推定的死亡,不一定是客观存在的事实,只是法律上推定的事实,而且具有假定的性质。推定是与认定案件事实相联系的,因此其主要是法官的专有职务行为。

(四)拟制

拟制是指法律在特定情况下把某种事实视为另一种事实并发生相同的法律效果。例如,我国《刑法》第67条第2款规定:"被采取强制措施的犯罪嫌疑人、被告人和正在服刑的罪犯,如实供述司法机关还未掌握的本人其他罪行的,以自首论"。这就是把如实供述行为在法律上视为"自首行为"。

拟制与推定都具有假定的性质,但二者仍有区别,拟制的含义是明知为A,视其为B,例如,《民法典》第25条规定:"自然人以户籍登记或者其他有效身份登记记载的居所为住所;经常居所与住所不一致的,经常居所视为住所。"这就是法律上的拟制,因为经常居住地实际上并不是住所,只是法律规定可以将其视为住所而已。推定则是不知其是否为B,推定为B。例如,《民法典》第172条规定:"行为人没有代理权、超越代理权或者代理权终止后,仍然实施代理行为,相对人有理由相信行为人有代理权的,代理行为有效。"这就是法律上的推定。因为"表见代理"的内容可能是本人实际上同意的,也可能是本人实际上不同意,但是依法律可以推定为同意。

司法证明中的推定是指由法律规定或者由法官做出的带有假定性质的事实判断。推定必须以一定的事实为基础,然后根据客观事物之间联系的规律推论另一事实的存在。在此,前一个事实称为"基础事实"或"前提事实";后一个事实称为"推定事实"或"结果事实"。

在司法活动中,推定的主要作用是减少不必要的证明和避免难以完成的证明。推定的后果主要是证明责任的免除或转移。在适用推定的情况下,本来对案件事实负有证明责任的一方就不必举证,或者由法官直接认定,或者要求对方举出反证。

二、推定的种类

(一)根据是否由法律明确规定,推定可分为立法推定与司法推定(法律上的推定与事实上的推定)

前者是指由法律明确规定的推定,又称为法律上的推定或法律推定。后者是指由法官在诉讼活动中依据一定规则进行的推定,又称为诉讼中的推定或事实上的推定。

立法推定和司法推定都是关于事实的推定。二者的形式一般都表现为:只要有事实A存在,就可以推定事实B存在。但二者的性质和效力有所不同,就法律规范而言,立法具有较强的固定性,司法具有较大的灵活性。因此,立法推定属于固定性推定,具有严格的强制效力;司法推定则属于灵活性推定,效力也比较宽松。

在基础事实与推定事实之间的伴生关系比较稳定或比较确定的情况下,就可以采用立法推定;而在基础事实与推定事实之间的伴生关系不太稳定或不太确定的情况下,就应该利用司法推定。此外,为了追求或实现法律的某种价值目标,立法者认为有必要用稳定的法律形式确定两种事实之间的联系。

立法者在决定是否采取法律形式使某种推定定型化的时候,必须考虑两个方面的因素:其一是该种推定的基础事实与推定事实之间的关系,在一般情况下是否有 A 必然有 B;其二是该种推定所列事务的价值目标,如司法公正与司法效率,实体公正与程序公正,保护人权与打击犯罪等。

(二)根据推定的效力,或推定结论是否具有终局的性质,推定可分为:可反驳的推定和不可反驳的推定

立法推定多属于不可反驳的推定;司法推定一般属于可反驳的推定。一般来说,在可反驳的推定中,基础事实与推定事实之间的联系处于或然状态,所以当事人可以用证据和推论进行反驳乃至推翻。在不可反驳的推定中,基础事实与推定事实之间的关系往往是必然的或者稳定的,或者是法律出于某种价值取向而将其规定为"必然的或稳定的"。因此,这种推定的结论在法律上具有终局的效力,当事人不能进行反驳,但当事人不能反驳的是这种推定本身,作为该推定的基础的事实,都可以反驳。

无罪推定也属于基于一定价值取向而规定的不可反驳的立法推定。按照无罪推定的原则,一个人在被法院依法判定有罪之前,应该被推定为无罪。然而,这并不是说,根据已经掌握的证据,被告人无罪的可能性大于有罪的可能性,所以要推定其无罪。无罪推定的功能在于强调刑事审判中的证明责任由公诉方承担,而且公诉方必须用达到法律证明标准的证据证明被告人有罪,否则法律认为必须宣布被告人无罪。由此可见,无罪推定的目标是要保护被告人的合法权利,是要保障司法的公正,是要把"无罪者被错判有罪"的可能性限制到最低的水平,这就是刑事司法的价值取向。

因为无罪推定是法律明确规定的,所以对这个推定本身是不能反驳的,法院必须坚持"疑罪从无",既不能"疑罪从有",也不能"疑罪从轻"。但是,和其他不可反驳的推定一样,无罪推定本身是不能反驳的,但是无罪推定的基础事实是可以反驳的,而反驳的方法就是由公诉方用充分证据证明被告人有罪。

三、实务演示

(一)案例导引

2006年11月20日,64岁的退休职工徐某某在南京水西门广场公交站跑向一辆乘客较少的公交车,与26岁的小伙子彭某在不经意间相撞。急于转车的彭某随即将摔倒在地的徐某某扶起,并与后来赶到的徐某某家人一起将她送往医院治疗,其间还代付了200元医药费。随后双方就彭某是否撞倒老人发生争议,徐某某老人指认撞人者是彭某,并向其索赔13万多元。而彭某则认为当天早晨3辆公交车同时靠站,老太要去赶第3辆车,而自己从第2辆车的后门下来。一下车看到老人跌倒在地,出于好心将其扶起,并将她送到医院。

(二)案例分析

该案的争议焦点之一为彭某与老人是否相撞。在没有直接证据的前提下,一审法官做出了以下推定。首先,"城中派出所对有关当事人进行讯问、调查,是处理治安纠纷的基本方法,其在本案中提交的有关证据能够相互印证并形成证据锁链,应予采信。被告虽对此持有异议,但并未提供相反的证据,对其抗辩本院不予采纳。根据城中派出所对原告的询问笔录、对被告讯问笔录的电子文档及其誊写材料等相关证据,被告当时并不否认与原告相撞,只不过被告认为是原告撞了被告。综合该证据内容并结合前述分析,可以认定原告是被撞倒后受伤,且系与被告相撞后受伤。"其次,"被告申请的证人陈某春的当庭证言,并不能证明原告倒地的原因,当然也不能排除原告和被告相撞的可能性。因证人未能当庭提供身份证等证件证明其身份,本院未能当庭核实其真实身份,导致原告当庭认为当时在场的第三人不是出庭的证人。证人庭后第二天提交了身份证以证明其证人的真实身份,本院对证人的身份予以确认,对原告当庭认为当时在场的第三人不是出庭的证人的意见不予采纳。证人陈某春当庭陈述其本人当时没有看到原告摔倒的过程,其看到的只是原告已经倒地后的情形,所以其不能证明原告当时倒地的具体原因,当然也就不能排除在该过程中原告和被告相撞的可能性。"再次,"从现有证据看,被告在本院庭审前及第一次庭审中均未提及其是见义勇为的情节,而是在二次庭审时方才陈述。如果真是见义勇为,在争议期间不可能不首先作为抗辩理由,陈述的时机不能令人信服。因此,对其自称是见义勇为的主张不予采信。"最后,"被告在事发当天给付原告二百多元钱款且一直未要求原告返还。原告和被告一致认可上述给付钱款的事实,但关于给付原因陈述不一:原告认为是先行垫付的赔偿款,被告认为是借款。根据日常生活经验,原告和被告素不认识,一般不会贸然借款,即便如被告所称为借款,在承担事故责任之虞,也应请公交站台上无利害关系的其他人证明,或者向原告亲属说明情况后索取借条(或说明)等书面材料。但是被告在本案中并未存在上述情况,而且在原告家属陪同前往医院的情况下,由其借款给原告的可能性不大;而如果撞伤他人,最符合情理的做法是先行垫付款项。被告证人证明原告和被告双方到派出所处理本次事故,从该事实也可以推定出原告当时即以为是被被告撞倒而非被他人撞倒,在此情况下被告予以借款更不可能。综合以上事实及分析,可以认定该款并非借款,而应为赔偿款。"基于以上四点,一审法院得出"原告系与被告相撞后受伤"的推论。

但是一审法院的推定明显存在问题。首先,被告的当庭陈述确实不能证明原告的倒地原因,证人的证言也不能排除原告与被告相撞的可能性,但是其也不能证明原被告之间存在相撞的可能性。其次,见义勇为而不张扬是良好品德,且不能排除被告"好心相扶"的行为仅仅是一种良心的自然反应,是每个公民的义务,并非见义勇为之行为,被告之所以在一审中二次开庭时提出自己是"见义勇为",仅仅是为了引起法庭的注意或者是由于其他人的提醒。所以从现有的证据来看,既不能证明被告是见义勇为,也不能证明被告不是见义勇为。最后,被告的行为如果确系见义勇为,根据公序良俗,即便原被告素不相识,被告在原告或其家属的请求下,根据当时的紧急情况,借款甚至赠款给原告的情况并非不可能发生,该款项较小,且情况紧急,确系借款而不索取借条的情况并非不可能发生。如果被告所给付的钱款确系"撞伤他人"的"先行垫付款项",说明被告当时承认原告系自己所撞,且区区二百元人民币与原告所需医疗费用相比,差额巨大,原告或其家属应当向其索取书面证言,并应要求被告书面承诺支付全部医疗费用,但"在本案中并未存在上述情况",故原告借款的可能性极大。因此一审法官依据间接证据推定事实是允许的,但是这种推定应当充分考虑到所有证据以及当事人在法庭上和以往一贯的道德表现,根据证据,逐一列出各种可能性并逐一排除从而可靠地推断出最可能发生的情况,在现有证据无法逐一排除各种可能性的情况下,应当借用刑事审判中"无罪推定"的原则,"以善度人"而非"以己度人",更非"以恶度人"。

(三)经验总结

推定是指由法律规定或由法院按照经验法则,从已知的前提事实推断未知的结果事实存在,并允许当事人举证推翻的一种证明法则。推定仅能在直接证据不足的情况下才能适用,因为推定的事实并未由证据来证明,并且基础事实和推定事实之间虽然存在着高度盖然性但是并非一定是必然的关系,所以在法院审判过程中不能滥用推定。

推定既包括法律推定,亦包括事实推定,彭某案便适用了事实推定。事实推定是指法院依据经验法则,进行逻辑上的演绎,由已知事实得出待证事实真伪的结论。事实上,法官适用事实推定,就是运用经验法则来认定案件事实。事实推定必须具备一定的要件才可成立。这些要件主要有:(1)没有直接证据证明该事实,只能借助间接证据来推断该事实的真实性;(2)已知事实与推定事实之间存在高度盖然性;(3)已知事实的真实性已经得到确认;(4)许可对方当事人提出反证后,没有提出反证或者反证不成立的,或者不存在其他更有力的证据,或真实事实与推定事实相冲突。在进行事实推定时必须要满足以上四点,因为推定是法官自由心证的体现,若没有具体的限制,法官在推定时难免会出现错误,就如彭某案一审法官一样。因此推定不得违背经验法则,同时合乎逻辑,尽量使得推定的结果合理、准确、强而有力、始终一致。

第二节　司法认知

一、司法认知的概念

司法认知也称为审判上的认知、审判上知悉,是指法官对于待认定的事实,在审判中不待当事人举证,而直接予以确认,作为判决的依据。

司法认知在英美法系国家通常被视作一种证据形式,而在大陆法系国家则通常被视为一种免证事项。

司法认知与司法推定有很大的相似性,二者都属于法官的职能,而且都具有确认事实和免除证明责任的功能。从功能上看,司法认知是由法官在审理案件过程中,对于那些显而易见,众所周知或没有争议等无须证明的事实采用直接确认的方法予以认定。

二、司法认知的特点

(一)司法认知的主体只能是狭义的司法人员,即法官。司法认知是在审判中法官对于待证事实直接予以确认,因此司法认知的主体只能是法官,其他人员无此权力。

(二)司法认知的对象是特定的案件事实。不明或有争议的通过证明方式确定,明确、无争议、显而易见的确定事实(主要是众所周知的事实)没必要证明而由法官直接认知。

(三)司法认知的作用是免除有关当事人的证明责任,从而减少不必要的证明,提高诉讼效率。有些事实是显而易见,众所周知或没有争议的,如果这些事实还要当事人证明,则既无必要,又降低了诉讼效率。

(四)从性质上看,司法认知是司法证明的一种特殊方法。一般的诉讼证明方法必须具备两个条件:一是承担证明责任的主体提供证据,二是通过证据说服法官,使得法官形成心证。司法认知则无须以上条件,法官即可形成心证。

(五)司法认知具有可反驳性。人的认识能力是有限的,即使是法官也不可能穷尽一切事实。审判实际上是一种判断,既然是判断就有可能出错。因此我们从维护当事人利益的角度出发,司法认知应当允许当事人有条件的反驳。

三、司法认知的范围

司法认知的对象为法官应当知道的特定事实,具体包括显而易见的事实、众所周知的事实和没有争议的事实。

(一)确定司法认知范围的原则

1.人民法院不得对法律采取司法认知

人民法院不得对外国法律采取司法认知。因为外国的法律法官并不清楚,因此不能直接确认,需要由当事人提供。

对我国法律,人民法院没有必要采取司法认知。我国的法律已经向全国人民公布,不但法官知道,其他公民也应知道。

2.司法认知的事实必须是没有合理争议的案件事实

存在着争议的事实属于证明对象,应由承担证明责任的主体予以证明。法官个人的知识和经验是法官个人在长期的学习和办案过程中逐步积累起来的,具有不确定性,不可能采取司法认知。

(二)司法认知的范围

1.公众周知的事实。

2.裁判上显著的事实。

3.职务上已知的事实。

4.自然科学定律。

5.国家机关公报的事实。

6.生效裁判、公证文书和行政行为确认的事实。

7.其他明显的当事人不能提出合理争议的事实。

司法认知不等于免证事实,免证事实的对象范围要广泛得多,比如众所周知的事实、科学定理、业已生效的裁决、推定的事实、当事人的自认事实、公证文书等等,其中就包括了司法认知一些对象。司法认知的对象包括某些特定的事实,且这些特定的事实只能是客观存在的,是真实的和毋庸置疑的。而免证事实不仅包括客观真实的事实,也包括自认、推定的事实,但这些自认或者推定的事实并不一定是客观真实的事实。同时,司法认知与同样可以产生免证效果的自认、推定、预决事实和公证事实源于不同的法理基础,有各自独立的内涵和价值维度。

四、实务演示

(一)案例导引

2018年1月10日11时许,上诉人徐某某驾驶北京现代牌小型客车时使用手机,并未确保行车安全,在柴桑区港口街镇长坪路赤湖水产场路段与行人严某发生碰撞,造成被害人严某死亡及车辆受损的道路交通事故。徐某某明确感知到车辆异响后,两次停下车,随后驾车离开现场。经九江市柴桑区公安局交警大队认定,徐某某驾驶机动车未确保安全及使用手机是造成本起事故的全部原因,负本起事故的全部责任。经江西求实司法鉴定中心鉴定,被害人严某符合重型颅脑损伤、延髓-颈髓损伤,致中枢性呼吸循环衰竭死亡。2018年1月10日19时许,九江市柴桑区公安局交警大队民警在徐某某位于柴桑区沙河街镇家中将其抓获。案发后,上诉人徐某某家属与被害人严某家属达成赔偿协议并代为赔偿人民币440800元,取得了被害人家属的谅解。

(二)案例分析

在该案中,事故发生后,九江市柴桑区公安局交警大队在接到报警后立即出警赶赴现场,并在勘查现场后,认定徐某某驾驶机动车未确保安全及使用手机是造成本起事故的全部原因,并出具了交通事故认定书,该交通事故认定书中认定徐某某承担事故全部责任。随后徐某某因交通肇事罪而被提起诉讼,法院在审理中认为被告人徐某某驾驶小型客车时使用手机,并未确保行车安全,在柴桑区港口街镇长坪路赤湖水产场路段与行人严某发生碰撞,造成严某死亡及车辆受损的道路交通事故。事故发生后,徐某某驾车逃逸,最后造成严某死亡。法院根据交警大队出具的交通事故认定书确认徐某某在本次事故中承担主要责任,因此法院认定徐某某构成交通肇事罪。该案中法院直接采纳了交警大队做出的交通事故责任书中责任划分情况,其原因就是该事实属于交警大队直接确认的事实,属于司法认知,因此无须原被告双方再举证证明。

(三)经验总结

司法认知只能适用于特定的范围,存在争议的事实不能用司法认知予以确认。司法认知是为了节约诉讼资源,对于没有争议、众所周知的事实直接由法官确认,原被告双方无须举证证明。因此,在适用司法认知时首先就应当判断该事实是否属于司法认知的范围。

本章思考题

一、什么是司法证明中的推定,它会产生什么后果?

二、司法证明中的推定有哪些种类?

三、什么是司法认知,它有哪些特点?

四、司法认知的范围有哪些?

第十六章

证据的质证与认证

本章导读

质证是人民法院事实认定的前提,也是审查和判断证据证明力的基础。在诉讼中当事人收集和提交的证据材料真伪并存,人民法院只有在证据材料查证属实时,才能将其作为认定案件事实的根据。为了使证据材料转化为证据,只有充分发挥庭审质证的作用,排除与案件事实无关的、虚假的和非法收集的证据材料。在此基础上法官对于证据的证明力进行分析和判定,一步步确定案件全部证据证明力。因此,质证是认证的前提和基础。通过质证和认证的诉讼活动,帮助法庭查明案件的事实,做出正确的裁判。

第一节 证据的质证

一、质证的概念和特点

质证是指在法院主持下,当事人在诉讼过程中,双方采用询问、辨认、质疑、辩驳等核实方式对对方当事人提出的证据进行质辩的活动。质证有广义或狭义两种含义,广义上的质证,是指在整个诉讼过程中对对方当事人的证据进行质证的活动;狭义上的质证,是指在庭审过程中,对对方当事人在法庭上出示的证据进行的对质、核实活动。在我国民事诉讼立法和司法解释中主要指的是狭义上的质证。

质证的目的是就证据的可采性和证明力对法官心证产生影响,使法官能够判定证据能力和证明力。根据我国《民事诉讼法》第68条的规定:"证据应当在法庭上出示,并由当事人互相质证。对涉及国家秘密、商业秘密和个人隐私的证据应当保密,需要在法庭出示的,不得在公开开庭时出示。"《最高人民法院关于适用〈中华人民共和国民事诉讼法〉的解释》第103条规定:"证据应当在法庭上出示,由当事人互相质证。未经当事人质证的证据,不得作为认定案件事实的根据。"可知,质证是我国民事诉讼程序中的重要一环,也是诉讼正当程序的重要标志。质证制度的设立有助于审判的公正,并且是约束法官恣意审理的有效机制。

质证具有以下几个特点:

第一,质证是当事人法定的诉讼权利。质证是法律明确规定的当事人重要的诉讼权利,质证保证了当事人对于诉讼的参与性,通过质证,当事人可以充分表达自己对于案件证据材料的看法和意见,从而对审判的结果可以产生实质性的影响,使审判的结果更具有可接受性和公正性。

第二,质证是人民法院事实认定的前提,也是审查和判断证据证明力的基础。在民事诉讼中当事人收集和提交的证据材料真伪并存,人民法院只有在证据材料查证属实时,才能将其作为认定案件事实的根据。为了使证据材料转化为证据,只有充分发挥庭审质证的作用,排除与案件事实无关的、虚假的和非法收集的证据材料。然后,在此基础上对于证据的证明力进行分析和判定,以帮助法庭查明案件的事实,做出正确的裁判。

第三,质证的主体必须是双方当事人,并且只能以言词方式进行质证。质证的主体也有广义和狭义之分,广义的质证主体,是将质证作为一种法庭调查的方式来进行的划分,其中包括当事人、法院和其他诉讼参与人。狭义的质证主体是从诉讼权利角度进行的划分,仅限于双方当事人。我们这里所指的质证的主体是指狭义的质证主体,因此,只包括双方当事人。强调双方当事人的亲自参与和以言词方式质证是民事诉讼直接原则、言词原则的具体体现,也是民事诉讼法对于质证的具体要求。

二、质证程序的模式

由于各国法律文化、历史传统以及习惯的不同,大陆法系和英美法系各自形成了不同诉讼程序模式。在不同程序模式中,由于法官所处的地位以及发挥的作用的不同,形成了属于大陆法系的讯问制诉讼模式和属于英美法系的对抗制诉讼模式。由此而产生了在质证程序中完全由当事人之间进行并为当事人控制的英美法系的质证模式和以法官为主导的大陆法系职权主义的质证模式。

英美法系的质证模式是以证人证言为中心的审判体制,其采用直接询问和交叉询问的方式进行质证,直接询问是这种质证方式的前提和基础,交叉询问则是其核心所在。质证的阶段和程序分散在证据开示、审前会议和庭审三个阶段中。证据开示程序是处理的质证中的技术性问题,审前会议明确和限制质证的范围,庭审阶段通过直接询问和交叉询问进行质证。在这种以当事人主义为主要特征的程序模式下,质证程序完全由当事人控制,法官处于一种消极的地位,仅为质证程序的组织者。双方当事人通过直接询问或交叉询问对证据的真实性、关联性和合法性提出疑问,有助于法官正确判断证据的真伪,确定案件的事实真相。

在大陆法系的质证模式中采用的是法官为主、当事人为辅的询问方式,即大陆法系一般是由法官先向证人进行提问,由证人对案情事实进行陈述。双方当事人及其律师只有在法官提问完毕后,经法官允许才能向当事人进行补充询问。对于是否可以采用交叉询问的质证方式也是由法官来决定的。因此,大陆法系与英美法系相比,大陆法系是由法官支持质证活动并始终指挥质证活动的进行,当事人则始终处于消极和被动的地位,因此,大陆法系质证的程序也称为职权主义的质证模式。

两大法系不同的质证模式各有优缺点,英美法系的当事人主义的质证模式下为当事人双方提供了广阔的询问空间和余地,但容易造成诉讼的拖延;大陆法系的职权主义的质证模式容易使法官先入为主,不利于事实真相的发现。

我国质证程序的模式长期以来采取的是大陆法系的法官讯问制的模式,并且体现出比较强的职权主义色彩。例如,我国《民事诉讼法》第129条庭审准备阶段的规定:"审判人员必须认真审核诉讼材料,调查收集必要的证据。"这使得法官在庭审前的调查和阅卷中就往往对案件的事实和证据形成了预决。该立法规定在一定程度上助长了法官的"先入为主、先定后审",这往往带来对于当事人的相互质证的忽视。例如,对于未到庭的证人证言经常在法庭上宣读后就作为定案的依据。因此,我国的质证制度在我国并未发挥其应有的程序价值和作用。

我国质证模式的选择上,笔者认为应结合两大法系诉讼质证模式的优势。首先,应反思我国大陆法系制度背景下的法官讯问制的缺点,努力发挥质证中当事人主义质证模式的优势,提高质证的程序价值和功能。其次,必须始终坚持法官对当事人质证程序的组织和控制,以免放任当事人质证造成的英美法系的诉讼迟延的弊病。

三、我国的质证范围、对象和程序

(一)质证的范围

一般来讲,质证的范围应包括法庭上出示的所有证据,包括在法庭上出示的书证、物证、视听资料、证人证言、勘验笔录和鉴定意见。但从字面意义上讲,对于证人证言、勘验笔录和鉴定意见的质证,又可称为质询。

质证的证据仅仅是需要在法庭上出示的证据。根据《最高人民法院关于民事诉讼证据的若干规定》(以下简称《证据规定》)第39条第2款规定:"在证据交换过程中,审判人员对当事人无异议的事实、证据应当记录在卷;对有异议的证据,按照需要证明的事实分类记录在卷,并记载异议的理由。通过证据交换,确定双方当事人争议的主要问题。"第47条第二款规定,"当事人在证据交换过程中认可并记录在卷的证据,经审判人员在庭审中说明后,可以作为认定案件事实的依据。"

因此,并非所有的证据都必须经过质证,对于当事人无异议的证据,不用在法庭上质证。另外,对于对方当事人自认或不予反驳的证据也不需要质证。根据《最高人民法院关于适用〈中华人民共和国民事诉讼法〉的解释》第92条的规定:"一方当事人在法庭审理中,或者在起诉状、答辩状、代理词等书面材料中,对于己不利的事实明确表示承认的,另一方当事人无须举证证明。对于涉及身份关系、国家利益、社会公共利益等应当由人民法院依职权调查的事实,不适用前款自认的规定。自认的事实与查明的事实不符的,人民法院不予确认。"这是我国民事诉讼法中关于自认的规定,对于自认的情况,应免除对方当事人的质证责任,该证据可以不经过质证作为认定案件事实的根据。

法庭上进行质证的证据并不一定要在公开开庭时出示,下列证据不得在开庭时公开进行质证:(1)涉及国家秘密的证据;(2)涉及商业秘密的证据;(3)涉及个人隐私的证据;(4)法律规定的其他应当保密的证据。

对书证、物证和视听资料进行质证时,当事人有权要求出示该证据的原件或原物。但有下列情况之一的除外:(1)出示原件或者原物确有困难并经人民法院准许出示复制件或者复制品的;(2)原件或者原物已不存在,但有证据证明复制件、复制品与原件或者原物一致的。

(二)质证的对象

质证的目的在于确定证据是否可以作为定案的根据。因此,质证的对象就是作为定案根据的证据的特性,根据《证据规定》第85条的规定,证据要成为定案依据,必须表现在证据的证据能力和证明力两个方面。第一个方面,应当审查证据的证据能力。所谓证据能力,又称为证据资格或证据的可采性,它主要包括关联性和合法性二个特征。第二个方面,应当审查证据的证明力,主要指证据的真实性。当事人应就证据有无证明力和证明力大小进行质疑和辩驳。

(三)质证的程序

根据《证据规定》第62条,质证应按下列顺序进行:(1)原告出示证据,被告、第三人与原告进行质证;(2)被告出示证据,原告、第三人与被告进行质证;(3)第三人出示证据,原告、被告与第三人进行质证。

人民法院调查收集的证据,大致可分为两类:第一类,人民法院依照当事人申请调查收集的证据。这类证据应作为提出申请的一方当事人提供的证据。第二类,是当事人没有申请人民法院调查收集的证据,但人民法院依职权调查收集的,这类证据也应当在庭审时出示,听取当事人意见,并可就调查收集该证据的情况予以说明。这里应值得注意的是,即使是对人民法院收集调查的证据进行质证时,法官本身也不是质证的主体,因此,法官不应与当事人进行辩驳和冲突,以免使得法官丧失中立性和公正性。对于该证据的质证仍是在当事人之间进行,法官只起到说明和解释的作用。另外,一个案件如果有两个以上独立的诉讼请求时,当事人可以逐个出示证据进行质证。

对于证人、鉴定人和勘验人的质询,根据我国《证据规定》的规定,审判人员和当事人可以对证人进行询问。证人不得旁听法庭审理;询问证人时,其他证人不得在场。人民法院认为有必要的,可以让证人进行对质。鉴定人应当出庭接受当事人质询。鉴定人确因特殊原因无法出庭的,经人民法院准许,可以书面答复当事人的质询。当事人有权向证人、鉴定人和勘验人发问,但询问不得使用威胁、侮辱及不适当引导证人的言语和方式。

对于专门性问题,当事人可以向人民法院申请一至二名具有专门知识的人员出庭就案件专门性问题进行说明,其费用由提出申请的当事人负担。审判人员和当事人可以就出庭的具有专门知识的人员进行询问。经人民法院准许,也可以由当事人申请的具有专门知识的人员就有关案件中的问题进行对质。具有专门知识的人员也可以对鉴定人进行询问。法庭应当将当事人的质证情况记入笔录,并由当事人核对后签名或者盖章。

四、实务演示

(一)案例导引

周雨某、周明某、张某某与彭永某系姻亲关系。2004年2月18日,周雨某、周明某分别与张家界荣台房地产开发有限公司签订观音桥幸福商住楼商品房买卖合同,次日,张某某也与上述公司签订商品房买卖合同,三人分别购买商住楼底层113、117、118号门面,价款分别是294000元、354800元、391920元。合同上有周雨某、周明某、张某某本人的签字和张家界荣台房地产开发有限公司的公章及彭永某作为张家界荣台房地产开发有限公司的委托代理人的签字。同年4月2日上述房屋在慈利县房地产管理局进行了登记并核发了产权证。同年8月,周雨某、周明某、张某某分别向工商银行抵押贷款14万元、17万元、19万元,并办理了房屋他项权证,事后周雨某、周明某、张某某和彭永某均进行过还款。2010年3月,易某某起诉彭永某偿还借款98.5万元,原审法院民事判决书发生效力后进入执行程序。同年5月13日,原审法院查封了登记在周明某、周雨某、张某某名下的门面三间。在此期间,案外人王某等11人主张权利,提出执行异议,法院于2011年6月3日驳回了案外人王某等人的异议。2011年10月,周明某、周雨某、张某某向原审法院提出书面异议,要求解除查封措施。2012年7月朱家满诉周雨某抵押权纠纷一案,2013年3月工商银行诉周明某、张某某金融借款合同纠纷两案,原一审法院分别做出民事判决。上述三份判决生效后,原一审法院于2013年10月将慈利县零阳镇北街居委会幸福楼的五间门面(含已查封的113、117、118号门面)以200万元的价格整体拍卖变现,三案已执行完毕,扣除执行款项后尚余60.229万元。2015年5月29日,原一审法院做出裁定书,驳回案外人周雨某、周明某、张某某的异议,周雨某等三人对此不服,提起诉讼,要求确认位于慈利县零阳镇北街居委会幸福楼113、117、118号门面属原告方所有,将剩余执行款60.229万元交付给原告方。

另查明,在执行过程中原执行法院对周雨某、周明某、周冬某所做的调查笔录中,周雨某陈述因与彭永某债务未结算才办理房屋产权证,实际未购买门面;周明某陈述因债务才将门面登记在三原告名下,后面的抵押贷款的实际贷款人也是彭永某,还款也是彭永某;张某某的妻子周冬某陈述没有购买门面。

经原一审法院审判委员会讨论决定,做出民事判决:驳回原告周明某、周雨某、张某某的诉讼请求。案件受理费9822.9元,由原告周明某、周雨某、张某某分别负担3274.3元。宣判后,周明某、周雨某、张某某不服一审判决,提起上诉。本院二审认为原判决认定事实清楚,适用法律正确,遂驳回上诉,维持原判。周明某、周雨某、张某某便提起再审。

再审中,再审申请人周明某等三人提交以下证据:

第一组证据:证据1.2004年2月19日张某某向房地产公司购买门面的交款收据复印件一份,拟证明张某某出资购买了门面;证据2.张某某的户籍证明复印件一份,拟证明张某某曾用姓名。

第二组证据:证据3.慈利县公安局经侦大队于2013年2月21日对张某某的询问笔录复印件一份;证据4.慈利县公安局经侦大队于2013年2月25日对周明某的询问笔录一份(加盖慈利县公安局经济犯罪侦查大队公章);证据5.慈利县公安局经侦大队于2013年3月13日对彭思某的询问笔录一份(加盖慈利县公安局经济犯罪侦查大队公章),该组证据拟证明三再审申请人购买门面的原因和购买门面的过程。

(二)案例分析

在该案中,再审申请人提交了两组证据,对于第一组证据中的证据1,被申请人认为该证据不具有真实性,因为申请人只提交了交款收据复印件,并没有提供原件,因此无法确定该复印件的真实性。对于证据2,被申请人认为该证据与该案没有关联性。对于第二组证据,被申请人首先也以再审申请人仅提供询问笔录复印件,没有提供原件为理由,认为该证据不具有真实性。其次被申请人认为证据4、5中三个询问笔录不是公安机关做出的,而是慈利县公安局经侦大队做出的,同时这些证据均是在2008年8月25日之后出现的,因而其仅能说明慈利县公安局经侦大队分别于2013年2月25日、同年3月13日分别对周明某、彭思某进行了询问,不足以证明周明某、彭思某回答内容的真实性,所以无法证明三再审申请人购买门面的原因和购买门面的过程。

(三)经验总结

质证的目的是提高证据的可采性和证明力,让法官能更加清楚了解案件事实,从而得出正确的审判结果。所有证据都应当在法庭出示,并由当事人对异议证据进行相互质证,这样才能保证证据的真实性、合法性和关联性。质证保证了整个审判的公正,同时也约束了法官对案件的审理。

但是并不是每一份证据都会在庭审中进行质证,质证发生在当事人之间,主要是为了解决当事人对证据的异议,对于没有异议的证据自然无须再进行质证。在我国质证主要由法官主导,本案中也体现了这一点。首先法官将庭审前收集的证据当庭展示,然后由当事人就异议证据展开质证。当事人对于证据的质证主要围绕证据的真实性、合法性和关联性进行,在上案中,被申请人对申请人提出的两组证据的质证主要也是从这三方面进行的。例如对证据2,被申请人认为其与该案没有关联性,对于证据1和证据3,被申请人主要从证据的真实性这方面对该证据进行质证。从上案中我们还可以看出对于书证的质证首先可以从该证据的形式出发,若该书证是复印件,我们便可从其与原件是否一致这方面进行质证。由此可见对于书证,若想增强其证明力,就应当尽量向法庭提供书证的原件,若实在无法提供原件,也要提供其他证据证明该复印件与原件一致。

第二节　证据的认证

一、认证的概念和特点

所谓认证又称为认定证据,是指人民法院的审判人员在诉讼参与人的参加下,就当事人举证、质证、法庭辩论过程中所涉及的与待证事实有关联的证据进行查证和核实,以确定案件全部证据证明力的活动。认证不但是对证据的证明力进行的审查和认定,而且还包含了对证据是否可采信以及如何采信的内容。当事人举证、质证以及法官认证是一环紧扣一环的诉讼过程。在这一阶段要确认证据的证据能力和判定证明力的大小和强弱。

认证与举证和质证相比,具有以下特点:首先,举证和质证是认证的前提和基础。举证、质证和认证三者密不可分,其中举证是质证的基本前提,而举证与质证则是认证的共同的前提和基础。其次,认证是审判人员审判活动的一部分,举证和质证则主要是当事人诉讼行为。前者与后者可以是当事人的诉权与审判权的有机结合。再次,举证与质证是当事人在诉讼程序中一种对抗的、动态的诉讼活动,认证是法官中立的静态的审判活动。

二、认证的原则和程序

(一)法官依法独立判断证据原则

我国《民事诉讼法》第64条规定:"人民法院应当依照法定程序,全面地、客观地审查判断证据。"我国之所以强调依法全面客观地判断证据,这与过去对大陆法系国家自由心证主义的批判是分不开的。过去我们认为自由心证是主观的、唯心的东西,认为它助长了法官判断证据的恣意性,是伪善的。但是现代自由心证主义强调法官心证客观化和合理化,即在公开判决理由和结果的同时,依据合理的经验法则对事实进行认定。因此,在反思我国原有立法的基础上,借鉴大陆法系自由心证的理论。《证据规定》第85条规定,审判人员应当依照法定程序、全面、客观地审核证据,依据法律的规定,遵循法官职业道德,运用逻辑推理和日常生活经验,对证据有无证明力和证明力大小独立进行判断,并公开判断的理由和结果。

(二)认证的程序

单一证据的认定和案件的全部证据的审查判断是《证据规定》第65条和66条的规定:首先,单一证据的审核认定可以从下列方面进行:(1)证据是否原件、原物,复印件、复制品与原件、原物是否相符;(2)证据与本案事实是否相关;(3)证据的形式、来源是否符合法律规定;(4)证据的内容是否真实;(5)证人或者提供证据的人,与当事人有无利害关系。

其次,对于案件的全部证据的审查判断应根据《证据规定》第66条的规定:"审判人员对案件的全部证据,应当从各证据与案件事实的关联程度、各证据之间的联系等方面进行综合审查判断。"

在诉讼中下列情况下的证据不能加以认定:(1)在诉讼中,当事人为达成调解协议或者和解的目的做出妥协所涉及的对案件事实的认可,不得在其后的诉讼中作为对其不利的证据;(2)以侵害他人合法权益或者违反法律禁止性规定的方法取得的证据,不能作为认定案件事实的依据。

下列证据不能单独作为认定案件事实的依据:(1)未成年人所做的与其年龄和智力状况不相当的证言;(2)与一方当事人或者其代理人有利害关系的证人出具的证言;(3)存有疑点的视听资料;(4)无法与原件、原物核对的复印件、复制品;(5)无正当理由未出庭作证的证人证言。

一方当事人提出的下列证据,对方当事人提出异议但没有足以反驳的相反证据的,人民法院应当确认其证明力:(1)书证原件或者与书证原件核对无误的复印件、照片、副本、节录本;(2)物证原物或者与物证原物核对无误的复制件、照片、录像资料等;(3)有其他证据佐证并以合法手段取得的、无疑点的视听资料或者与视听资料核对无误的复制件;(4)一方当事人申请人民法院依照法定程序制作的对物证或者现场的勘验笔录。另外,人民法院委托鉴定部门做出的鉴定结论当事人没有足以反驳的相反证据和理由的,也可以认定其证明力。

一方当事人提出的证据,另一方当事人认可或者提出的相反证据不足以反驳的,人民法院可以确认其证明力。而一方当事人提出的证据,另一方当事人有异议并提出反驳证据,对方当事人对反驳证据认可的,可以确认反驳证据的证明力。双方当事人对同一事实分别举出相反的证据但都没有足够的依据否定对方证据的,人民法院应当结合案件情况,判断一方提供证据的证明力是否明显大于另一方提供证据的证明力,并对证明力较大的证据予以确认。

最高人民法院采用了高度盖然性的证明标准和依据证明责任进行判定的原则对于双方当事人分别提出相反证据的以及在事实真伪不明情况下认定证据。《证据规定》第73条规定,双方当事人对同一事实分别举出相反的证据,但都没有足够的依据否定对方证据的,人民法院应当结合案件情况,判断一方提供证据的证明力是否明显大于另一方提供证据的证明力,并对证明力较大的证据予以确认。因证据证明力无法判断,导致争议事实难以认定的,人民法院应当依据举证责任分配的规则做出裁判。

对于当事人及其诉讼代理人认可的事实和证据。《证据规定》第74条和76条规定,诉讼过程中,当事人在起诉状、答辩状、陈述及其委托代理人的代理词中承认的对己方不利的事实和认可的证据,人民法院应当予以确认,但当事人反悔并有相反证据足以推翻的除外。当事人对自己的主张,只有本人陈述而不能提出其他相关证据的,其主张不予支持。但对方当事人认可的除外。

有证据证明一方当事人持有证据无正当理由拒不提供,如果对方当事人主张该证据的内容不利于证据持有人,可以推定该主张成立。

人民法院就数个证据对同一事实的证明力可以依照下列原则认定:(1)国家机关、社会团体依职权制作的公文书证的证明力一般大于其他书证;(2)物证、档案、鉴定结论、勘验笔录或者经过公证、登记的书证其证明力一般大于其他书证、视听资料和证人证言;(3)原始证据的证明力一般大于传来证据;(4)直接证据的证明力一般大于间接证据;(4)证人提供的对与其有亲属或者其他密切关系的当事人有利的证言其证明力一般小于其他证人证言。

人民法院应当在裁判文书中阐明证据是否采纳的理由。对当事人无争议的证据,是否采纳的理由可以不在裁判文书中表述。

三、实务演示

(一)案例导引

2015年5月13日,被告文晖街道办事处对李某户的部分房屋以违法建筑为由实施拆除。

原告沈某某诉称,原告系杭州市下城区江南园XX号房屋所有权人。2014年5月13日9时左右,被告带领不明身份人员,非法拆除原告的房屋、毁坏原告的财物,造成巨大的经济损失,使原告及其家人的精神受到极大的损害。早在2013年12月,被告已组织拆迁人员采取非法手段破坏原告家的门、窗及水电设施等。依据《中共中央纪委办公厅监察部办公厅关于加强监督检查进一步规范征地拆迁行为的通知》《国有土地上房屋征收与补偿条例》规定,集体土地上房屋拆迁,应参照新颁布的《国有土地上房屋征收与补偿条例》的精神执行,政府不得进行强制拆迁。原告对被告做出的强制拆迁原告房屋通知的行为曾提起诉讼,下城区人民法院判决被告败诉。可见,被告拆除原告房屋的行为违法。请求判令:1.依法确认被告2014年5月13日拆除原告房屋的行为违法;2.诉讼费由被告承担。

原告向本院提交证据如下:

1.身份证、结婚证复印件,证明原告的诉讼主体资格。

2.视频截图照片,证明被告于2014年5月13日毁坏原告的房屋和围墙。

3.原告房屋被破坏前后的照片,证明被告假借拆违毁坏原告的房屋、大门、围墙。

4.出具行政判决书,证明被告拆违所依据的限期拆除违法建筑公告被判违法,被告强拆原告的房屋违法。

5.法律生效证明,证明被告强拆原告的房屋的依据已经由人民法院判决生效,被告强拆原告房屋的行为违法。

6.视频截图照片,证明街道办主任及分管人员直接参与2014年5月13日非法破坏原告房屋。

7.照片若干张,证明被告毁坏原告一楼房屋、门窗、四周围墙。

8.视频截图照片若干,证明被告实施强拆过程中非法限制原告人身自由,是典型的绑架。

9.视频截图照片,证明被告故意毁坏房屋,非法侵入民宅。

10.视频截图照片若干,证明被告毁坏原告一楼的大门并造成原告人身伤害。

11.照片、视频存储光盘,证明目的同上。

被告文晖街道办事处辩称:(1)本案系重复起诉。原告和被告之间,就杭州市下城区江南园XX号房屋限期拆除违法建筑公告进行过行政诉讼,杭州市下城区人民法院已经做出行政判决书,撤销所涉公告。该公告内容包括"对上述违法建筑物予以公告,限当事人自本公告送达之日起三日内自行拆除,逾期不拆除的,将依法强制拆除。"由此可以证明,该公告与被告拆除房屋的行为,系针对同一诉讼标的做出的,不产生新的法律效果,应当认定为重复起诉。(2)被告的行为对原告合法权益明显不产生实际影响。案涉房屋于2001年经下城区人民政府批准建房,根据下土(私)字(2001)第2042号下城区村(居)民建房用地呈报表,同意批准案主房占地面积95平方米,批建三层,主房建筑面积285平方米。杭州市国土资源局下城分局认定李某户实际占地约130平方米,建筑面积约450平方米,并认定该户主房占地的95平方米为合法用地,主房面积的285平方米为合法建筑,其余未经批准,为非法占地,属违法建筑。依此认定,被告根据"三改一拆"相关规定,于2014年5月13日拆除李某户房屋的违法建筑部分。李某户依据《下城区村(居)民建房用地呈报表》批建的房屋权利("主房占地面积95平方米,批建三层,主房建筑面积285平方米")未受任何影响,而案涉违法建筑依法应当拆除,被告的行为对原告合法权益明显不产生实际影响。(3)原告于2015年6月起诉确认2014年5月13被告拆除其房屋的行为违法,已过起诉期限。请求法院裁定驳回原告起诉。

被告文晖街道办事处向本院提交了以下证据、依据:

1.行政判决书,证明本案系重复起诉;

2.违法用地上的建筑认定函;

3.照片一张。

证据2和证据3证明被告拆除李某户位于江南园XX号房屋违法建筑部分的行为对原告合法权益不产生实际影响。

(二)案例分析

在该案中,法院经审理查明,对原被告双方提交的证据进行了认证,认为原告和被告提交的证据与本案事实相关,其真实性均予以确认。同时经查明李某与原告沈某某系夫妻关系。李某户位于杭州市下城区文晖街道江南园XX号房屋于2001年经下城区人民政府批准建房,根据下土(私)字(2001)第2042号下城区村(居)民建房用地呈报表,同意批准主房占地面积95平方米、三层、主房建筑面积共285平方米。杭州市国土资源局下城分局认定该户实际占地约130平方米,建筑面积约450平方米,根据《杭州市人民政府关于进一步规范杭州市市区违法建筑查处工作的意见》的规定,该户主房占地的95平方米为合法用地,主房面积的285平方米为合法建筑,其余未经批准,为非法占地,属违法建筑。依此认定,被告于2014年5月9日做出《限期拆除违法建筑公告》,限当事人自本公告送达之日起三日内自行拆除,逾期不拆除的,将依法强制拆除。由于李某户未能自行拆除,被告于2014年5月13日组织人员对李某户的部分房屋实施强制拆除。其次原告不服被告做出的《限期拆除违法建筑公告》,向法院提起行政诉讼。案件经过审理,法院已经做出行政判决,撤销被告做出的《限期拆除违法建筑公告》,该判决业已生效。因此原告未按被告《限期拆除违法建筑公告》要求的期限自行拆除违法建筑,被告对原告部分房屋实施了强制拆除。由于被告实施拆除行为所依据的《限期拆除违法建筑公告》经诉讼已被撤销,其实施的拆除行为应确认违法。

(三)经验总结

认证是法院对于法庭上展示的证据的查证与核实过程,经过此过程后法院便能确定涉案的所有证据的证明力。通过认证,每个证据的证明力的大小便得到了确认,法官便会在此基础上对案件事实进行认定,并以此得出判决。

认证要求法官必须全面、客观,依据法律的规定,遵循法官职业道德,运用逻辑推理和日常生活经验,对证据有无证明力和证明力大小独立进行判断,最后在此基础上客观公正地审判案件。认证主要从证据的真实性、合法性和关联性这三个方面对证据进行认定,只要不符合三性中的任何一方面,该证据便不能被法庭采纳。

本章思考题

一、什么是质证,它有哪些特点?

二、哪些证据需要质证,哪些证据不用质证?

三、质证的对象是什么?

四、质证的顺序法律是如何规定的?

五、单一证据的审核认定从哪些方面进行?

六、数个证据对同一事实都有证明作用时,人民法院如何认定其证明力?

参考文献

一、教材类

1. 樊崇义主编:《证据法学(第六版)》,法律出版社2017年版。
2. 张保生主编:《证据法学(第三版)》,中国政法大学出版社2018年版。
3. 杨迎泽、孙锐主编:《刑事证据的收集、审查与运用》,中国检察出版社2013年版。
4. 陈一云、王新清主编:《证据学(第六版)》,中国人民大学出版社2018年版。
5. 何家弘、刘品新著:《证据法学(第五版)》,法律出版社2019年版。
6. 陈光中主编:《证据法学(第四版)》,法律出版社2019年版。
7. 陈瑞华著:《刑事证据法(第三版)》,北京大学出版社2018年版。
8. 江伟、邵明主编:《民事证据法学(第二版)》,中国人民大学出版社2015年版。
9. 樊学勇 等著:《刑事证据运用专题研究》,中国政法大学出版社2019年版。
10. 缪伟君、黄俊辉主编:《证据法原理与实务》,暨南大学出版社2011年版。
11. [美]罗纳德·J.艾伦,理查德·B.库恩斯,埃莉诺·斯威夫特著:《证据法:文本、问题和案例》(第三版),张保生、王进喜、赵莹译,高等教育出版社2006年版。
12. [英]克里斯托弗·艾伦著:《英国证据法实务指南》,王进喜译,中国法制出版社2012年版。
13. [美]阿维娃·奥伦斯坦:《证据法要义》,汪诸豪、黄燕妮译,中国政法大学出版社2018年版。
14. [美]约翰·W.斯特龙主编:《麦考密克论证据(第五版)》,汤维建等译,中国政法大学出版社2004年版。

二、专著类

15. [美]罗纳德·J.艾伦:《艾伦教授论证据法(上)》,张保生、王进喜、汪诸豪等译,中国人民大学出版社2014年版。
16. [英]威廉·特文宁著:《反思证据:开拓性论著》(第二版),吴洪淇等译,中国人民大学出版社2015年版。

17.［英］威廉·特文宁著：《证据理论：边沁与威格摩尔》，吴洪淇、杜国林译，中国人民大学出版社2015年版。

18.［美］亚历克斯·斯坦著：《证据法的根基》，樊传明、郑飞等译，中国人民大学出版社2018年版。

19.［美］道格拉斯·沃尔顿著：《法律论证与证据》，梁庆寅、熊明辉等译，中国政法大学出版社2010年版。

20.［美］罗纳德·J.艾伦著：《理性·认知·证据》，栗峥、王佳译，法律出版社2013年版。

21.［美］特伦斯·安德森、戴维·舒姆、［英］威廉·特文宁合著：《证据分析》（第二版），张保生、朱婷、张月波等译，中国人民大学出版社2012年版。

22.［美］罗杰·帕克、迈克尔·萨克斯：《证据法学反思：跨学科视角的转型》，吴洪淇译，中国政法大学出版社2015年版。

23.［澳］安德鲁·帕尔玛：《证明：如何进行庭前证据分析》（第2版），林诗蕴、都敏、张雪燃译，中国检察出版社2015年版。

24.［荷］威廉·A.瓦格纳、彼得·J.范科本、汉斯·F.M.克罗伯格著：《锚定叙事理论：刑事证据心理学》，卢俐利译，中国政法大学出版社2018年版。

25.［美］丹·西蒙著：《半信半疑——刑事司法中的心理学》，刘方权、陈晓云译，上海交通大学出版社2017年版。

26.［美］理查德·A.波斯纳著：《证据法的经济分析》，徐昕、徐昀译，中国法制出版社2004年。

27.《美国联邦宪法第四修正案-非法证据排除规则》，吴宏耀、陈芳、向燕译，中国人民大学出版社2010年版。

28.［美］克雷格·布拉德利：《刑事诉讼革命的失败》，郑旭译，北京大学出版社2009年版。

29.［德］莱奥·罗森贝克：《证明责任论》（第五版），庄敬华译，中国法制出版社2018年版。

30.［德］普维庭：《现代证明责任问题》，吴越译，法律出版社2006年版。

31.［美］尼古拉·雷舍尔著：《推定和临时性认知实践》，王进喜译，中国法制出版社2013版。

32.［美］米尔建·R.达马斯卡著：《漂移的证据法》，李学军、刘晓丹、姚永吉、刘为军译，中国政法大学出版社2003年版。

三、论文类

33. 陈瑞华:《证据的概念与法定种类》,载于《法律适用》2012年第1期,第24页。

34. 樊崇义、张中:《证据定义转向形式理性》,载于《检察日报》2012年4月24日第3版。

35. 张保生:《事实、证据与事实认定》,载于《中国社会科学》2017年第8期。

36. 孙皓:《论刑事证明标准的"层次化"误区》,载《当代法学》2017年第31期。

37. 谢澍:《论刑事证明标准之实质递进性——"以审判为中心"语境下的分析》,载《法商研究》2017年第3期。

38. 肖沛权:《论排除合理怀疑证明标准的司法适用》,载《法律适用》2015年第09期。

39. 罗锦山、黄金海:《讯问合法性核查的理论争议及实践建议》,载《福建法学》2018年第02期。

40. 许渊:《完善重大案件讯问合法性核查制度》,载《检察日报》2018年第03期。

41. 刘继国:《讯问合法性核查的职能定位与制度设计》,载《人民检察》2017年第24期。

42. 赵刚:《讯问合法性核查的实践运行》,载《人民检察》2017年第24期。

43. 刘宪章:《重大案件侦查终结前讯问合法性核查之思考》,载《中国检察官》2017年第21期。

44. 曹红军、李鹏飞、杨勤凯:《刑事审判环节证据裁判规则适用研究》,载《安徽理工大学学报(社会科学版)》2018年第5期。

45. 龙宗智:《两个证据规定的规范与执行若干问题研究》,载《中国法学》2010年第6期。

46. 陈光中:《非法证据排除规则实施问题研究》,北京大学出版社2014年版,第167页。

47. 万毅:《"无解"的司法解释—评"两高"对"刑讯逼供等非法方法"的解释》,载《法学论坛》2014年第1期。

48. 亢爱青:《美日刑事证据展示制度比较》,载《人民检察》2001年02期。

49. 陈瑞华:《论瑕疵证据补正规则》,载于《法学家》2012年02期。

50. 魏洋:《在以审判为中心的诉讼制度改革背景下司法鉴定人出庭问题探究》,载于《医学与法学》2017年04期。

51. 叶青、徐明敏:《以审判为中心的证人、鉴定人出庭作证制度的实践思考》,载《中国司法鉴定》2017年04期。

52. 陈光中:《证据裁判原则若干问题之探讨》,载于《中共浙江省委党校学报》2014

年第6期。

53. 刘磊:《非法证据排除规则的中国范式:困境与出路》,载于《武汉大学学报(哲学社会科学版)》2018年06期。

54. Elisabeth McDonald and Yvette Tinsley "Evidence Issues"［2011］Canterbury Law Review 123.

55. Yvette Tinsley and Elisabeth McDonald "Use of Alternative Ways of Giving Evidence by Vulnerable Witnesses: Current Proposals, Issues and Challenges"［2011］Victoria University of Wellington Law Review 705.

56. Stephanie Bishop and Elisabeth McDonald "What's in an Issue? The Admissibility of Propensity Evidence in Acquaintance Rape Cases"［2011］Canterbury Law Review 168.

57. John Goddard "Teacher Misconduct, The Right to Silence and the Duty of Good Faith: Implications for Boards of Trustees and Teachers"［2011］Canterbury Law Review 251.

58. Scott Optican "Comment: Elisabeth McDonald and Yvette Tinsley, 'Evidence Issues'"［2011］Canterbury Law Review 160.

59. Jeremy Finn "Making the Procedure Fit the Crimes"［2011］Canterbury Law Review 47.

60. David Turner "Towards a DNA Dystopia? Human Rights Concerns under the Criminal Investigations (Bodily Samples) Amendment Act 2009"［2011］New Zealand Law Students Journal 502.

61. Anne Cossins, Jane Goodman-Delahunty and Kate O'Brien "Enhancing the Credibility of Complainants in Child Sexual Assault Trials: The Effect of Expert Evidence and Judicial Directions"(2010) 28 Behavioural Sciences and the Law 769.

62. Jesse Slankard "Non-Common-Sensical: An Inference of Guilt to Sanction Non-Compliance With Defence Disclosure"［2011］Victoria University of Wellington Law Review 537.

63. Jim Phillips "Why Legal History Matters"［2010］Victoria University of Wellington Law Review.

64. Nigel J Jamieson "Legal Transplants: Word-Building and Word-Borrowing in Slavic and South Pacific Legal Discourse"［2011］Victoria University of Wellington Law Review.

65.R P Boast "Bringing the New Philology to Pacific Legal History" [2011] Victoria University of Wellington Law Review.

66.Ruiping Ye and Ricarda Kessebohm "The China-Nz FTA and Waxing Juridical" [2011] Victoria University of Wellington Law Review.

67.Geoff McLay "A Capital Custom: Victoria and the New Zealand Legal Tradition" [2012] Victoria University of Wellington Law Review.

68.Stephen Eliot Smith "'Going through all these things twice': a brief history of botched executions" [2012] Otago Law Review.